Faces do fanatismo

Jaime Pinsky & Carla Bassanezi Pinsky
ORGANIZAÇÃO

Faces do fanatismo

editoracontexto

Capa
Antonio Kehl

Projeto gráfico e diagramação
Gustavo S. Vilas Boas

Preparação de texto
Luciana Salgado

Dados Internacionais de Catalogação na Publicação (CIP)
(Câmara Brasileira do Livro, SP, Brasil)

Faces do fanatismo / Jaime Pinsky, Carla
Bassanezi Pinsky, organização. – São Paulo : Contexto, 2021.

Vários autores.
Bibliografia.
ISBN 978-85-7244-278-7

1. Fanatismo. I. Pinsky, Jaime. II. Pinsky, Carla Bassanezi.
III. Título.

04-6410 CDD-904

Índice para catálogo sistemático:
1. Fanatismo : Tipos : Comportamentos humanos : História 904

2021

EDITORA CONTEXTO
Diretor editorial: *Jaime Pinsky*

Rua Dr. José Elias, 520 – Alto da Lapa
05083-030 – São Paulo – SP
PABX: (11) 3832 5838
contexto@editoracontexto.com.br
www.editoracontexto.com.br

Sumário

Para
Alex, André, Anna, Erik,
Fernanda, Mariana e Pedro,

Ainda com esperança de que
todas as crianças possam crescer
em um mundo mais lúcido.

FANATISMO, FANATISMOS

Jaime Pinsky e Carla Bassanezi Pinsky

Fanático por caipirinha. Fanático por samba. Fanático por viagens. Há fanáticos para tudo. Ou melhor, há fanáticos e fanáticos. O problema é que, por ser empregada tão à vontade (aliás, como tantas outras), a palavra fanatismo banalizou-se, perdendo em força e conteúdo. Entretanto, parece óbvio que um "fanático por novela" é algo bem diferente (e bem menos perigoso) que um "nazista fanático".

Fanático é um termo cunhado no século XVIII para denominar pessoas que seriam partidárias extremistas, exaltadas e acríticas de uma causa religiosa ou política. O grande perigo do fanático consiste exatamente na certeza absoluta e incontestável que ele tem a respeito de suas verdades. Detentor de uma verdade supostamente revelada especialmente para ele pelo seu deus, (portanto não uma verdade qualquer, mas A Verdade), o fanático não tem como aceitar discussões ou questionamentos racionais com relação àquilo que apresenta como sendo seu conhecimento: a origem divina de suas certezas não permite que argumentos apresentados por simples mortais se contraponham a elas: afinal, como colocar, lado a lado, dogmas divinos e argumentos humanos?

Pode-se argumentar que as palavras de Hitler ou as de Mao mobilizaram fanáticos tão convictos como os religiosos e não tinham origem divina. Ora, de certa forma, eles eram cultuados como deuses e suas palavras não podiam ser objeto de contestação, do mesmo modo que ocorre com qualquer conhecimento de origem dogmática. É condição do fanático a irracionalidade. Veja-se o que aconteceu com o povo alemão, por exemplo. Acreditar que o mais imbecil dos "arianos puros" pudesse ser superior a Einstein, como pregava a cartilha hitlerista, não decorre de uma apreensão racional da realidade, mas de uma verdade revelada pela propaganda nazista. Aceitar e agir como se grandes cientistas e intelectuais, só pelo fato de terem origem judaica, pudessem pertencer a uma suposta raça inferior não é, decididamente, uma abordagem racional e sim uma verdade revelada, da mesma categoria, portanto, das verdades religiosas. Um dogma de fé.

Este livro apresentou alguns desafios, dos quais estávamos bastante cientes: 1) evitar o anacronismo, não transpondo conceitos de uma época para outras, principalmente anteriores. Ora, se o fanatismo é um conceito da Era Moderna, como transpô-lo para a Idade Média, por exemplo? 2) Como julgar os atores históricos a partir de um olhar de hoje? Será que a Inquisição, por exemplo, não foi fruto do seu tempo, apenas? 3) Como julgar os atores históricos a partir de nossa ótica ocidental? Não somos suspeitos?

Ora, os atores deste livro não são réus sentenciados e os autores não se dispuseram a fazer um julgamento. Os historiadores, sociólogos e jornalistas, que escreveram esta obra, são pesquisadores consagrados em sua área de atuação e construíram sua credibilidade com anos de trabalhos de alto nível. Ao aceitar nosso convite trataram de traduzir um conhecimento arduamente adquirido, colocando-o ao alcance do leitor não especializado, mas disposto a desvendar importantes questões contemporâneas. Assim, a ampliação histórica do conceito de fanatismo encontra-se devidamente explicada em cada texto, justificando-se amplamente, exatamente porque adquire historicidade. Da mesma forma, como se diz e se repete em nosso meio, não há História que não seja História Contemporânea. Isso não quer dizer, é claro, que se deve estudar apenas os acontecimentos ocorridos após a Revolução Francesa, mas que o olhar que despejamos sobre o acontecido é, necessariamente, o de alguém que vive numa determinada época, em um determinado lugar, e é fruto das contingências decorrentes dessas determinações. História não é, evidentemente, apenas o que ocorreu, mas a forma como nós percebemos aquilo que ocorreu. O que não significa, é claro, que tenhamos aberto mão de uma cuidadosa investigação histórica, e de uma busca de isenção. Aqui o leitor não vai encontrar truísmos, ou opiniões superficiais dos que percebem o fanatismo apenas no "outro", reservando para si o direito de ser "politicamente convicto", de ter "fé profunda", ou de torcer para o "único time decente de futebol"...

Num tempo de perplexidade, em que olhamos para as conquistas da humanidade, por um lado, mas vemos, por outro, os homens exibindo sua face mais cruel, ousamos fazer esse livro sobre o fanatismo, ou melhor, várias das diversas faces que o fanatismo adquiriu ao longo do tempo e em contextos distintos.

Num tempo de homens-bomba, atentados terroristas, manifestações racistas, ações extremistas, pensar o fanatismo é atual, relevante e urgente.

Nesse livro, chamamos de fanatismo *a exaltação que leva indivíduos ou grupos a praticar atos violentos contra outras pessoas (prejudicando significativamente sua liberdade e atentando contra a vida), baseados na intolerância e na crença em verdades absolutas, para as quais não admitem contestação.*

Os fanáticos, como nos explica o escritor Amós Oz, são "aqueles que acreditam que o fim, qualquer fim, justifica os meios", que acham que a justiça – ou o que quer que queiram dizer com a palavra justiça –, seus valores, suas convicções e crenças são mais importantes do que a vida. São aqueles que, se julgam algo mau, consideram legítimo procurar eliminá-lo, junto com seus vizinhos.*

Nesse sentido, assumimos sim que olhamos a história e as sociedades a partir da perspectiva do século XXI ao identificar, em vários contextos, sinais de fanatismo como uma forma de atentado ao que reconhecemos hoje como direitos humanos, uma conquista incorporada ao patrimônio cultural da humanidade, um avanço que, embora localizado na sua origem, adquiriu caráter universal, ou seja, o reconhecimento do direito à vida.

Com essa postura, concebemos uma obra que trata do fanatismo baseado em quatro grandes tipos de justificativas ideológicas adotadas pelos fanáticos: as *religiosas*, as *racistas*, as *políticas* e as "*esportivas*".

A religião serviu e serve como explicação/pretexto para perseguições, torturas e assassinatos em diversos momentos da história, dos cruzados medievais aos fundamentalistas do século XXI.

O racismo (contra negros, semitas, orientais, etnias minoritárias) provocou e provoca muitas humilhações e derramamento de sangue, tendo chegado ao ponto máximo, em pleno século XX, ao confinar pessoas em campos de extermínio, onde seriam escravizadas, torturadas e mortas, por sua suposta inferioridade racial.

A política foi e é desculpa para inúmeras violências contra opositores, manifestações agressivas de chauvinismo, opressão e terrorismos – a partir de óticas (e "verdades definitivas") tão diversas como a comunista, a imperial, a libertária, a do "mundo livre", a nacionalista.

E o ato de torcer por este ou aquele time, algo que deveria ser saudável e divertido, surge como o mais novo fundamento para atitudes antissociais e violências, não só contra torcedores dos times "inimigos" mas também contra determinados grupos étnicos, mulheres, homossexuais e migrantes.

O machismo (misogenia, homofobia) – que também pode ser tomado como uma justificativa para violências específicas contra mulheres e homossexuais – está contemplado em vários exemplos mencionados no livro.

Todos os textos, de todos os autores, são originais, escritos, a nosso convite, especialmente para este livro. Os autores são profissionais conceituados** das áreas de História, Ciências Sociais e Jornalismo, que compartilham conosco, os organizadores, o duplo compromisso da compreensão do processo histórico e das questões do presente – particularmente os fundamentalismos de todo tipo que atormentam nossos dias. Eles e nós acreditamos que cabe ao intelectual o papel de ajudar a sociedade a desvendar e compreender, em profundidade, temas que estão presentes no seu dia a dia.

Há tempos pensamos em fazer este livro: não é de hoje que o mundo recebe, pela mídia, informações sobre a ocorrência de atentados a embaixadas, invasões a escolas, explosões em ônibus, incêndios de igrejas, mesquitas e sinagogas, espancamento de homossexuais, moradores de rua e negros, ataques a prédios públicos, cemitérios e instituições, assassinatos em massa de grupos étnicos rivais e por aí afora. Julgamos que era hora de oferecer uma visão panorâmica e analítica, histórica mesmo, de forma a permitir a transformação de informações esparsas e desconexas em conhecimento organizado. Essa tarefa cabe à História, posto que é ela quem dá conta do processo constitutivo das relações sociais.

A obra está dividida em quatro grandes blocos, a partir da especificidade de cada manifestação de fanatismo. Em alguns casos, as fronteiras não são muito bem delimitadas, é verdade. Tome-se, portanto, essa divisão como algo operacional, não como uma conceituação de caráter epistemológico.

Temos, inicialmente, o bloco do *fanatismo religioso* com capítulos sobre o fundamentalismo islâmico, as guerras santas (cristãs e muçulmanas) da Idade Média, o fenômeno da caça às bruxas, e as perigosas seitas fanáticas contemporâneas. Assinam os textos os historiadores Peter Demant (da USP), José Rivair Macedo (da UFRGS), José Alves de Freitas Neto (da Unicamp), e o jornalista internacional Cláudio Camargo.

Em seguida, no segundo bloco, *o fanatismo racista* é ilustrado com os exemplos da Ku Klux Klan, do nazismo e do famigerado e atuante neonazismo, analisados por Maria Luiza Tucci Carneiro, historiadora da USP.

O *fanatismo político* é examinado cuidadosamente a partir dos textos de Marco Mondaini (historiador da UFPE) sobre os expurgos stalinistas, a ação kamikase na Segunda Guerra Mundial, o macarthismo dos anos 50, a Revolução Cultural na China e o terrorismo com fins políticos.

No último bloco, as considerações de Carlos Alberto Máximo Pimenta (sociólogo da Unitau) sobre os hooligans e sobre as torcidas organizadas no Brasil nos ajudam a pensar sobre o *fanatismo em torno do esporte.*

O assunto é preocupante. Qualquer pessoa de bom senso sabe que o fanatismo já provocou muito estrago. É mais que hora de ser identificado, compreendido e combatido. Para tanto, é preciso saber reconhecê-lo em suas diversas manifestações. Saber até onde foi para se ter uma ideia de até onde poderá ir, se não for detido.

Ou ter o seu conceito definitivamente transformado, num mundo menos louco. Que tal fanático por livros? Ou fanático por chocolate? E, que Mozart nos perdoe, fanático por Beethoven?

* *Contra o fanatismo* – Amós Oz (Rio de Janeiro, Ediouro, 2004).

** um currículo resumido de todos os autores pode ser encontrado no fim do volume.

Religião

As religiões, que em princípio, deveriam servir para aperfeiçoar o ser humano, aproximando-o da divindade, têm sido responsáveis por manifestações acabadas de fanatismo. Massacres, torturas, guerras, perseguições, intolerância e outras atitudes e práticas deploráveis têm testemunhado o que de pior o ser humano apresenta, e muitas vezes tais atrocidades são feitas em nome de Deus.

O problema é que muitos dos que creem acreditam serem os únicos a professarem a "religião verdadeira": supõem acreditar no Deus certo, demonstrar sua crença da forma certa e apoiar uma estrutura certa de poder religioso. Certezas que, segundo eles, teriam sido reveladas pela própria divindade, daí não poderem ser contestadas ou sequer discutidas. Certezas que têm sido impostas aos "nativos", aos "infiéis", aos "hereges", aos que se desviam do caminho da "Verdade". Impostas a sangue e fogo pelos cruzados, pela tortura e pela fogueira às "bruxas", por homens-bomba muçulmanos aos ocidentais, pelo veneno líquido e gasoso aos adeptos e vítimas de certas seitas modernas de caráter messiânico.

Queimar mulheres na fogueira por possuírem um saber não referendado pela Igreja, apedrejar adúlteras até a morte ou enterrar vivas as esposas junto com o cadáver do marido, em qualquer sociedade e em qualquer tempo são atitudes de fanáticos. Entender o contexto histórico dessas manifestações não deve nos conduzir a justificar tais condutas. Pelo contrário.

J. P. e C. B. P.

FUNDAMENTALISMO ISLÂMICO

A ESCORREGADELA RUMO AO EXTREMISMO MUÇULMANO

Peter Demant

Não há símbolo mais potente do fanatismo associado ao fundamentalismo muçulmano contemporâneo do que a fonte que expele jatos de sangue no Cemitério dos Mártires, em Teerã. Falar do fanatismo islamista[1] significa tentar se equilibrar entre preconceitos islamofóbicos e desculpas de cunho islamófilo-multiculturalista. Vitimando quase que diariamente inúmeras pessoas inocentes, o fundamentalismo muçulmano constitui sem dúvida um dos grandes perigos do mundo atual. Contudo, ao contrário do que se poderia pensar, essa corrente não deriva diretamente do islã tradicional, mas representa uma versão moderna deste, uma forma de trabalhar a herança da civilização islâmica em confronto com a modernidade ocidental. Entretanto, há também outras formas possíveis, por mais que essa afirmação seja surpreendente.

Imagens e fatos históricos

Civilização próxima da ocidental em determinados aspectos, o islã tem sido a tela sobre a qual várias imagens são projetadas, dentre as quais a do muçulmano fanático, que num paroxismo de zelo brande a cimitarra para degolar infiéis. Essa e outras imagens representando a ameaça do fanatismo são associadas mais e mais a posturas obscurantistas e reacionárias, à medida em que o Ocidente se liberta de seus próprios extremismos religiosos. É, no entanto, necessário contrapor essa imagem a outras, também intimamente associadas ao islã: a do muçulmano hospitaleiro e cavalheiresco, tipificado por Saladino, o Aiúbida, líder curdo-egípcio que no século XII retomou com fidalguia Jerusalém dos cruzados europeus; e a do paxá gordo e indolente que se entrega às delícias sensuais de seu harém. Como é comum acontecer, tais imagens transformam um núcleo de verdade numa caricatura exagerada e generalizada.

Um judeu e um árabe jogam xadrez nessa ilustração do século XIII. Imagem de convivência.

Historicamente, o islã pré-moderno teve sua parcela de fanáticos, mas não menos do que a cristandade. Por exemplo: no início do islã, em 922, o místico heterodoxo Al-Hallaj foi enviado ao cadafalso em Bagdá, por ordem dos inquisidores caridjitas; no século xviii, o grão-mughal Aurangzeb mandou destruir inúmeros templos hindus; do século xi ao xiii, os almorávidas e almóhadas, reformadores puritanos, invadiram o que consideraram cidades decadentes do Marrocos e da Espanha, impondo dinastias marabuts; e, no século xviii, chefes tribais sauditas, da Península Arábica, governaram inspirados nos sermões intransigentes do pregador Muhammad ibn Abdal-Wahhab.

Contudo, se o islã não é menos absoluto em sua teologia que o cristianismo, o mundo muçulmano se caracterizava historicamente muito mais pela tolerância "ecumênica" do que pelo fanatismo. Períodos de extremismo e de tolerância se alternaram, sendo os últimos mais frequentes. Após as conquistas iniciais e os primeiros cismas, sangrentos e traumáticos para a autopercepção da *umma* (comunidade islâmica), o sunismo triunfante logo estabeleceu um padrão de tolerância que aceitou e outorgou direitos tanto às minorias judaica e cristã quanto aos dissidentes islâmicos. É justamente desse islã aberto e generoso que deriva a imagem "saladínica".

Por outro lado, essa tolerância não era do tipo da que conhecemos hoje, em que um Estado neutro em relação à religiosidade permite igualdade de culto a todos os cidadãos. Enfaticamente comprometido com a supremacia política e com a expansão de uma religião específica, o Estado islâmico tolerava, a princípio, apenas os "povos do livro", ou seja, os monoteístas, e os direitos políticos dos súditos variavam em função da religião que professavam. Ainda assim, naquele período, o pluralismo islâmico se destacou favoravelmente em comparação com a intolerância que vigorava na Europa medieval. Nesse sentido, tanto o Renascimento italiano quanto o posterior desenvolvimento de um pluralismo universal são impensáveis sem as férteis realizações desse islã "dialógico".

À grandeza desse período de ouro seguiu-se uma prolongada estagnação, responsável, talvez, pela formação da imagem do paxá e seu harém, plena de sensualidade improdutiva. Enfraquecido, quase todo o mundo muçulmano passou a ser controlado pelo imperialismo ocidental.

Hoje, o fundamentalismo muçulmano – ou, mais propriamente, o islamismo –, figura entre as reações que certa parcela dos muçulmanos têm recentemente articulado para reagir à condição de inferioridade e fraqueza perante os ocidentais. Entre essas manifestações, fazem-se presentes a recusa do pluralismo e um fanatismo que lembra – e procura legitimidade em – certos fenômenos da história muçulmana. Mas, na verdade, tais demonstrações refletem as inquietações da modernidade, muito mais do que os próprios islamistas gostariam de admitir.

Como muitas outras religiões, o islã inclui tanto um projeto utópico para transformar a sociedade quanto um sistema para sustentar, legitimar e estabilizar a realidade social dessa mesma sociedade.

No caso do cristianismo, temos um messias, Jesus Cristo, que veio "trazer a espada"[2] e, assim, revolucionar o mundo da época. De fato, os seguidores da nova doutrina, ferozmente perseguidos no início, representaram um fermento subversivo durante o Império Romano. Mais tarde, a Igreja Católica, já consolidada, tornou-se um poderoso instrumento nas mãos dos fortes, utilizado para consolidar sociedades desiguais e altamente injustas – embora ensinamentos contestadores e visões alternativas se mantivessem em seu bojo.

De certa forma, encontramos situação semelhante no islã, mas com uma diferença primordial: ao contrário do cristianismo, o islã não ficou por muito tempo na posição de minoria desprezada. Ao combinar as funções de profeta, estadista e guerreiro, Maomé possibilitou a transição do islã, de seita contestadora para religião do poder, mais rapidamente que o cristianismo, e sem que a religião abdicasse do aspecto utópico-contestador. As demonstrações de fanatismo, no período pré-moderno, ficaram limitadas a episódios esporádicos, restritos a determinadas circunstâncias e locais específicos. Foram, por exemplo, reações pontuais – e, em geral, pouco eficazes a longo prazo – contra o que alguns consideraram demasiada "lassidão". Em outras ocasiões, as agressões foram perpetradas em situações de insegurança em que os muçulmanos se sentiam minoria, como na Índia. Outro exemplo, ainda, foi o extremismo sectário pelo qual o xiismo ficou conhecido, com o uso dos "assassinos", rede terrorista antissunita do século XII.

A interpretação islamista

Embora o islamismo seja recente, fica claro que representa uma tendência significativa dentro do universo muçulmano atual. Tal tendência pretende estancar a "invasão" cultural da modernidade do tipo ocidental, que traz conceitos como direitos humanos, soberania do povo, liberdade individual, permissividade nas relações pessoais e no estilo de vida entre outros. Esses preceitos serão substituídos por um Estado islâmico que deve emular a comunidade do profeta Maomé, impondo a todos um modo de vida que seguiria a lei divina tal como os próprios fundamentalistas a interpretam. Por sua vez, essa interpretação será sempre literal e rigorosa, enfatizando a necessidade de se regulamentar a vida comunal e individual a serviço de Deus.

A desigualdade entre homens e mulheres faz parte da concepção fundamentalista que reserva à mulher um papel subalterno na sociedade.

A leitura islamista da xaria[3] inclui: separação entre homens e mulheres, com a mulher não raro ocupando posição abertamente inferior, inclusive a clausura; total proibição do álcool; rezas comunais obrigatórias; proibição da prática da usura (cobrança de juros nas transações comerciais); punições alcorânicas para determinados crimes, incluindo mutilações; Estado com governo teocrático. Inclui, ainda, o que a princípio representava o comprometimento com a expansão ilimitada da fé: a exportação da "revolução islâmica", hoje representada pelo confronto com o Ocidente "corrupto" e com o sistema internacional inspirado por ele.

Tal programa expansionista tem se propagado, nas últimas décadas, por áreas cada vez maiores, evidenciando um "mundo muçulmano" que, longe de se limitar ao Oriente Médio árabe, engloba um vasto arco que se estende da África Ocidental às Filipinas. Na tentativa de superar a humilhante, pois teologicamente "impossível", supremacia ocidental, os muçulmanos já empregaram diversas alternativas, como tradicionalismo, nacionalismo secularista, comunismo, modernismo liberal, todas sem sucesso. Atualmente, é o fundamentalismo quem capta boa parte da ira e da frustração de grupos que se sentem vitimados, presos entre o martelo e a bigorna de uma globalização que os deixa com perspectivas cada vez mais restritas de emprego, segurança e dignidade. Mesmo assim, só uma minoria de islamistas usa a violência; e dessa, um grupo ainda menor agride o Ocidente.

Na realidade, o islamismo inclui uma gama de movimentos distintos, espalhados por dezenas de países, que vão desde a "domesticada" irmandade muçulmana egípcia até o projeto de destruição global da Al Qaeda, de Osama bin Laden. Em comum, todos os ramos almejam, de uma forma ou de outra, a conquista do poder político. Em geral, trata-se de movimentos oposicionistas[4], que se desenvolvem particularmente em sociedades sufocadas por uma modernidade muito rápida e, portanto, desestabilizadora.

Nesse contexto, a politização da religião e sua radicalização levam com facilidade a expressões de fanatismo, que recuperam e utilizam como ponto de partida alguns dos modelos encontrados no passado islâmico, anteriormente mencionados. Não há como negar que embutidas no islã se encontram algumas ideias prontas para serem utilizadas por fundamentalistas, dentre elas: a

Garotos estudando a "lei divina" em Karnathaka, Índia. Além de interpretarem a "lei divina" de modo rigoroso e literal, os islamistas consideram legítima a imposição desta a todas as pessoas.

rejeição do Ocidente, tanto na forma original cristã quanto na metamorfose racionalista e secularista pós-cristã; a utopia de uma sociedade igualitária regida por Deus, nunca desmentida por nunca ter sido efetivamente experimentada; a legitimação, sob determinadas precondições, da violência contra infiéis e apóstatas etc.

Numa primeira leitura, algumas passagens do *Alcorão* – que, por si só, comporta múltiplas interpretações – podem soar desconcertantes, ou mesmo propensas ao fanatismo, pois, segundo a tradição islâmica, violência e tolerância formam um *continuum*, o que, para os fundamentalistas, resulta numa escorregadela rumo ao extremismo.

Como o islamismo, desde as vertentes mais moderadas até as mais radicais, pretende falar em nome dos "verdadeiros interesses" de todos os muçulmanos, emprestando, inclusive, o idioma do islã histórico, observadores menos informados são propensos a condenar a totalidade do mundo muçulmano por atos extremistas, e não apenas a pequena parcela que de fato os perpetrou.

Contudo, tal abordagem seria tanto a-histórica no nível analítico quanto perniciosa em suas ramificações práticas, porque nega tendências opostas, mais abertas à coexistência com o Ocidente dentro do mundo muçulmano e conduziria a um "choque de civilizações" abrangente que jogaria milhões de muçulmanos não extremistas nas mãos dos fundamentalistas: exatamente o que os Osama bin Ladens querem!

Reagindo à modernidade

Seria mais correto identificar o islamismo, em particular as vertentes mais fanáticas, com outros movimentos totalitários que cresceram e se desenvolveram com a modernidade, mas que lutam contra ela. Em comum, esses movimentos apresentam projetos de uma nova engenharia social, que condena os rumos tomados pela modernidade, ou seja: urbanização, perda dos valores familiares, hierarquia; atomização e individualismo; perda das certezas e da "ordem natural das coisas"; avanços da ciência e da tecnologia baseados na razão instrumental e concomitante enfraquecimento das crenças religiosas tradicionais; proliferação das escolhas pessoais e decorrente aumento vertiginoso da responsabilidade de cada um frente a um mundo cada vez mais imprevisível e "fora de controle". Ou seja, condenam todas as mudanças que serviram para emancipar – ou para afligir, dependendo do ponto de vista as – sociedades ocidentais, a partir do final do século XVIII.

Mesmo no Ocidente, a modernização estimulou uma série de reações, algumas secularizadas, como: romantismo, fascismo, populismo, nacionalismos extremados, stalinismo; outras revalorizando a religião na sua forma antimoderna, como o fundamentalismo protestante e o judaico, e agora, fora do Ocidente, no islã. Hoje, a mesma modernização, agora intitulada globalização, afeta dramaticamente as sociedades muçulmanas, que na maioria se encontram, infelizmente, em condições pouco favoráveis a uma verdadeira libertação.

Ao associarmos o islamismo a esses movimentos, identificamos uma série de características compartilhadas com essas e outras reações contra o individualismo, o nacionalismo e o modernismo. Podemos, inclusive, enumerar uma relação típica e idealizada, que pode ser vista também como a definição do fanatismo. (No entanto, é preciso sempre ter em mente que o fundamentalismo muçulmano, como outros movimentos sociais e religiosos, engloba uma gama de atitudes que vão desde a calma convicção interna do convertido pacífico até o extremismo violento dos mais exaltados.) A lista seguinte é indicativa das semelhanças do fundamentalismo muçulmano com uma série de outros movimentos fanaticamente antimodernistas – muitos deles, aliás, ocidentais...

- *Ideologização e politização da fé:* implicam o dever de seguir a "linha certa", num compromisso pessoal e irreversível, superando quaisquer outras considerações; negar esse "apelo" significa nada menos que desobediência a Deus.

Venda de livros religiosos no Marrocos. A fé aliada ao ativismo político favorece a proliferação de manifestações extremistas.

• *Expansionismo:* o projeto original de transformação sociopolítica, previsto na própria religião, é retomado agora de forma muito mais abrangente, que engloba desde "desconstruir a sociedade para construir outra melhor" até "destruir o mundo para salvá-lo". Muitos movimentos antimodernistas adotam uma perpectiva milenarista, segundo a qual o fim do mundo, a grande virada, a revolução são iminentes; tensão escatológica que se encontra também no xiismo radical.

• *Dualismo simplificador:* o fundamentalismo radicaliza a hostilidade contra os reais ou supostos tradicionais "inimigos da fé". Divide o mundo em dois campos irreconciliáveis e opostos, numa luta sem quartel em que a mera sobrevivência do "Mal" causaria a destruição do "Bem". Sob essa perspectiva dicotômica, o fundamentalista vê inimigos em todo lugar: os oponentes de sua ideologia são acusados de conspirações fantasiosas, que justificam ações drásticas, como a "purificação do mundo" pela destruição dos "agentes da corrupção". A partir daí, o percurso que leva à violência étnica e ao terrorismo é bastante curto. Em relação aos islamistas, podemos citar o antixiismo dos sunitas; o antiocidentalismo, contra os identificados como "cruzados"; e, inevitavelmente, o antissemitismo. Com relação ao último, não surpreende que o islamismo retome o tema da conspiração mundial judaica, caro a muitas seitas antimodernistas ocidentais, embora historicamente estranho ao próprio islã.

• *Separatismo*: para derrotar o "reino do Mal" e preparar a vitória da minoritária "comunidade profética eleita", é sugerida a constituição de um grupo de "puros", que servirá de embrião para a nova sociedade, mais justa. Como outrora fizeram jesuítas e bolcheviques, muitos islamistas conclamam a atuação de um corpo de profissionais, "soldados da fé" ou "soldados da revolução": uma elite que, para poder se dedicar exclusivamente à transformação desejada, deve se desvincular da sociedade comum. A obediência ao *amir* (emir, general ou príncipe) autoproclamado quase cancela o livre-arbítrio e a responsabilidade individual. O lema "os fins justificam os meios" desconsiderará quaisquer tabus societais e considerações morais "normais" a favor do objetivo final. Mesmo quando causam grandes calamidades, paradoxalmente, islamistas não são criminosos comuns. Em vez disso, por estranho que pareça, incluem-se no rol dos autênticos idealistas, pois desprezam ganhos materiais, têm altos padrões de honestidade e probidade, além da obsessão pela pureza corporal. Nesse aspecto, o asceticismo e até o puritanismo antissexual os distancia do islã normativo ao mesmo tempo em que os aproxima de muitas seitas cristãs, e também dos stalinistas. Como outros tipos de fanáticos, fundamentalistas mais extremistas carecem de escrúpulos tanto no preparo quanto na execução dos atos de violência, pelos quais não apresentam qualquer sentimento de culpa.

• *Sede de sacrifício*: no islamismo, o conceito de *jihad*, que originalmente abrange qualquer tipo de esforço em prol de Deus, é restrito à "guerra santa", assumindo um sentido unicamente militar. Assim, o terrorismo, associado aos fundamentalistas extremos, tem um papel tanto de (auto) sacrifício quanto instrumental. Rios de sangue, chuvas de aviões e fileiras de ataúdes que povoam o imaginário dos Osama bin Ladens, Musab al-Zarqawis ou Abdulaziz Rantissis não têm antecedentes em nenhum passado islâmico conhecido. Estão tão longe dos campos de concentração nazistas, com os campos de extermínio do *khmer* vermelho cambojanos e semelhantes projetos antimodernistas? Terroristas fundamentalistas são impelidos por vingança e pelo "amor ao sofrimento e à morte", numa crescente barbarização dos meios aplicados: sequestros; execuções públicas; atentados que procuram vitimar o maior número possível de civis não combatentes, indefesos e muitas vezes não envolvidos. Na extensa lista incluem-se até mesmo violações de cadáveres, feitos que, junto com os demais horrores, são habilmente manipulados para maximizar a visibilidade midiática, com a finalidade de desmascarar a "pseudocivilização" do inimigo. Por inimigo entende-se, em primeiro lugar, "sionistas" ou "judeus"; depois "o Ocidente", representado em particular pelos EUA; além da "Índia politeísta", dos "comunistas ateus" e muito de outros. Se, com seus atos, o terrorista consegue provocar uma reação do mesmo nível ou ainda mais violenta (pelo menos na percepção dos "observadores externos"), ele consegue estabelecer uma equivalência moral entre terrorista e antiterrorista. Mais uma vez, é vital não cair na armadilha das generalizações: tal estratégia preconizada pelos homens-bomba do Hamas pode estar bem longe do programa de um islamista antissemita convicto, como o líder político malasiano Muhammad Mahathir.

• *Monismo*: por fim, cabe destacar o quanto o ideal fundamentalista é intolerante para com qualquer diversidade. Seu monolitismo ideológico não deve se confundir com um modelo de organização disciplinada e hierárquica – como o dos partidos comunistas no entreguerras e na Guerra Fria –, que mal condiz com as ninharias doutrinárias e com a descentralização dos islamistas em células autônomas. Porém, a intolerância fica evidente na violência contra dissidências dentro do próprio grupo e, nos locais em que islamistas conquistaram o poder, na repressão inquisitorial, que chega a ponto de procurar controlar minúcias irrelevantes da vida pessoal, como por exemplo as ridículas leis talebãs proibindo pipas e criação de canários.

Vista do Cairo, a maior cidade muçulmana do mundo.

Em sua forma pura, "o islamismo" é tão real quanto os puros fascismo, nacionalismo e demais reificações; a diversificação dos programas, teatros e estratégias desde sempre o marcaram e constituem um entrave à sua eficácia.

Emergência e desenvolvimento do islamismo contemporâneo

Como fenômeno contemporâneo, o islamismo só emergiu nos anos 50 e 60, graças a pensadores como o paquistanês Abul Ala Mawdudi e o egípcio Sayyid Qutb, os primeiros a trazerem vigor à ideia de uma luta intransigente – prevendo o uso, inclusive, de terrorismo – contra os poderes "apóstatas" estabelecidos. Um dos tantos resultados disso foi o assassinato do presidente egípcio Sadat, em 1981, por militantes surgidos desse meio. Nos anos 80, a Revolução Iraniana, liderada pelo aiatolá Khomeini, e a resistência anti-israelense do Hezbollah no Líbano – que usou pela primeira vez a tática dos homens-bomba – imprimiram ao islamismo a forte marca xiita.

Com o fim da Guerra Fria e da primeira Guerra do Golfo, teve início o terceiro estágio de desenvolvimento, com frentes muito mais amplas, trazendo a primazia sunita e – em particular depois de 2001 – um terrorismo antiocidental de caráter global.[5] Hoje, é preciso distinguir, de fato, as lutas islamistas limitadas a uma região dos projetos de alcance "universal". Na Bósnia e na Chechênia, o islã se "nacionalizou", passando de comunidade confessional a identidade étnica; em outros conflitos, como no Afeganistão ou na Palestina, ocorreu o oposto: foi o nacionalismo que se islamizou progressivamente.

Em detrimento da violência dos métodos empregados, esses conflitos são localizados. Por outro lado, o islamismo como projeto universalista, tipicamente não territorial, cujo protótipo é a Al Qaeda, se espalha atualmente sob a forma de clones clandestinos dessa organização, atuando em uma gama de países que abrange desde o Quênia e a Indonésia até a França, a Grã-Bretanha e mesmo os Estados Unidos. Ao contrário dos conflitos localizados, que utilizam o islã como arma numa luta essencialmente nacional ou territorial, o islamismo global pretende destruir tanto as particularidades dentro do próprio mundo muçulmano quanto o pluralismo da comunidade internacional, fazendo uso do massacre maciço de não muçulmanos.

Hoje os piores tipos de fanatismo ligados ao "islamismo universalizado" ocorrem em países onde o processo da modernização é mais intenso, traumático ou mal-sucedido, como os do mundo árabe, da África do Norte e o Paquistão, além de florescer em lugares em que minorias muçulmanas enfrentam maior tensão e alienação, como na Europa ocidental. O fato de esse fanatismo se manifestar muito menos em países muçulmanos – inclusive naqueles com democracias atuantes – tais como Turquia, Bangladesh e Indonésia, comprova que o fenômeno não é inerente ao islã como religião ou civilização. Ele é a expressão de graves dificuldades que certas sociedades e comunidades muçulmanas enfrentam para se integrar numa convivência global; dificuldades, lamento lembrar, muitas vezes causadas e/ou prolongadas pelo próprio Ocidente.

Osama bin Laden, líder da organização Al Qaeda, adepto do islamismo global e do massacre maciço de não muçulmanos, é hoje a figura mais emblemática do fanatismo islamista.

O "perigo das trevas"

Quem se preocupa em ouvir as pregações dos líderes fundamentalistas, que anunciam todas as punições do Dia do Julgamento de que serão vítimas "judeus e cruzados", experimenta a estranha impressão de retornar ao período das trevas. Mas isso é um engano. Na realidade, apesar da aparência "arcaica", o fundamentalismo muçulmano utiliza os meios mais avançados para atingir sua finalidade – desde a comunidade islamista virtual que vaga pela internet até armas de destruição em massa – e está intrinsecamente conectado ao mundo moderno, o mesmo que ele pretende explodir. Ao explorar as múltiplas vulnerabilidades do mundo globalizado, o fanatismo islamista exibe uma combinação especificamente moderna, em que a irracionalidade passional dos fins contrasta com a racionalidade friamente calculada dos meios.

O caráter propriamente fantasmagórico de seu projeto – que hoje mobiliza apenas uma minoria dos muçulmanos, mas atrai mais adeptos a cada dia, graças à exacerbação das injustiças e dos erros cometidos pelo Ocidente – não deve desviar a atenção do imenso perigo que representa o choque entre civilizações. Tal embate poria em risco a coexistência entre os povos, e é exatamente esse confronto que o islamismo radical luta por desencadear.

Notas

1 O termo islamista é utilizado, aqui, para definir o movimento religioso radical do islã político, inspiração do que também se chama popularmente de fundamentalismo muçulmano.

2 Mateus 10:34.

3 Xaria: Código Legal Islâmico que, para os muçulmanos, estabelece as regras que governam todos os aspectos da vida.

4 Com exceção do Irã, onde o islamismo está no poder desde a Revolução Islâmica de 1979 e, de certa forma, do Sudão (a partir de 1983) e do Afeganistão sob o domínio do Talebã (1995-2001).

5 Cf. análise mais detalhada em *O mundo muçulmano*, São Paulo: Contexto, 2004, de minha autoria.

Bibliografia

ARMSTRONG, Karen. *Em nome de Deus: o fundamentalismo no judaísmo, no cristianismo e no islamismo.* São Paulo: Companhia das Letras, 2001.

BERMAN, Paul. *Terror and Liberalism*. New York: Norton, W. W. & Company, 2003.

DEMANT, Peter. *O mundo muçulmano*. São Paulo: Contexto, 2004.

ESPOSITO, John L. *Unholy war: Terror in the name of Islam*. New York: Oxford University Press, 2002.

GELLNER, Ernest. *Pós-modernismo, razão e religião*. Lisboa: Instituto Piaget, 1992.

KEPEL, Gilles. *Jihad: Expansion et déclin de l'islamisme*. Paris: Gallimard, 2003

LEWIS, Bernard. *O Oriente Médio: do advento do cristianismo aos dias de hoje*. Rio de Janeiro: Jorge Zahar, 1996.

LEWIS, Bernard. *Que deu errado no Oriente Médio?* Rio de Janeiro: Jorge Zahar, 2002.

ROY, Olivier. *L'islam mondialisé*. Paris: Seuil, 2002.

RUTHVEN, Malise. *Islam in the world*. London, etc.: Penguin, 2000. new ed.

TIBI, Bassam. *The challenge of fundamentalism: Political Islam and the new world disorder*. Berkeley: University of California Press, 2002. new ed.

CRUZADAS

A "Guerra Santa" na Idade Média

José Rivair Macedo

As Cruzadas contêm ainda hoje forte apelo emocional e continuam a produzir imagens idealizadas. Evocadas nas mídias do século XX, elas aparecem no cinema, na literatura, na criação musical popular e, inclusive, em jogos eletrônicos interativos, retratadas como expedições de guerra que opõem os bons aos maus e os heróis aos vilões. No cinema norte-americano dos anos 30, o filme *As Cruzadas*, de Cecil B. de Mille, por exemplo, apresentou-nos a guerra medieval sob traços românticos, com o rei cristão Ricardo Coração de Leão disputando o amor de uma donzela com o governante muçulmano Saladino. Na música *pop* internacional dos anos 70 e 80, diversas bandas de *heavy metal* cantaram os feitos dos cruzados, realçando-lhes a bravura.

Em sua primeira acepção, "cruzada" é o termo empregado pelos historiadores para designar as expedições militares de caráter religioso que se faziam na Idade Média contra os inimigos do cristianismo. Mas, com o uso generalizado, o termo passou a significar também qualquer campanha intensa de propaganda ou de defesa de certos interesses, princípios ou ideias. Nesse sentido, não é incomum serem utilizadas expressões como "cruzada contra o analfabetismo" ou "cruzada contra a fome". A ideia, de qualquer modo, é sempre a de uma luta necessária, urgente, legítima, contra algo iníquo e perigoso.

Cruzadas cristãs

Embora seja aplicada à Idade Média, a palavra era desconhecida naquele período. O nome origina-se, muito provavelmente, do fato de que os líderes daquelas expedições militares-religiosas medievais costumavam usar sobre as vestes o símbolo da cruz, que os distinguia dos guerreiros comuns, e também distinguia sua luta da guerra convencional. A cruz era o testemunho visível e público do engajamento particular numa empreitada divina.

Convocadas pelos papas e vistas como atividade penitencial, as Cruzadas podem ser consideradas peregrinações armadas, em que o caráter devocional se associava à empresa bélica, e em que atrativos de caráter político e econômico tinham também o seu papel como elementos de motivação para a guerra. De modo geral, a guerra religiosa cristã costuma ser dividida em dois tipos: as Cruzadas movidas contra os "infiéis" no Oriente pela libertação da "Terra Santa" e as guerras contra os "infiéis" pela reconquista da Península Ibérica. Entretanto, algumas Cruzadas foram decretadas contra movimentos de rebeldia religiosa no interior da própria cristandade, isto é, contra movimentos heréticos, como o catarismo, no sul da França, durante a primeira metade do século XIII, e o hussismo, na Tchecoslováquia na primeira metade do século XV.

Para ser considerada como tal, a Cruzada deveria ser convocada e proclamada pelo papa, líder espiritual máximo da cristandade latina, e cada voluntário prestava o voto de cruzado, ou seja, um juramento no qual comprometia-se a "lutar em nome de Deus" – o que o transformava em "cavaleiro de Cristo" (*milites Christi*). Tal engajamento era encarado como sofrimento e provação, às vezes, como martírio. Alguns eram enviados para a Cruzada para cumprir penitência por pecados graves cometidos. Em contrapartida, a Igreja oferecia certas vantagens espirituais, como a concessão de indulgências, a promessa da salvação eterna aos que morressem em combate, além de certas vantagens materiais, como a proteção dos bens dos que partiam em Cruzada, a suspensão do pagamento de dívidas e outros benefícios, incluindo, às vezes, o direito de pilhagem e conquista dos bens deixados pelo inimigo. Isso levou a que, muitas vezes, o desejo de butim orientasse algumas expedições.

A imagem mostra a comemoração do regresso de um cruzado – o Conde de Vandemont – que, após dezesseis anos de ausência, reencontra sua esposa, Ana de Lorena.

Contra os "infiéis"

A Primeira Cruzada foi decretada pelo papa Urbano II em 1095, no Concílio de Clermont. Ao fazê-lo, atendia ao apelo lançado pelos basileus[1] bizantinos, após a derrota dos cristãos do Oriente frente aos turcos seldjúcidas, na Batalha de Mantzikert, em 1071, que teve por consequência a tomada da Armênia pelos muçulmanos e a dominação, por estes, de porções importantes da Ásia Menor. A essa expansão turca, somavam-se: o estado de guerra estimulado pela reconquista de territórios da Península Ibérica aos mouros; um clima de angústia, gerado por uma sucessão de calamidades ocorridas na Europa ao final do século XI; e o ímpeto guerreiro dos cavaleiros cristãos, que atenderam imediatamente ao apelo papal – por devoção pessoal ou por interesses materiais.[2] Este último aspecto é lembrado no discurso de Urbano II, quando o papa afirmou que:

> Os que estão habituados a combater maldosamente, em guerra privada, contra os fiéis, lutem contra os infiéis, e levem a um fim vitorioso a guerra que devia ter começado a tempo. Os que até agora viviam em brigas se convertam em soldados de Cristo. Os que até agora eram mercenários por negócios sórdidos, ganhem no presente as recompensas eternas. [...] De um lado estarão os miseráveis, do outro, as verdadeiras riquezas; aqui os inimigos de Deus, lá, os seus amigos. [3]

Nas palavras do pontífice encontram-se articulados os principais elementos constituintes da ideia de "guerra justa" que, embora tenha sido desenvolvida desde o princípio da Idade Média, ganhou aplicação prática do século XI em diante, legitimando o uso da força contra os inimigos da Igreja. Foi Santo Agostinho quem primeiro propôs uma teologia da guerra cristã ao estabelecer a distinção entre as guerras "justas" e as "injustas", e ao declarar que os cristãos poderiam tranquilamente tomar parte nas primeiras quando se tratasse de lutar para "restabelecer o bem e impedir a vitória do mal e da injustiça".[4]

Em meados do século XII, São Bernardo retomou essa ideia, mas a levou bem mais longe, aplicando-a na pregação da luta contra os "infiéis", "pagãos" e "inimigos de Cristo". No tratado *De laude novae militiae*, o gládio empregado em defesa da fé ganha significado espiritual. Para São Bernardo, a eliminação física dos "malfeitores" não deveria ser definida como um *homicidium* ("morte de um homem"), mas como um *malicidium* ("morte de um mal"), pois os inimigos da cristandade representariam o mal no mundo.[5] Quanto aos hereges – desviantes da doutrina oficial determinada pela Igreja –, especialistas em direito canônico do século XII como Rolando Bandinelli e Huguccio de Pisa consideravam-nos traidores dos preceitos divinos. Assim, prescreviam a violência como meio de erradicar ideias que, na opinião deles, assemelhavam-se a um "tumor" dentro do corpo da cristandade, não vendo qualquer mal na destruição física, desde que o fim fosse salvar as almas.[6]

Isso explica em parte porque, por ocasião das Cruzadas, os cavaleiros cristãos portaram-se com extrema violência contra o adversário, não hesitando em promover saques, incêndios e massacres. O mais terrível desses episódios ocorreu durante a conquista de Jerusalém em 1099, quando, após um duro combate em volta dos muros, os cruzados, ao penetrar o interior da cidade, foram tomados de furor e passaram todos os que encontraram pela frente "ao fio da espada" – fossem judeus ou muçulmanos, mulheres, crianças ou velhos, e inclusive os que se refugiaram em templos religiosos. O fato é registrado pelo cronista ocidental Raimond D'Aguillers:

> Guerreiros a pé e cavaleiros fizeram um caminho através dos cadáveres. Mas tudo isso era ainda pouca coisa. Fomos ao Templo de Salomão, onde os sarracenos tinham o costume de celebrar seus cultos. O que se passou nesses lugares? Se dissermos a verdade, ultrapassaremos o limite do que é possível crer. Será suficiente dizer que, no Templo e no Pórtico de Salomão, cavalgava-se em sangue até os joelhos dos cavaleiros e até aos arreios dos cavalos. Justo e admirável julgamento de Deus, que quis que este lugar recebesse o sangue daqueles que blasfemaram contra ele durante tanto tempo. Com a cidade assim repleta de cadáveres e inundada de sangue, alguns sarracenos procuraram refúgio na Torre de Davi, e pedindo ao Conde Raimundo garantir sua segurança, entregaram-lhe a cidade.[7]

A descrição assemelha-se com a de escritores muçulmanos, que ficaram chocados com a violência inaudita, como se pode ver no relato de Ibn al-Athir:

> A população foi passada ao fio da espada e os Francos massacraram os sarracenos da cidade durante uma semana. Um pequeno grupo se escondeu no Oratório de Davi, aí resistindo durante alguns dias. Os Francos prometeram-lhes garantia de vida e, tendo respeitado sua palavra, os deixaram partir de

Cruzados usam cabeças humanas como munição para uma catapulta abrindo caminho em direção à Jerusalém. Inúmeros cavaleiros honravam o seu juramento de obedecer à Igreja e cometeram terríveis atrocidades.

noite. Na mesquita Al-Aqsa, pelo contrário, os Francos massacraram mais de setenta mil pessoas, entre as quais uma grande multidão de imãs e de doutores sarracenos, devotos e ascetas que tinha deixado suas terras para viver vida piedosa retirados nesses lugares santos. [8]

Ao fanatismo religioso juntam-se aqui traços de brutalidade e selvageria, próprios dos guerreiros ocidentais do período das Cruzadas. A crueldade na guerra e os maus modos levaram-nos a serem vistos pelos bizantinos de Constantinopla como uma ameaça tão grande quanto os próprios muçulmanos.

Religião e política

Em que pese a justificativa religiosa, sempre invocada na proclamação das Cruzadas, as motivações políticas não devem ser minimizadas. Ao fim da Primeira Cruzada, em 1099, os cristãos do Ocidente tinham conquistado importantes territórios no Oriente Médio, fundando o Reino Latino de Jerusalém, que subsistiu até 1187; o Condado de Edessa, que subsistiu até 1144; o condado de Trípoli e o principado de Antióquia, que resistiriam até o fim do século XIII. A manutenção desses Estados Latinos do Oriente implicou uma situação de conflito latente contra os muçulmanos e em pedidos de apoio, que deram origem a pelo menos mais duas Cruzadas, a Segunda, ocorrida em 1148, e a Terceira, ocorrida em 1189, nas quais tomaram parte os mais importantes governantes dos reinos ocidentais, como os reis franceses Luís VII e Filipe Augusto; governantes ingleses, como Ricardo Coração de Leão; e os imperadores germânicos Conrado III e Frederico I Barbaruiva.

No princípio do século XIII, todavia, o espírito original da "Guerra Santa" havia se enfraquecido, e os interesses político-econômicos ganharam maior relevo. Isso ficou bastante evidente quando, em 1204, os cruzados, financiados por mercadores de Veneza, foram deslocados para Constantinopla, capital do Império Bizantino, que foi atacada militarmente, invadida, saqueada e entregue a governantes ocidentais, permanecendo sob domínio latino até 1261. Na Quinta e Sexta Cruzadas, ocorridas respectivamente em 1217 e 1228, prevaleceu o cálculo político. As desavenças entre o papa Honório III e o imperador Frederico II, de Hohenstaufen – que delas tomou parte direta ou indiretamente – levaram a que redundassem em fracasso. As duas últimas Cruzadas tiveram pouca repercussão entre os governantes latino. Foram lideradas pelo rei francês Luís IX, canonizado como São Luís, que partiu em 1248, foi aprisionado em 1250 no Egito, e liderou novamente os cristãos em 1270, encontrando a morte em Túnis, no norte da África, vitimado pela peste.[9]

São Luís liderou as duas últimas cruzadas quando o espírito original da "Guerra Santa" havia se enfraquecido. Aprisionado em 1250 no Egito, após sua libertação liderou novamente os cruzados em 1270.

Os resultados políticos da luta contra os muçulmanos foram melhores no próprio Ocidente, onde, com as sucessivas vitórias cristãs de reconquista face ao domínio islâmico, definiram-se os reinos ibéricos cristãos. Uma etapa importante foi vencida em 1085, quando Afonso VI, de Leão e Castela, retomou Toledo, antiga capital do reino visigodo. Ao longo do século XII, os peninsulares, ajudados por cavaleiros provenientes do norte da Europa, lutaram contra os muçulmanos do norte da África – primeiro contra os almorávidas e depois contra os almôadas –, retomando e repovoando territórios ao centro e ao norte da península.

A Reconquista portuguesa teve grande impulso com a conquista de Lisboa, em 1147; a de Évora, em 1169; e a de Silves, em 1189. O avanço decisivo dos cristãos ocorreu na primeira metade do século XIII, sobretudo após a vitória da coligação de tropas de Castela, Aragão e Navarra na batalha de Las Navas de Tolosa, em 1212, que permitiu o avanço para o sul, até Sevilha e Múrcia. Na segunda metade do século seguinte, restava aos mouros peninsulares apenas o combalido reino Nazri de Granada, que resistiu até 1492.[10]

Contra os "hereges"

No que se refere às guerras religiosas movidas contra os chamados hereges, a mais importante foi a Cruzada Albigense, que transcorreu entre 1209 e 1229. Decretada pelo papa Inocêncio III, visava combater os promotores e protetores do catarismo, e teve por consequência a eliminação completa das lideranças do sudoeste da atual França, a criação dos primeiros tribunais de Inquisição e, sob o ponto de vista político, a anexação do condado de Toulouse aos domínios da monarquia francesa após 1249.[11] Um dos mais célebres episódios dessa guerra ocorreu durante o sítio da cidade de Béziers – a primeira localidade atacada pelos cruzados –, que foi pilhada, incendiada e teve a população massacrada. Segundo a tradição, recolhida por cronistas contemporâneos à época, antes da invasão alguém teria perguntado ao legado papal, o abade cisterciense Arnaldo Amauri, como distinguir entre hereges e não hereges, obtendo a seguinte resposta: "Matem todos, Deus escolherá os seus".

Embora os historiadores católicos tenham tentado demonstrar a falta de fundamento dessa tradição, o tom dos cronistas a serviço da Igreja não difere muito. O episódio e, inclusive, a frase do abade, foi registrado pelo cronista Guilherme de Puylaurens, quando relatou tais acontecimentos sessenta anos mais tarde. Segundo o monge cisterciense Pierre des Vaux de Cernay, testemunha dessa Cruzada, o fato de o massacre ter ocorrido no dia 22 de julho de 1209, data consagrada no calendário litúrgico à Maria Madalena, pareceu constituir um "justo castigo divino":

> Como dissemos no início, os hereges pretendiam que Santa Maria Madalena tivesse sido concubina de Cristo. Além disso, foi no interior da igreja dedicada a essa santa que uma vez os moradores de Béziers mataram um de seus condes e feriram um de seus bispos. Foi assim justa a punição infligida àqueles cães repugnantes, vencidos e massacrados durante a festa daquela a quem tinham insultado, manchando seu templo de sangue. [12]

Religiosidade popular

A motivação religiosa teve ampla repercussão na pregação das Cruzadas e desencadeou diversos movimentos populares, alguns dos quais perpassados pelo fanatismo. A retomada do Santo Sepulcro, santuário maior do cristianismo, assumiu um caráter apocalíptico pois acreditava-se que o retorno de Cristo e a realização do Juízo Final só poderiam ocorrer em Jerusalém. A instauração da Jerusalém Celeste, isto é, do "Reino dos Justos", dependia da retomada da Jerusalém Terrestre.[13] Esse caráter apocalíptico transparece nos relatos cristãos da Primeira Cruzada, quando guerreiros cristãos eram identificados com o "povo eleito" do Antigo Testamento, e a conquista de Jerusalém, descrita como um evento com ressonâncias do maravilhoso cristão – os sitiantes teriam sido tomados de um "pavor sagrado" (*nimio pavore*), e antes da invasão foram realizadas procissões propiciatórias em torno das muralhas.[14]

Pouco antes da Primeira Cruzada, grande entusiasmo tomou conta da cristandade. Para os homens do final do século XI, diversos sinais, milagres e prodígios indicavam que o mundo estava chegando ao fim. Assim, era comum "ver" estrelas cadentes ou nuvens vermelhas como sangue rumando em direção a Jerusalém. Falava-se que até mesmo animais, como galos, gansos, peixes e pássaros, dirigiam-se para o Oriente, seguidos por bandos de cristãos convictos de que a Jerusalém Celeste estava prestes a aparecer na Terra.[15]

Segundo cronistas da época, não foram poucos os que, tomados de emoção, seguiram o ensinamento evangélico, usando a cruz como símbolo e rumando para a Terra Santa, sob o lema, que ficou famoso: "Deus o quer". Antes mesmo da partida dos príncipes e das tropas de guerreiros, formaram-se diversos grupos compostos de gente pobre, velhos, mulheres, aventureiros e outros mal-enquadrados na sociedade, que rumaram ao Oriente movidos pelo desejo de libertar Jerusalém. Tais movimentos receberam o nome de "Cruzadas populares", e os dois mais importantes dos séculos XI-XII foram os liderados por Pedro, o Eremita, e por Gualtier-sem-Haveres.

Pedro, o Eremita, teria recebido uma carta caída do Céu, em que Deus ordenava-lhe libertar a Terra Santa. Em torno do pregador reuniram-se milhares de desvalidos, muitos dos quais venderam o que tinham ou colocaram os parcos bens em carroças para integrar a peregrinação rumo ao Oriente. Quanto aos seguidores de Gualtier-sem-Haveres, partiram de territórios situados na atual Alemanha, seguindo a pé pelo noroeste da Europa até chegar aos Balcãs, e depois à Constantinopla. No caminho, foram atacados pelos húngaros, que os despojaram de tudo, deixando-os nus. No entanto, eles próprios saqueavam propriedades para obter carne, provocando combates ao longo de todo o trajeto. No final, tais grupos foram mal recebidos pelas lideranças cristãs orientais, que temiam pela própria segurança (as portas de Constantinopla foram fechadas por ocasião da chegada de Pedro, o Eremita) e acabaram massacrados pelos turcos.

A cruz, instrumento do suplício a Jesus, foi usada pelos guerreiros como símbolo de fé e religiosidade.

Jerusalém tornou-se uma lenda na Europa. Após a retomada da cidade pelos muçulmanos, em 1187, difundiu-se a crença de que apenas os puros de espírito poderiam devolvê-la aos cristãos. Essa ideia foi responsável pelo aparecimento de diversos movimentos populares ao longo do século XIII. Os primeiros ocorreram em 1212, conduzidos por um jovem pastor nascido na França, chamado Estevão de Cloies, e por um garoto de apenas doze anos nascido no Império Germânico, chamado Nicolas de Colônia. Ambos partiram em peregrinação à Jerusalém, seguidos por uma multidão de crianças de ambos os sexos. Os que partiram da França foram enganados por mercadores de Marselha que, em vez de transportá-los por mar pelo Mediterrâneo e os levarem ao Oriente, venderam-nos como escravos a mercadores muçulmanos. Os seguidores de Nicolas chegaram até Roma, e lá foram convencidos pelo papa Inocêncio III a retornar aos lares.[16]

Algum tempo depois, em 1251, uma onda de manifestações populares tomou conta da França durante o cativeiro de Luís IX no Egito. Um pregador popular chamado Jacob, o Mestre da Hungria, percorria as cidades afirmando que a Virgem Maria ter-lhe-ia dito pessoalmente que cabia aos pobres e fracos realizar a obra de salvação dos cristãos em Jerusalém, prestando ajuda ao rei em seu infortúnio. Em pouco tempo foi seguido por pastores jovens, adultos de ambos os sexos, e também por prostitutas, ladrões, fugitivos e gente de todo tipo, num movimento a que o povo chamava de "pastorzinhos". Armados com forquilhas, machados e punhais, atacavam e pilhavam propriedades da Igreja e dos ricos, e quando encontravam bispos, padres ou monges, chicoteavam-nos, afogavam-nos ou enforcavam-nos.[17] Segundo um cronista do período, Guilherme de Nangis:

> Desenvolveram então seus erros sem medida nem moderação, puseram-se a roubar e a pilhar sistematicamente. Chegados a Orleãs, atacaram os clérigos da Universidade e nela muito mataram, mas muitos deles também foram mortos. Seu chefe, que chamavam de Mestre da Hungria, indo com seus bandos de Orleãs a Bourges, invadiu as sinagogas dos judeus, destruindo seus livros e os despojando injustamente de seus bens. Mas como ele deixasse a cidade com o povo que o acompanhava, os habitantes de Bourges em armas o perseguiram e mataram o Mestre e a maior parte de seus companheiros.[18]

Cruzadas muçulmanas

Tanto no Ocidente quanto no Oriente, a fé inflamada produziu extremismos e atitudes de fanatismo. A ideia da "Guerra Santa" não era estranha ao mundo muçulmano, em que a *jihad* constituía um dos pilares da fé. Ao mesmo tempo, algumas seitas extremistas, como a dos xiitas, sobretudo em sua vertente ismailiana, não hesitavam em matar os que consideravam inimigos de Alá. Eram seitas que não reconheciam o poder dos califas e reivindicavam o retorno às origens do islamismo – o da época de Maomé e de Ali, seu genro.

A mais violenta dessas seitas apareceu em 1162, sob a chefia de Rashid al-Dîn Sinan, mais conhecido como o Velho da Montanha. Os membros instalaram-se ao norte da Síria e nas regiões montanhosas ao sul do mar Cáspio, onde construíram uma fortaleza inexpugnável. O grupo executou vários líderes muçulmanos e cristãos no período das Cruzadas, entre os quais o rei de Jerusalém indicado pelos cristãos, Conrado de Montferrat. Os adversários muçulmanos da seita também foram alvo de atentados. O principal líder islâmico do século XII, Saladino, sobreviveu a duas tentativas malogradas de assassinato.

A violência dos adeptos da seita provocou profunda impressão nas pessoas da época, a ponto de o nome dos seguidores do Velho da Montanha tornar-se conhecido em toda a Europa.[19] O termo que os designava, em árabe *hashîshyya*, significa "fumadores de haxixe" (numa alusão ao consumo de droga), originando "assassinos" – nome pelo qual ficaram conhecidos. A seita foi definitivamente destruída em 1256 pelos mongóis, liderados por Hulagu, que pouco depois também atacou Bagdá, destruindo o que restava do califado Abássida, em 1258.[20]

Convivência

Parte substancial da animosidade e do furor alimentava-se em estereótipos. Para os cristãos do Ocidente, os muçulmanos eram antes de mais nada os "infiéis", por vezes também qualificados de "pagãos", "idólatras". Maomé fazia as vezes de "falso profeta" e, inclusive, de "emissário do Anticristo".

Alimentados pela retórica da pregação, sobretudo a pregação das Cruzadas, o sentimento dos cristãos que apenas ocasionalmente iam a Jerusalém diferia daquele tido pelos cristãos que se estabeleceram no Oriente Médio e passaram a viver mais próximos do adversário.

Entre esses últimos e os muçulmanos chegou mesmo a existir certa tolerância, baseada no reconhecimento da diferença. Isso também ocorreu na Península Ibérica, onde, no tempo da dominação islâmica, cristãos (chamados moçárabes) e judeus puderam manter as respectivas crenças, e onde, no tempo dos reinos cristãos da Reconquista, os reis autorizaram a permanência de comunidades islâmicas (mudejares) e judaicas, reconhecendo-lhes o direito de preservar crenças e tradições em ambiente doméstico.[21]

Um bom exemplo dessa oposição entre o estranhamento cultural e a tolerância calcada na convivência pode-se encontrar no relato de um cronista muçulmano do princípio do século XII chamado Osama Ibn Munkidh, que viveu na palestina e foi emissário junto aos cristãos do reino de Jerusalém. Embora reconhecesse nos cristãos certos traços de brutalidade, soube também identificar alguns valores positivos e tentou compreender-lhes as atitudes. Por isso Osama distinguia claramente duas categorias de cristãos: aqueles que se estabeleceram no Oriente, pacíficos e dispostos ao diálogo, e os peregrinos de última hora, ávidos por aventura, combates e lucro, arrogantes e de maus hábitos.

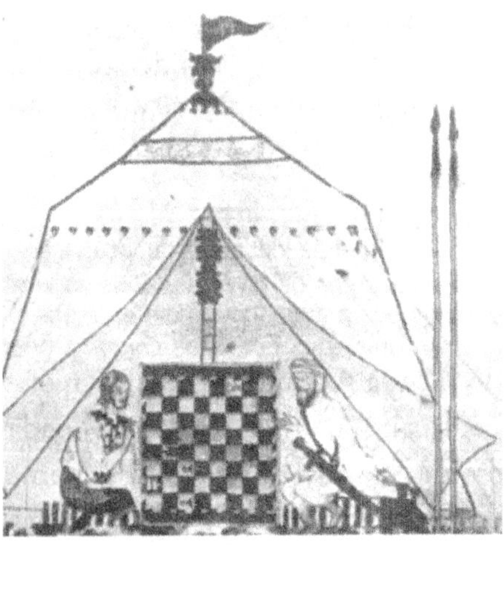

Cristão e muçulmano disputam uma partida de xadrez, demonstrando que a convivência entre os "dois mundos" nem sempre foi caracterizada pelo conflito.

Certa vez Osama foi interrompido por um desses recém-chegados enquanto orava na Mesquita de Al-Aqsa, que o obrigou a prostrar-se em direção ao Oriente. Após o incidente, os Templários, amigos de Osama, explicaram-lhe que se tratava de um forasteiro que chegara há pouco do país dos *franj*[22]e que nunca vira ninguém rezar a não ser voltado para o Oriente. O muçulmano conclui: "Saí, espantado de lembrar como aquele demônio tinha o rosto demudado, como tremia e que impressão sentira ao ver alguém rezando numa direção que não era a dos cristãos"[23].

"Cruzados" na atualidade

Recentemente, o papa João Paulo II pediu perdão a Deus pelos pecados da Igreja Católica, entre os quais o tratamento dispensado aos judeus e as violações de direitos de grupos étnicos. Embora não tenha feito referência a nenhum período histórico em particular, a decisão explicitou o reconhecimento da intolerância, violência e abusos cometidos nas Cruzadas e na Inquisição.[24] Tal reconhecimento constitui um passo adiante na constituição de um mundo menos sujeito a atos de fanatismo, embora em nossa própria época a ideia de "cruzada" continue a vigorar.

Na realidade, embora na Idade Média a Igreja nunca tivesse promovido diretamente o fanatismo, alimentava-o ao enunciar um discurso excludente em relação aos crentes de outras religiões e aos europeus que se manifestassem contrários aos dogmas do cristianismo e sua orientação e moral e doutrinária. A distinção entre "guerra má" e "guerra justa" deu azo a atos de extermínio, sempre justificados "em nome de Deus".

Mas, afinal, quem determina o que é "mau" ou o que é "justo"? O fanatismo alimenta-se sempre da crença na justeza dos fins defendidos e na convicção de uma "verdade" acima dos homens. Quando o presidente norte-americano George W. Bush emprega nos discursos expressões como "forças da liberdade" e luta contra o "eixo do Mal", ou quando muçulmanos fundamentalistas praticam atos de terrorismo em nome da fé, não estariam reproduzindo antigos estereótipos ligados à própria ideia da Cruzada?

Notas

[1] Termo grego empregado para designar o monarca que governava o Império Bizantino.

[2] Jean Flori. "La Première Croisade". *L'Histoire*, nº 109, 1988, pp. 10-16.

[3] Foucher de Chartes. Chronique. Citado por Maria Guadalupe Pedrero-Sanchez. *História da Idade Média: textos e testemunhos*. São Paulo: Editora Unesp, 2000, p. 83.

[4] Ver Franco Cardini. "Guerra e Cruzada". In: Jacques Le Goff & Jean-Claude Schmitt (orgs). *Dicionário Temático do Ocidente Medieval*. Bauru: Edusc, 2001, tomo I, pp. 475-477; Robert Régout. *La doctrine de la guerre juste de Saint Augustin à nos jours*. *Paris*: Éditions A. Pedone, 1935.

[5] Marco Meschini. *San Bernardo e la seconda crociata*. Milano: Mursia Editore, 1998, p. 137.

[6] Henri Maisonneuve. *Études sur les origenes de l'Inquisition* (L'Église et l'État au Moyen Age). Paris: Librairie J. Vrin, 1942.

[7] Raymond d'Aguillers. Chronique. In: Joseph Calmette. *Textes et documents d'Histoire*. Paris: Puf, 1953. Tome II, p. 96.

[8] Ibn Al-Athir. Citado por Amin Maalouf. *As Cruzadas vistas pelos árabes*. São Paulo: Brasiliense, 1988, p. 12.

[9] Paul Rousset. *História das Cruzadas*. Rio de Janeiro: Paz e Terra, 1989; José Roberto Mello. *As Cruzadas* (Série Princípios). São Paulo: Ática, 1989; Zoé Oldenburg. *As Cruzadas*. Rio de Janeiro: Civilização Brasileira, 1968.

[10] Ricardo da Costa. *A guerra na Idade Média: um estudo da mentalidade de Cruzada na Península Ibérica*. Rio de Janeiro: Paratodos, 1998, esp. pp. 233-240; Ruy de Oliveira Andrade Filho. *Os muçulmanos na Península Ibérica*. São Paulo: Contexto, 1989. António Borges Coelho. *Portugal na Espanha árabe*. Lisboa: Caminho, 1988, vol. 2.

[11] René Nelli. *Os cátaros* (Coleção Esfinge). Lisboa: 70, s.d.; Paul Labal. *Los cátaros: herejia y crisis social*. Barcelona: Crítica, 1984; José Rivair Macedo. *Heresia, Cruzada e Inquisição na França medieval*. Porto Alegre: Edipucrs, 2000.

[12] Pierre des Vaus de Cernay. *Historia Albigensis*. Paris: Librairie J. Vrin, 1951, p. 42.

[13] Jean Flori. "Jerusalém e as Cruzadas". *In:* Jacques Le Goff & Jean-Claude Schmitt (orgs). *Dicionário Temático do Ocidente Medieval*. Bauru: Edusc, 2001, tomo II, pp. 7-23; Adrian H. Bredero, "Jérusalém dans L'Occident Médiéval". *In:* Mélanges René Crozet. *Poitiers: Société d'Études Médiévales*, 1966, tome I, pp. 259-271.

[14] *Gesta Francorum et aliorum hierosolimitanorum*. Paris: Librairie Ancienne Honoré Champion, 1924, p. 202.

[15] Paul Alphandéry & Alphonse Dupront. *La chrétienté et l'idée de croisade*. Paris: Albin Michel, 1954, tome I, esp. pp. 88-144; Alphonse Dupront. *Du sacré: croisades et pélérinages, images et langages*. Paris: Gallimard, 1988.

[16] Paul Alphandéry. "Les croisades d'enfants". *Revue de l'Histoire des Religions*, tome 73-5, 1916, pp. 259-282.

[17] Norman Cohn. *Na senda do milénio: milenaristas revolucionários e anarquistas místicos da Idade Média.* Lisboa: Presença, 1980, pp. 73-89; José Rivair Macedo. *Religiosidade e messianismo na Idade Média* (Coleção Desafios). São Paulo: Moderna , 1997.

[18] Guillaume de Nangis. "Chronicon". Citado por Jacques Le Goff. *São Luís: biografia.* Rio de Janeiro: Record, 1999, p. 180.

[19] Informações legendárias sobre as ações do Velho da Montanha podem ser encontradas nos relatos de cronistas e viajantes europeus do século XIII que visitaram o Oriente, entre os quais Joinville. Histoire de Saint Louis. Paris: Librairie Hachette, s.d., pp. 189-190; Marco Polo. *O livro das maravilhas.* Porto Alegre: L&PM, 1994, pp. 70-72; Odoric de Pordenone. *Relacion de Viaje.* Buenos Aires: Biblos, 1987, cap. XXXV, p. 87.

[20] Sian Guyard. "Un grand maitre des assassins au temps de Saladin". *Journal Asiatique*, série 7, tome 9, 1877, pp. 325-338; Bernard Lewis. "The sources of the history of Syrians Assassins". *Speculum*, 27, 1952, pp. 167-189; Anne-Marie Eddé. "Les assassins, une secte terroriste". *L'Histoire.* 158, 1992, pp. 17-19.

[21] Franco Cardini. "I musulmani nel giudizio dei crociaci all'inizio del Duecento". *Archivio Storico Italiano*, 146, fasc. 537, 1988, pp. 371-388. Ron Barkai. *Moros y cristianos en la Peninsula Iberica medieval: el enemigo en el espejo.* Madrid: Riap, 1984;

[22] Termo árabe equivalente a "franco", utilizado para designar indistintamente todos os ocidentais.

[23] Osama Ibn Munkidh. Citado por Philippe Aziz. *A palestina dos cruzados.* Rio de Janeiro: Otto Pierre, 1978, p. 287.

[24] *Folha de S. Paulo*, 13 mar 2000.

Bibliografia

ALPHANDÉRY, Paul. "Les croisades d'enfants". *Revue de l'Histoire des Religions*, tome 73-5, 1916, pp. 259-282.

ALPHANDÉRY, Paul & Dupront, Alphonse. *La chrétienté et l'idée de croisade.* Paris: Albin Michel, 1954, tome I, esp. pp. 88-144

ANDRADE FILHO, Ruy de Oliveira. *Os muçulmanos na Península Ibérica.* São Paulo: Contexto, 1989.

BARKAI, Ron. *Moros y cristianos en la Peninsula Iberica medieval: el enemigo en el espejo.* Madrid: Riap, 1984.

BREDERO, Adrian H. "Jérusalém dans L'Occident Médiéval". *In*: MÉLANGES René Crozet. Poitiers, 1966, tome I, pp. 259-271.

CARDINI, Franco. "Guerra e Cruzada". *In*: Le Goff, JACQUES & SCHMITT, Jean-Claude (orgs). *Dicionário Temático do Ocidente Medieval.* Bauru: Edusc, 2001, tomo I, pp. 475-477.

CARDINI, Franco. "I musulmani nel giudizio dei crociaci all'inizio del Duecento". *Archivio Storico Italiano*, 146, fasc. 537, 1988, pp. 371-388.

CERNAY, Pierre des Vaus de. *Historia Albigensis.* Paris: Librairie J. Vrin, 1951, p. 42.

CHARTES, Foucher de. Chronique. Citado por PEDRERO-SANCHEZ, Maria Guadalupe. *História da Idade Média: textos e testemunhos.* São Paulo: Editora Unesp, 2000, p. 83.

D'AGUILLERS, Raymond. *Chronique. In*: CALMETTE, Joseph. *Textes et documents d'Histoire*. Paris: Puf, 1953. Tome II, p. 96.
COELHO, António Borges. *Portugal na Espanha árabe*. Lisboa: Caminho, 1988, vol. 2.
COHN, Norman. *Na senda do milénio: milenaristas revolucionários e anarquistas místicos da Idade Média*. Lisboa: Presença, 1980, pp. 73-89
COSTA, Ricardo da. *A guerra na Idade Média: um estudo da mentalidade de cruzada na Península Ibérica*. Rio de Janeiro: Paratodos, 1998, esp. pp. 233-240.
DUPRONT, Alphonse. *Du sacré: croisades et pélérinages, images et langages*. Paris: Gallimard, 1988.
EDDÉ, Anne-Marie. "Les assassins, une secte terroriste". *L'Histoire*, nº 158, 1992, pp. 17-19.
FLORI, Jean. "Jerusalém e as Cruzadas". In: Le Goff, Jacques & Schmitt, Jean-Claude (orgs). *Dicionário Temático do Ocidente Medieval*. Bauru: Edusc, 2001, tomo II, pp. 7-23
FLORI, Jean. "La Première Croisade". *L'Histoire*, nº 109, 1988, pp. 10-16. *Gesta Francorum et aliorum hierosolimitanorum*. Paris: Librairie Ancienne Honoré Champion, 1924, p. 202.
GUYARD, Sian. "Un grand maitre des assassins au temps de Saladin". *Journal Asiatique*, série 7, tome 9, 1877, pp. 325-338.
IBN AL-ATHIR. Citado por Maalouf, Amin. *As Cruzadas vistas pelos árabes*. São Paulo: Brasiliense, 1988, p. 12.
JOINVILLE. *Histoire de Saint Louis*. Paris: Librairie Hachette, s.d., pp. 189-190.
LABAL, Paul. *Los cátaros: herejia y crisis social. Barcelona:* Crítica, 1984.
LEWIS, Bernard. "The sources of the history of SyriansAssassins". *Speculum*, 27, 1952, pp. 167-189.
MACEDO, José Rivair. *Heresia, Cruzada e Inquisição na França medieval*. Porto Alegre: Edipucrs, 2000.
MACEDO, José Rivair. *Religiosidade e messianismo na Idade Média* (Coleção Desafios). São Paulo: Moderna , 1997.
MAISONNEUVE, Henri. *Études sur les origenes de l'Inquisition* (L'Église et l'État au Moyen Age). Paris: Librairie J. Vrin, 1942.
MELLO, José Roberto. *As Cruzadas* (Série Princípios). São Paulo: Ática, 1989.
MESCHINI, Marco. *San Bernardo e la seconda crociata*. Milano: Mursia Editore, 1998, p. 137.
MUNKIDH, Osama Ibn. Citado por Aziz, Philippe. *A Palestina dos cruzados*. Rio de Janeiro: Otto Pierre, 1978, p. 287.
NANGIS, Guillaume de. Chronicon. Citado por Le Goff, Jacques. *São Luís: biografia*. Rio de Janeiro: Record, 1999, p. 180.
NELLI, René. *Os cátaros* (Coleção Esfinge). Lisboa: 70, s.d.
OLDENBURG, Zoé. *As Cruzadas*. Rio de Janeiro: Civilização Brasileira, 1968.
POLO, Marco. *O livro das maravilhas*. Porto Alegre: L&PM, 1994, pp. 70-72.
PORDENONE, Odoric de. *Relacion de Viaje*. Buenos Aires: Biblos,1987, cap. xxxv, p. 87.
RÉGOUT, Robert. *La doctrine de la guerre juste de Saint Augustin à nos jours*. Paris: Éditions A. Pedone, 1935.
ROUSSET, Paul. *História das Cruzadas*. Rio de Janeiro: Paz e Terra, 1989.

Caça às bruxas

Combate aos saberes dissonantes

José Alves de Freitas Neto

Uma das faces mais cruéis da Inquisição, a "caça às bruxas" condenou e queimou centenas de milhares de pessoas, particularmente mulheres acusadas de bruxaria.

Na tentativa de dominar e controlar a crença cristã, a Igreja Católica fez com que, pelo menos desde o século XIII, documentos religiosos alertassem sobre os "riscos" de atividades consideradas supersticiosas, e as proibissem. Tais regulamentações tinham como alvo todos que, de alguma forma, ameaçavam a unidade conceitual que a Igreja tentava impor. Crenças e práticas ancestrais que não se enquadravam nos novos valores dominantes passaram a

Iluminura do século XII representando o Inferno. Pecadores e pecadoras condenados são torturados pelos demônios.

ser condenadas. Alquimistas, magos, feiticeiros e bruxas foram apresentados como detentores de poderes enganosos, que iludiam as pessoas e as afastavam da "verdadeira" crença. Pela legislação inquisitorial, não havia uma distinção clara entre bruxas, feiticeiras e curandeiras.[1] Foi crescente a associação entre heresia – a divergência de um cânone – e feitiçaria – o apelo à magia, supostamente oriunda de sociedades secretas. O auge da perseguição sistemática de feiticeiras ocorreu entre os séculos XIV e XVI, quando então a bruxaria foi associada ao satanismo.

Originalmente praticada pela Igreja Católica, a caça às bruxas disseminou-se por toda a cristandade, sendo bastante intensa também nas regiões não católicas. Encabeçada por autoridades religiosas, a campanha contra os sinais "visíveis" de magia gerou movimentos exaltados de delação e punição dos praticantes. O apelo popular desses episódios e a penetração no imaginário das sociedades cristianizadas explicam porque o termo caça às bruxas é ainda hoje, na linguagem corrente, sinônimo de perseguição.

Mulheres e feitiçaria

A fúria inquisitorial em relação às bruxas pode ser compreendida a partir de uma questão mais ampla: o papel da mulher na visão cristã da época. Após sofrer com epidemias, pestes, privações, revoltas e com o avanço turco, a cristandade se sentia ameaçada. Completando o quadro de incertezas, havia ainda a ruptura dos protestantes. Tais acontecimentos eram vistos como "flechas enviadas do Céu sobre a humanidade pecadora", e, nesse período, predominava o medo. Para manter a ordem estabelecida foi preciso, mais do que nunca, que dirigentes da Igreja e dos Estados canalizassem temores e rebeliões populares, e identificassem com clareza o "inimigo". No caso, Satã e seus agentes. Segundo a Igreja, o demônio, em seus ataques à humanidade, utilizava todos os recursos, disfarces e instrumentos disponíveis, como os mouros, os judeus convertidos ao cristianismo e as mulheres. Estas, apresentadas como agentes privilegiados de Satã, foram demonizadas, enquanto discursos teológicos e médicos confirmavam a "inferioridade" e a "perversidade" femininas.[2]

A mulher era considerada um dos agentes do demônio. A Igreja via o corpo feminino como um palco de guerra entre Deus e o diabo.

Teólogos afirmavam que o chamado sexo frágil seria mais vulnerável às tentações, passível de ser tomado por paixões avassaladores e vorazes, e

> Já que a mulher partilhava da essência de Eva, tinha de ser permanentemente controlada. [...] Nunca se perdia a oportunidade de lembrar às mulheres o terrível mito do Éden, reafirmado e sempre presente na história humana.[3]

Na obra *Malleus Maleficarum* (*O martelo das feiticeiras*), escrita pelos inquisidores Heinrich Kramer e James Sprenger em 1486, o conceito de inferioridade feminina é baseado na tradição bíblica. Na interpretação que os autores fazem do *Gênesis*, Eva seria submissa, por ter sido feita a partir de Adão, e perversa, já que, seduzida pelo demônio, levou o companheiro a pecar.[4] Assim, por descenderem de Eva, as mulheres não poderiam ser consideradas corretas, uma vez que "Eva nasceu de uma costela 'torta' de Adão". No final do século XVI, tal visão ainda se mantinha, associada à crença de que, desde a queda das criaturas do Paraíso, todos os seres humanos, com exceção de Maria, tornaram-se pecadores, sendo as mulheres piores que os homens.

O *Malleus* inicia-se com a reprodução da bula do papa Inocêncio VIII (*Summis Desiderantes Affectibus*), de 1484, que declara ser a bruxaria uma heresia grave e autoriza os tribunais inquisitoriais a tratar da punição das práticas mágicas. O uso do documento pontifical incitou a associação entre a magia popular e a heresia, marcando o início da perseguição às bruxas por parte da Inquisição. Após o preâmbulo, a obra procura comprovar a existência de bruxas e demônios, além de abordar os malefícios advindos da obra de Satã, a feitiçaria.

O texto alerta sobre os perigos representados pelas mulheres, além de contribuir, mais do que qualquer outra obra, para associar certas crenças populares com heresia, e identificar as mulheres como principais instrumentos do diabo, responsáveis pelas mais variadas desgraças. Há, nesse verdadeiro manual de caça às bruxas, uma relação de sinais e fenômenos que permitem que as feiticeiras sejam reconhecidas, bem como informações sobre a melhor forma de denunciá-las, fazê-las confessar (inclusive sob tortura), julgá-las, condená-las e exterminá-las, colaborando assim para extirpar o mal.

Segundo os inquisidores, sortilégios e hábitos populares, como a indicação de chás para combater dores e doenças, podiam ser interpretados como indícios de feitiçaria. Quanto à mulher, existiria uma relação entre a ação diabólica desta e sua natureza sexual, pois a sexualidade é "a porta de entrada dos males e as mulheres, as hábeis armas de Satã". Antes mesmo da edição do célebre *Malleus,* códigos instituídos já identificavam os feiticeiros e feiticeiras como pessoas que lançam malefícios, provocam as tempestades, destroem as plantações, adoram Lúcifer e vão aos sabás (reuniões diabólicas secretas) pela "via dos ares". Mulheres mágicas se especializam na fabricação dos filtros de amor, nos raptos de crianças e na antropofagia. Todos e todas fazem parte de uma seita demoníaca em que se renega a Deus.[5]

Bruxas eram acusadas de comerem criancinhas.

Os sabás eram reuniões diabólicas secretas de adoração a Lúcifer das quais as bruxas participavam.

A Medicina desconhecia o corpo feminino e sua fisiologia, o que abriu caminho para fantasias sobre sua influência maligna. Este selo do século xiii, da Universidade de Paris, ilustra a relação entre a Medicina e a religião. A fonte de sabedoria é representada pela Virgem com o Menino, no alto, e por um santo e um bispo, nas laterais.

O poder das mulheres nas sociedades medievais e modernas era menos visível que o masculino; isso não significa, evidentemente, que elas tinham menos importância. O que queremos dizer é que as mulheres exerciam funções como o cuidado da casa e dos filhos e cultivavam saberes que não eram valorizados pela sociedade de então, ou, ainda, não eram dominados ou controlados pela Igreja e pela medicina oficial. Esse poder "indireto" ou pouco reconhecido fez com que muitos o vissem como uma estratégia de "dissimulação", fruto de uma engenhosidade, de uma influência maligna. A mulher seria detentora de um poder sutil e, ao mesmo tempo, ameaçador. Diante da mulher, o homem oscilava entre a repulsa e a admiração.

Acusações e castigos

Nos julgamentos, a maior parte das acusações era baseada em estereótipos, que identificavam algumas ações com a prática de feitiçaria[6], como o conhecimento de fórmulas de medicamentos, muito difundido nas aldeias.[7] Devido à incapacidade das pessoas em geral explicarem, de forma racional, a eficácia de tal ciência, à curandeira era atribuído um poder excepcional, considerado diabólico pelas autoridades religiosas. A isso veio somar-se o desenvolvimento da medicina oficial, restrita aos homens, que contribuiu para que a atividade das curandeiras fosse interpretada como obra do diabo.

Assim, num universo de altíssima taxa de mortalidade infantil, as parteiras eram vistas como agentes do diabo por permitir que crianças recém-nascidas morressem sem batismo. O júbilo de Lúcifer com a ausência da graça que o batizado representava seria compartilhado pelas mulheres que "fingiam auxiliar" a parturiente. A esterilidade também era apresentada como fruto de sortilégios: aquelas que não conseguiam procriar eram vistas como amaldiçoadas, pois a maternidade redimia a força pecadora que a mulher carregava desde Eva. Por essa ótica, a geração de um filho aproximava a gestante de Maria, mãe de Jesus Cristo, única mulher considerada adorável e modelar. Assim, nessa época, as acusações contra as mulheres não tinham uma fonte única: mesclavam o medo imemorial da figura feminina, autoritarismo patriarcal, visões e argumentos teológicos e a hostilidade clerical com relação à mulher.

Escrito em 1330 e reeditado em 1560, um texto atribuído a Álvaro Pelayo é exemplo da diabolização feminina, representando um verdadeiro glossário de misoginia. Utiliza como argumento antifeminino a recorrente imagem de Eva como "mãe do pecado", e salienta que as mulheres costumam empregar artimanhas – por exemplo, o uso de chamarizes mentirosos, como a maquiagem – para arrastar os homens ao "abismo da sensualidade". Na visão da Igreja, a sexualidade era o pecado por excelência, e a mulher era vista como responsável pelos erros masculinos. Além disso, também eram consideradas "adivinhas ímpias; ministros da idolatria", por seduzirem os homens, fazendo com que as cultuem; tagarelas, lamurientas, briguentas, inconstantes, capazes de impedir a procriação mediante o uso de ervas e composições mágicas, além de lançarem "mau-olhado".[8]

Feiticeiras eram apresentadas como íntimas de Satã, com o qual chegavam a copular, e o poder delas decorria dessa intimidade com o demônio. O diabo daria poder às feiticeiras para desencadear malefícios, como: causar impotência masculina, provocar doenças em animais, disseminar pragas nas plantações, fomentar paixões desenfreadas e incontroláveis, propiciar dores de cabeça, abortos, derrotas militares e fracassos de todo o tipo. Acreditava-se também que podiam voar, comiam criancinhas e beijavam o traseiro do demônio, durante os cultos de adoração. Por tais motivos, foram responsabilizadas tanto pela epidemia que atingiu Genebra em 1545 quanto por naufrágios de

As bruxas eram acusadas de copular com o demônio. A ilustração mostra o diabo seduzindo uma mulher.

Beijar as nádegas de Lúcifer fazia parte do suposto ritual de adoração ao mestre.

navios nas viagens entre Portugal e o Brasil. No temeroso olhar do europeu do período das colonizações do Novo Mundo, as novas doenças e realidades encontradas tinham origens sobrenaturais, relacionadas às bruxas e seus poderes mágicos pérfidos.

Para combater tantos crimes sórdidos contra a Graça Divina, era lícito lançar mão da tortura e da morte, especialmente a morte exemplar e pública, na fogueira. Em Portugal, por exemplo, a partir do Regimento do Santo Ofício, de 1640, a prática da tortura para obter confissões passou a ser bastante comum. A acusação de bruxaria era das mais graves, e, independente da atitude tomada pela acusada, esta nunca mais estaria livre. Confissões, ainda que sob tortura, eram a prova definitiva do pecado; por outro lado, o silêncio era interpretado como sinal de pacto com o diabo. Além das condenações à morte, havia outras formas de castigo como o degredo e o açoitamento público.

Algumas regiões foram mais tolerantes que outras em relação à prática de feitiçaria. Na Espanha, por exemplo, os principais alvos dos tribunais de fé foram os cristãos-novos; nos Países Baixos, no entanto, registrou-se grande número de processos contra feitiçarias. É importante destacar que, tanto nos países católicos como nos protestantes, houve perseguição às bruxas. Conforme estudo de especialistas, 85% das mulheres acusadas de bruxaria foram condenadas. Em números absolutos, sempre controversos, a cifra ultrapassa cem mil condenadas na Europa, particularmente na área central do continente:

> A extensão da caça às bruxas é espantosa. No fim do século xv e no começo do século xvi, houve milhares e milhares de execuções – usualmente eram queimadas vivas na fogueira – na Alemanha, na Itália e em outros países. A partir de meados do século xvi, o terror se espalhou por toda a Europa, começando pela França e pela Inglaterra. Um escritor estimou o número de execuções em seiscentas por ano para certas cidades, uma média de duas por dia, "exceto aos domingos". Novecentas bruxas foram executadas num único ano na área de Wertzberg, e cerca de mil, na diocese de Como. Em Toulouse, quatrocentas foram assassinadas num único dia; no arcebispado de Trier, em 1585, duas aldeias foram deixadas apenas com duas mulheres moradoras cada uma.[9]

Apenas a partir do século xviii houve um declínio à perseguição das bruxas, decorrente do descrédito da Inquisição e de seus métodos. Também colaboraram para o fim dessa prática os argumentos de pensadores humanistas e iluministas favoráveis à tolerância religiosa e às explicações científicas e racionais para os fenômenos da natureza e os males que afetavam a humanidade.

Tortura e morte eram alguns dos artifícios usados pelo Santo Ofício para combater a bruxaria. A ilustração de um volante do século xvi mostra o enforcamento de bruxas. Os pequenos animais em primeiro plano são espíritos familiares que receberam alimentação das bruxas e as auxiliaram a executar magias.

A bruxaria no universo colonial brasileiro

Escrita pela historiadora Laura de Mello e Souza, *O diabo e a Terra de Santa Cruz* constitui a principal obra sobre feitiçaria no Brasil colonial. Mediante estudos de uma vasta documentação sobre as visitações do Santo Ofício ao Brasil, a autora demonstra que tanto as religiões africanas e indígenas quanto o cristianismo europeu são elementos importantes para se compreender o fenômeno. A questão da feitiçaria no Brasil teve contornos diferentes dos da Europa, pois aqui foi fruto do imaginário do colonizador português – inseguro no contato com uma natureza diferente da conhecida e propenso a enxergar sinais de magia em tudo – e da presença dos africanos e dos nativos, com práticas de adivinhação e crenças religiosas próprias.

No passado colonial brasileiro, a ação das feiticeiras não se restringia à cura das doenças, embora isso fosse central. Adivinhações, previsões de chegada de embarcações e esclarecimento de dúvidas sobre pretendentes eram motivos que também levavam as pessoas a consultar feiticeiros. Um mau ano de colheita, pragas e desgraças ocorridas nas fazendas e no trabalho eram frequentemente atribuídos aos escravos, pois a sociedade colonial costumava associar a presença africana às práticas da feitiçaria, o que constituiu mais uma justificativa para a violência contra os negros. A perseguição a cristãos-novos, com os mais distintos objetivos, como vinganças, controle social e obtenção de vantagens econômicas, também fez uso das acusações de bruxaria, tão em voga no período.

Reflexões atuais

Perseguições às bruxas, feiticeiras e práticas religiosas mágicas foram bastante populares por dois motivos: lidavam com questões e temas como combate a doenças e outros fenômenos do cotidiano e ofereciam ao público uma aproximação com questões teológicas ao associar heresia e feitiçaria.

Considerar as motivações da popularização de um fenômeno doloroso como o da caça às bruxas é algo complexo e que tem ocupado muitos estudiosos. Podemos assinalar, na esteira das análises feitas no final do século XX e início do XXI, dois dados que merecem atenção. O primeiro é a atmosfera de medo que reinava na época e a perspectiva de uma religião envelhecida, que procurava inimigos comuns para justificar o recrudescimento da violência e coibir as defecções em seu interior. O segundo aspecto, que hoje gera muitos estudos, é a representação negativa do feminino, tradição que ainda conserva alguns vestígios.

Refletirmos hoje sobre um dos momentos mais cruéis de perseguição e assassinato de seres humanos significa um esforço para compreendermos fenômenos que, em diferentes proporções, ainda continuam presentes, manifestando a intolerância e difundindo o fanatismo.

Notas

1 Neste texto, as referências à feitiçaria e à bruxaria são equivalentes, embora haja estudiosos que atribuam à primeira uma prática individual, e à segunda, uma prática coletiva.

2 Jean Delumeau. *História do medo no Ocidente: 1300-1800*. pp. 310-392.

3 E. Araújo. "A arte da sedução: sexualidade feminina na colônia". *In*: *História das mulheres no Brasil*. pp. 46.

4 Não podemos nos esquecer de que esses textos, bíblicos ou dos inquisidores, como quaisquer outros, são fruto da ação histórica de um autor ou de um grupo. No caso do *Malleus*, o conceito sobre as mulheres reflete uma concepção religiosa do final do século XV, expressando uma determinada visão num tempo específico. Hoje, diferenças nos separam daqueles tempos.

5 *Ibidem*, p. 353. Delumeau faz referências ao tratado *Formicarius (O formigueiro)* de Jean Nider, religioso dominicano da Basileia, publicado entre 1435-1437. Foram publicados 28 tratados sobre feitiçaria entre o *Formicarius* e o *Malleus*, num período de aproximadamente meio século. Em comparação, entre 1320 e 1420, foram escritos treze textos sobre o tema. O número de processos inquisitoriais contra os feiticeiros também cresceu no período.

6 Exemplos foram sintetizados com base na obra de Delumeau.

7 Sobre a questão da cultura popular, ver o trabalho de Peter Burke, *Cultura popular na Idade Moderna*. Na obra, o autor discute o preconceito em relação ao que é popular. A difícil definição do termo não inviabiliza uma análise do que foram as atividades de artesãos e camponeses durante o período de 1500-1800. Ao usarmos o termo "popular", o compreendemos como um saber não institucionalizado.

[8] Delumeau. Op. cit. pp. 323-324.

[9] Rose Marie Muraro. "Breve introdução histórica". In: Kramer & Sprenger. *Malleus Meleficarum. O martelo das feiticeiras*. pp. 16.

Bibliografia

ARAÚJO, E. "A arte da sedução: sexualidade feminina na colônia". *In*: *História das mulheres no Brasil*. São Paulo: Contexto, 1997.

BETHENCOURT, Francisco. *História das Inquisições: Portugal, Espanha e Itália. Séculos XV-XIX*. São Paulo: Companhia das Letras, 2000.

BURKE, Peter. *Cultura popular na Idade Moderna. Europa 1500-1800*. São Paulo: Companhia das Letras, 1989.

DELUMEAU, Jean. *História do medo no Ocidente 1300-1800*. São Paulo: Companhia das Letras, 1989.

KRAMER, Heinrich & SPRENGER, James. *Malleus Maleficarum. O Martelo das Feiticeiras*. 17. São Paulo: Rosa dos Tempos, 2004.

SKINNER, Quentin. *As fundações do pensamento político moderno*. São Paulo: Companhia das Letras, 1996.

SOUZA, Laura de Mello e. *O diabo e a Terra de Santa Cruz: feitiçaria e religiosidade popular no Brasil colonial*. São Paulo: Companhia das Letras, 1986.

VAINFAS, Ronaldo (org.). "História das mentalidades e história cultural". *In*: *Domínios da História. Ensaios de teoria e metodologia*. Rio de Janeiro: Campus, 1997.

Seitas contemporâneas

No Reino das Trevas

Cláudio Camargo

> Credo quia absurdum
> (Creio porque é absurdo)
> *Tertuliano (160-230),*
> *um dos "pais" da Igreja Católica.*

O fanatismo religioso causa horror à maioria das pessoas e costuma ser creditado ao primitivismo cultural dos "pobres de espírito" que se deixam levar por medíocres mercadores de ilusões. Afinal, quem já não teve que fugir de "missionários" que, com a *Bíblia* nas mãos e gestos tresloucados, vociferavam contra o demônio e acenavam com a danação do Inferno para os descrentes, e com a salvação eterna para os que seguissem Jesus? Não é muito difícil imaginarmos que tais manifestações fanáticas só vicejam plenamente em ambientes primitivos, geralmente castigados pela miséria crônica. Ora, mesmo em tempos politicamente corretos, é difícil para nós, brasileiros, não associarmos a ideia de fanatismo religioso aos fiéis de Antônio Conselheiro em Belo Monte, no arraial de Canudos, no final do século XIX, ou aos seguidores do monge José Maria, no Contestado catarinense, entre 1912-1916.

Em *A senda do milênio*, clássico estudo sobre o milenarismo medieval, o historiador Norman Cohn explica que, na busca da realização dessa utopia teológica, os crentes separam-se do resto da sociedade, hostilizam os que não os seguem, desafiam as autoridades, tornam-se autossuficientes, armam-se e acabam por entrar em choque com os poderes instituídos. Numa época em que a Igreja não podia tolerar heresias e o Estado funcionava como o seu braço armado, o resultado desse desafio costumava ser, invariavelmente, um grande massacre dos "heréticos". Mesmo assim, durante muito tempo, essas seitas proliferaram como cogumelos depois da chuva. Não poucos estudiosos atribuíram a persistência dessas igrejas milenaristas e seu comportamento extremado às condições econômicas, sociais e até étnicas. Nunca é demais lembrar que o nosso grande Euclides da Cunha, na memorável obra *Os sertões*, épico da campanha de Canudos, credita às condições físicas e étnicas – no caso a mestiçagem – as causas profundas da superstição e do fanatismo dos caboclos seguidores de Conselheiro.

No entanto, se nos lembramos das décadas mais recentes, um profundo mal-estar se instala em nossa mente. Como explicar que, em plena era dos aviões a jato, das viagens ao espaço, dos computadores, da Medicina nuclear, do ciberespaço e da internet, volta e meia ressurjam seitas apocalípticas falando em danação eterna, demônios e coisas que tais? Mais ainda: ao contrário do que acontecia com os camponeses da Idade Média e com os jagunços de Canudos e do Contestado, os seguidores desses modernos "profetas" do Armagedon são muitas vezes pessoas ricas, qualificadas com boa bagagem cultural. De qualquer modo, há um dado assustador: quando comparamos as heresias medievais ou pré-modernas com as seitas contemporâneas, verificamos que as primeiras geralmente só apelavam para a violência quando eram atacadas pelos poderes constituídos ou seus sicários. Já as modernas seitas têm revelado um sinistro fascínio pelo suicídio em massa. No século XIX, os crentes desejavam apressar o advento do reino de Deus aperfeiçoando a vida humana na Terra. No fim do século XX, há a tendência de querer simplesmente abandonar a Terra, ser transportado (talvez a bordo de um Ovni, o moderno equivalente dos anjos) diretamente para o reino celestial. Compara o historiador Sean Wilentz, de Princeton.

Neste pequeno texto, pretendemos contar a macabra história de algumas dessas seitas fanáticas contemporâneas, o que pensavam seus gurus e como agiam seus integrantes. Todos eles abraçaram causas louváveis, ao menos no início, e seus líderes passavam por "cidadãos de bem". Foi por isso que atraíram tantos adeptos. Muitos desses profetas tiveram até preocupações "progressistas", como o "reverendo" Jim Jones, pioneiro na luta contra a discriminação racial. Mas, de boas intenções, o inferno está cheio. Jones e mais de novecentos adeptos se imolaram em 1978 na Guiana em busca da "salvação eterna". Algumas seitas foram lideradas por picaretas notórios, como David Koresh, do Ramo Davidiano. Ex-roqueiro, Koresch era fascinado pelo Evangelho de São João, o Livro das Revelações, e por cerveja e mulheres, muitas mulheres. Tinha mais de vinte. Afinal, ele se julgava o "Cordeiro de Deus" e o único que sabia o segredo dos Sete Selos, e, portanto, deveria perpetuar a "prole davidiana". Koresh e seus adeptos terminaram queimando no fogo em 1993, numa fazenda em Waco, no Texas, para não serem apanhados pelos agentes do FBI. Já os seguidores da Ordem do Templo Solar, atendendo às prescrições de seu guru, o médico homeopata Luc Jouret, cometeram suicídio ritual coletivo na Suíça e no Canadá em 1994. Jouret nunca mais foi visto. E os "ciberfanáticos" do Portão do Céu – talvez os menos perversos –, se mataram na esperança de pegar carona na cauda do cometa Hale Bopp, em 1997. Mas talvez a seita mais diabólica tenha surgido no Japão: a tenebrosa Aum Shrinrikyo (Ensino da Verdade Suprema), que em 1995 jogou gás sarin em várias estações de metrô de Tóquio e mantinha um considerável arsenal de armas químicas e bacteriológicas.

Histórias macabras de massacres, como a de Jim Jones e de David Koresh ganharam espaço nas principais revistas semanais norte-americanas e rerpecutiram em todo o mundo.

Massacre na Guiana

O ritual chamava-se "noite branca" e se repetia, semana após semana, numa pequena comunidade agrícola de nome Jonestown, nas selvas tropicais da Guiana, antiga Guiana Inglesa. O "reverendo" Jim Jones, 47 anos, fundador e líder do Templo do Povo, reunia seus adeptos, dizendo que a comunidade estava ameaçada por inimigos e que seria aniquilada em pouco tempo. Em seguida, convocava a todos a dar uma prova de fidelidade: o suicídio coletivo. Obedientemente, as pessoas bebiam um líquido, supostamente letal. Os indecisos eram convencidos por pistolas apontadas para suas cabeças. Depois de algum tempo, Jim Jones revelava que tudo não passava de um treinamento para o "dia do Juízo Final". Por isso, no sábado 18 de novembro de 1978, quando frases sobre a "beleza da morte" ecoaram nos alto-falantes de Jonestown, quase ninguém se espantou. Como na fábula *Pedro e o Lobo*, do musical de Sergei Prokofiev, todos esperavam mais uma encenação. Mas daquela vez seria diferente. As pessoas, a começar pelas crianças, beberam uma mistura de suco de frutas, cianeto e analgésicos, preparada pelo médico Lawrence Shact. Sobreviventes que conseguiram fugir narraram uma "dança macabra de gemidos em meio a disparos". Este bilhete deixado por um fiel é emblemático:

> Papai:
> Não vejo saída. Aceito sua decisão. De minha parte, estou mais do que cansado deste miserável, impiedoso planeta e do inferno que ele representa para tanta gente maravilhosa. Obrigado a V. pela única vida que conheci.

No final, 913 pessoas, sendo 275 crianças e 12 bebês, haviam sido envenenadas. Os que se recusaram a beber o veneno, foram assassinados. O corpo de Jones foi encontrado com uma bala na cabeça.

> Não estamos cometendo suicídio. Este é um ato revolucionário.
> Não podemos recuar, porque eles não nos deixarão em paz. Bebam o suco e sejam gentis com as crianças.

Teriam sido as últimas palavras do reverendo a seus fiéis.

James Warren Jones nasceu de uma família pobre num povoado rural em Lynn, Indiana. Com acentuadas tendências religiosas, começou a pregar entre marginalizados, em troca de donativos que o ajudaram a consolidar sua Igreja, fundada em 1953 em Indianápolis. Em busca de novos horizontes, transferiu-se para a Califórnia em 1965. Antes disso, chegou a morar em Belo Horizonte e Minas Gerais, durante oito meses, em 1962. A seita de Jones, cujo pai fora membro da Ku Klux Klan, defendeu a integração racial muito antes

Jim Jones, fundador e líder do Templo do Povo.

do movimento pelos direitos civis ganhar fôlego nos EUA. Seus adeptos criaram um centro de recuperação de drogados, realizando programas humanitários. Por essa altura, Jones começou a elaborar "teorias" para dar sustentação ao seu credo. Falava em fundar um "paraíso marxista-cristão", num mosaico que misturava utopia, comunismo agrário e misticismo. Segundo esse ideário, decretou que os seguidores deveriam entregar-lhe todas as propriedades que possuíssem, para que a comunidade pudesse cuidar das necessidades dos fiéis. Impressionadas com a pregação de Jones, muitas pessoas ricas doaram imóveis e dinheiro, possibilitando ao Templo do Povo tornar-se uma Igreja rica. O reverendo tornou-se um excelente cabo eleitoral e quando manifestou a intenção de mudar sua Igreja para a Guiana, obteve cartas de recomendação do então vice-presidente Walter Mondale e da piedosa e devota primeira-dama Rosalyn Carter, mulher do presidente Jimmy Carter.

Em 1977, Jones mudou-se para uma fazenda de 25 mil acres na Guiana, batizada de Jonestown. Em pouco tempo, começaram a percorrer os EUA denúncias de que Jones e seus acólitos puniam os fiéis que "saíam da linha" com espancamentos e choques elétricos, que o "pai" abusava sexualmente de homens e de mulheres, e que nem as crianças escapavam dos castigos e das orgias sexuais. Assustado com as denúncias, o deputado democrata pela

Sob o comando do reverendo Jim Jones, 913 seguidores da seita participaram do suicídio coletivo. Beberam uma mistura de suco de laranja, cianureto e analgésicos – nas crianças a solução foi ministrada com seringas. Os que se recusaram a beber o coquetel foram mortos a tiro.

Califórnia Leo Ryan foi à Guiana para investigar e descobriu que dezesseis discípulos de Jim Jones estavam dispostos a fugir e a voltar com o parlamentar para os EUA. Mas o deputado não teve tempo de relatar o que viu: foi assassinado numa emboscada na pista do aeroporto de Georgetown, juntamente com dois jornalistas e um membro do Templo do Povo. Horas depois, teve início o Armagedon.

Narram os repórteres Marshall Kilduff e Ron Javers, do *San Francisco Chronicle*: "Os bebês foram os primeiros a morrer"

> O cianeto foi esguichado em suas boquinhas com seringas. Depois vieram as crianças mais velhas, postas em fila. Dessa feita, obedeceriam de novo: tomando seu Kool-Aid com uma pequena dose de veneno. Em seguida, os pais e as pessoas mais velhas. Estes também tiveram que esperar a sua vez de obedecer a ordem de morrer, enquanto guardas armados ficavam de prontidão, prestes a derrubar quem tentasse fugir. Jones, o "Pai", reunira seu rebanho para dizer-lhe que soara a hora de ir para o céu. "Estaremos juntos em outro lugar", disse. "Há uma grande dignidade em morrer. É uma grande demonstração para qualquer um, morrer". E, então, as palavras finais, repetidas seis vezes: "mãe, mãe, mãe, mãe, mãe, mãe!".

De roqueiro a assassino

Vernon Howell era um garoto que amava os Beatles e os Rolling Stones – além de cerveja e mulheres – mas que, a partir de determinada fase, trocou a guitarra pela *Bíblia*, mais particularmente pelo Livro das Revelações, como é conhecido o Apocalipse, de São João. Nascido em Houston, no Texas, em 1959, Howell mudou-se para a Califórnia ainda adolescente. Na Califórnia Howell descobriu sua veia religiosa. Em meados dos anos 80, depois de viver em várias cidades, fixou-se em Waco, Texas, e entrou para o Ramo Davidiano, Igreja fundada em 1934 por um dissidente da Igreja Adventista do Sétimo Dia. O termo davidiano é uma homenagem ao rei David, o segundo rei de Israel, que governou entre 1000 AC e 962 AC e foi considerado símbolo da virtude para judeus e cristãos. Em 1984, Howell casou-se com uma jovem de 14 anos, filha de um dos discípulos. O jornal *Waco Tribune Herald* afirma que ele chegou a ter outras vinte esposas, algumas entre 12 e 15 anos, e um número incontável de filhos. "Ele convencia as moças de que só o Cordeiro de Deus (nele "incorporado") tinha a missão de aumentar e multiplicar a Casa de David".

Em 1987, Howell finalmente assumiu o controle do Ramo Davidiano e reconstruiu a sede da comunidade nos 31 hectares da Fazenda de Monte Carmelo, em Waco, no Texas. Em 1990, o novo guru mudou seu nome para David Koresh, provavelmente inspirado num médico, Cyrus Teed, que adotou o sobrenome de Koresh e fundou um culto chamado Unidade Koreshana na Flórida, em 1903. Koresh (Ciro, em hebraico) era uma homenagem ao rei persa Ciro, o Grande (590-529 aC), que libertou os judeus do cativeiro da Babilônia. Dali para frente, ao lado de cerca de cem fiéis, Koresh passou a estocar armas de grosso calibre, explosivos e víveres na fazenda de Monte Carmelo, para o que considerava a "batalha final", os sangrentos "confrontos contra os infiéis" ou seja, o resto da humanidade. Tudo isso chamou a atenção da polícia. Em 28 de fevereiro de 1993, agentes da ATF (Agência Americana de Controle de Álcool, Tabaco e Armas de Fogo) fizeram uma desastrada tentativa de invadir a Fazenda Carmelo mas foram repelidos à bala. Resultado: quatro agentes mortos e dezesseis feridos. Concluindo que o grupo era muito mais perigoso do que se supunha, o governo despachou efetivos do FBI e cercou o local.

Koresh tinha então 33 anos – a idade em que Cristo foi crucificado – e estava obcecado pelo Livro das Revelações. Ele se considerava o próprio Cristo – "Se a Bíblia diz a verdade, então sou o Cristo", disse certa vez. Agora,

Howell, conhecido mais tarde como David Koresh estocou uma quantidade expressiva de armas em Monte Carmelo: fuzis AK-47, granadas, lançadores de granadas, rifles e metralhadoras, além de máscaras contra gases e rações militares.

Mais de oitenta pessoas morreram queimadas depois de 51 dias entricheiradas na fazenda Monte Carmelo, seguindo as ordens de David Koresh.

cercado pelos inimigos, estava pronto para transformar as profecias em ação, preparado para o "sacrifício final". Talvez num último gesto de clemência – sim, os messiânicos também a têm – o líder dos davidianos aceitou libertar 21 crianças, duas mulheres e um homem. Mas depois de 51 dias, veio a tragédia. Às 6h da manhã de 19 de abril, um blindado da polícia abriu um buraco na porta principal da fazenda Monte Carmelo e os agentes atiraram bombas de gás lacrimogêneo no interior do edifício. Os davidianos abriram fogo e o FBI exigiu a rendição incondicional. Outros blindados fizeram buracos e os agentes atiraram mais gás lacrimogêneo. Os fanáticos continuaram a resistir. Por volta das 12 horas, rolos de fumaça saíram das janelas do edifício. Em questão de minutos, o prédio desmoronou. O apocalipse estava feito: dos 95 integrantes, 87 morreram, entre eles Koresh e 25 crianças; dezessete delas com menos de dez anos de idade.

David Koresh se dizia o único com poder para abrir os Sete Selos, como fez o Cordeiro do Apocalipse de São João. Koresh prometeu que se entregaria aos federais depois que acabasse de revelar os segredos dos Sete Selos. No Livro das Revelações, sete é um número constante: Sete Selos, sete anjos, sete trombetas, sete igrejas da Ásia, sete trovões, sete flagelos. O cerco policial à fortaleza de David Koresh durou sete semanas. Mera coincidência?

O homeopata da morte

O médico homeopata belga Luc Jouret ganhou fama com conferências sobre as teorias da Nova Era, sobre os cuidados com a nutrição e com as crianças, no Canadá, França e Suíça. Ao mesmo tempo, alertava suas plateias sobre a iminência do fim do mundo, por uma convergência de desastres ambientais dos quais uns poucos selecionados poderiam sobreviver. Gostava de falar sobre o poder transformador do fogo: "Estamos no reino do fogo. Tudo será consumido", pregava.

Na madrugada de 6 de outubro de 1994, os moradores da pequena comunidade de Cheiry, a 72 quilômetros ao norte de Genebra, na Suíça, viram o céu sem lua iluminado por chamas que consumiam a fazenda de Albert Giacobino, um próspero fazendeiro aposentado que comprara o lugar havia quatro anos. Quando os bombeiros chegaram, encontraram Giacobino morto por um ferimento a bala. Os bombeiros vasculharam o celeiro e encontraram salas intactas no andar térreo, inclusive uma capela com paredes espelhadas e cortinas vermelhas. Então, viram o horror: encontraram 23 corpos – 12 mulheres, dez homens e uma criança de dez anos. Detalhe: muitos deles vestiam mantos cerimoniais brancos, vermelhos, dourados ou pretos. A maioria estava disposta em círculos, com as faces voltadas para o retrato de uma figura que parecia ser Jouret. Quase todos tinham ferimentos a bala no crânio; outros traziam sacos plásticos amarrados na cabeça. Garrafas de champanhe vazias indicavam que as mortes ocorreram depois de um ritual macabro.

Quatro horas mais tarde, no vilarejo de Granges-Salvan, a 160 quilômetros de Cheiry, um incêndio irrompeu em três chalés interligados. Ali, a polícia encontrou 25 corpos, entre eles os de cinco crianças. Os dois sinistros foram deflagrados por um sistema feito com sacos plásticos de gasolina e botijões de gás ligados a um telefone que, quando acionados, produzia carga elétrica. No mesmo dia, em Morin Heights, 80 km a nordeste de Montreal, Canadá, outro incêndio consumiu um chalé onde foram encontrados cinco corpos; dois usavam medalhões com as iniciais TS (Templo Solar).

A Ordem do Templo Solar foi criada em 1984 pelo doutor Luc Jouret, que se apresentava como nada menos do que o Messias. Nascido no Congo Belga,

Luc Jouret fundou a Ordem do Templo Solar em 1984.

atual Congo, em 1948, foi expulso da Ordem Renovada do Templo – que tinha a pretensão de ser herdeira da famosa Ordem dos Templários, da Idade Média. Jouret tinha admirável poder de persuasão: convenceu pelo menos 130 cidadãos suíços, todos muito ricos, a se tornarem membros da confraria, que teria profunda influência nas esferas do poder, assim como os templários. Adepto da Nova Era, o doutor Jouret também misturava um pouco de sexo com os "exercícios espirituais" e incentivava a poligamia e a troca de casais entre seus fiéis. Ao contrário das seitas de Jim Jones e de Koresh, os adeptos do Templo Solar não viviam em comunidades organizadas. "Nós continuamos em nossa vida diária, mas não pertencemos a este mundo", disse um ex-membro.

A polícia suspeitou que o morticínio foi provocado por dinheiro, já que documentos apreendidos mostravam disputas por propriedades. De qualquer forma, o doutor Jouret, ao contrário de Jones e de Koresh, nunca mais foi visto.

Na cauda do disco voador

A descoberta do cometa Hale Bopp, em 1995, depois de quatro mil anos de ausência, despertou a curiosidade de muitos astrônomos amadores. Um deles, Chuck Sharmek, tirou uma foto em que aparecia um objeto seguindo

Marshall Aplewhite, fundador da seita Porta do Céu, e seus seguidores pretendiam embarcar em um Ovni que, segundo eles, viajava na cauda do cometa Hale Bopp.

a cauda do cometa. A coisa emitia sinais de rádio e tinha um tamanho quatro vezes superior ao da Terra. Acreditando ter flagrado um Ovni, espalhou a foto pelo mundo através da internet.

O anúncio foi interpretado como um sinal pelo grupo Porta do Céu, composto por pessoas de vida estável, muitas com mais de 40 anos, e por vários profissionais altamente qualificados na área de computação. Os adeptos não bebiam, não usavam drogas e se abstinham de relações sexuais; alguns, inclusive o líder, Marshall Aplewhite, tinham sido castrados. Eles comandavam a Higher Soucer, uma empresa que criava páginas para a internet e cobrava catorze mil dólares pelo serviço. Alugaram uma mansão avaliada em 1,3 milhão de dólares no rancho de Santa Fé, Califórnia. No início de março de 1997, um ex-integrante do grupo recebeu pelo correio um pacote anunciando o suicídio de 39 integrantes – 21 mulheres e 18 homens – da Porta do Céu. "Estamos abandonando os *conteiners* que usamos durante nossa missão terrena e estamos retornando para o mundo de onde viemos", dizia o comunicado. Os 39 corpos não tinham sinais de violência. As mortes foram causadas pela mistura de fenobarbital, um anticonvulsivo, e vodca, e por asfixia. Instruções foram encontradas pela polícia: "Misture o pudim ou o suco de maçã com o remédio e beba com vodca. Depois, deite e relaxe". Os corpos da primeira leva foram cobertos com um pano roxo e triângulos foram colocados sobre suas faces.

Picaretagem e crueldade supremas

Segunda-feira, 8 horas da manhã de 20 de março de 1995, Tóquio. Um homem aparentando 30 anos, vestindo roupas escuras e óculos de sol, perambula por Kodenmacho, uma das mais movimentadas estações de metrô da capital japonesa. Da plataforma, ele chuta um recipiente embrulhado num jornal para dentro de um vagão parado. Enquanto isso, outras pessoas colocam pacotes sob os assentos dos trens em outras estações de metrô. Os passageiros passam a sentir falta de ar, dores de cabeça e convulsões. Alguns desmaiam. É o gás sarin, o mesmo usado na Primeira Guerra Mundial. É um gás inodoro e mais pesado que o ar, flutua próximo do chão, o que aumenta seu poder letal. Ao final, dez pessoas morrem e mais de cinco mil ficam intoxicadas.

Meses depois, a autoria do atentado foi assumida por Soko Asahara, líder da seita Aum Shinrikyo (Ensino da Verdade Suprema). Hoje, o "líder supremo" espera apelação da sentença de morte a que foi condenado por um tribunal de Tóquio.

De origem humilde, Soko Asahara – cujo nome verdadeiro é Chizuo Matsumoto – conseguiu em pouco tempo fazer com que sua seita amealhasse um patrimônio de quase um bilhão de dólares. Quando criança, o pai, fabricante de almofadas de palha de arroz, o matriculou numa escola para cegos, pois ele só enxergava com um olho. Asahara deixou o colégio aos 19 anos disposto a estudar Medicina na Universidade de Tóquio. Não conseguiu e passou a conviver com místicos e charlatães que praticavam acupuntura, leitura de sorte e ocultismo. Em 1984, partiu para uma peregrinação religiosa pela Índia, onde estudou budismo. Em seguida voltou ao Japão e abriu uma escola de ioga. No final dos anos 80, fundou a Aum Shinrikyuo, que, em alguns anos, conseguiu dez mil adeptos no Japão e trinta mil na Rússia.

Asahara fazia previsões apocalípticas, antevendo o fim do mundo para 1997. Os fiéis eram obrigados a entregar seus bens ao guru, que construiu um impressionante complexo religioso nas encostas do monte Fuji. O ritual de iniciação consistia em beber um copo de sangue (supostamente de Asahara) e pagar dez mil dólares do aluguel, por um mês, de um capacete elétrico que "sincronizaria" as "ondas celebrais" do adepto com as do guru. Havia ainda outros, que pagavam dois mil dólares por uma garrafa contendo a "água milagrosa" com que o "grande mestre" se banhara.

Maluquices ou picaretagens à parte, a Aum Shinrikyuo tentou obter canhões e tanques de guerra russos e seus adeptos recrutaram especialistas para produzir gases mortíferos. A seita estocava, além dos produtos para fabricar sarin, grandes quantidades de substância para a produção de armas bacteriológicas. O grupo também fazia experiências genéticas com um sofisticado aparelho para manipular DNA. Além disso, esses fanáticos eram proprietários de uma rede de lojas de computadores e afins, fabricavam microchips e tinham até um hospital próprio. Os adeptos de Asahara se organizavam como em um verdadeiro Estado, com "ministérios" como os da Ciência, Tecnologia, Saúde e Bem-estar. O apelo místico das religiões antigas – milagres e revelações – foi substituído por outro, pseudocientífico, que enriquecia o guru e seus asseclas.

Males de origem?

Na tentativa de diagnosticar as mazelas da civilização, o doutor Sigmund Freud (1856-1939), o pai da psicanálise, formulou uma hipótese singular – e provocativa – para explicar as religiões. As ideias de Freud causaram profunda irritação nos meios religiosos da Europa, ao ousar supor que o fio que separa as crenças religiosas tradicionais do fanatismo é tão tênue quanto a fronteira que divide o Dr. Henry Jekyll (o médico) e Mr. Hyde (o monstro). Diz Freud

> Há um processo que considera a realidade como a única inimiga e a fonte de todo sofrimento, com a qual é impossível viver, de maneira que, se quisermos de algum modo ser felizes, temos que romper todas as relações com ela. O eremita rejeita o mundo e não quer saber de tratar com ele. Pode-se, porém, fazer mais do que isso: *pode-se tentar recriar o mundo, construir em seu lugar um outro mundo, no qual os seus aspectos mais insuportáveis sejam eliminados e substituídos por outros mais adequados a nossos próprios desejos.* [destaques meus].

O grande pensador austríaco prossegue:

> Mas quem quer que, numa atitude de desafio desesperado, se lance por este caminho em busca da felicidade, geralmente não chega a nada. A realidade é demasiado forte para ele. Torna-se um louco alguém que, na maioria das vezes, não encontra ninguém para ajudá-lo a tornar real o seu delírio. Afirma-se, contudo, que cada um de nós se comporta, sob determinado aspecto, como um paranoico, corrige algum aspecto do mundo que lhe é insuportável pela elaboração de um desejo e introduz esse delírio na realidade. *Concede-se especial importância ao caso em que a tentativa de obter uma certeza de felicidade e uma proteção contra o sofrimento através de um remodelamento delirante da realidade é efetuada em comum por um considerável número de pessoas. As religiões da humanidade devem ser classificadas entre os delírios de massa desse tipo. É desnecessário dizer que todo aquele que partilha um delírio jamais o reconhece como tal.* [destaques meus]. [1]

Ou seja, na opinião do doutor Freud, as religiões são feitas da mesma matéria-prima que o fanatismo. A opinião pouco lisonjeira do pai da psicanálise sobre a religião é compartilhada por um pensador que não tem nenhuma afinidade com ela, o romeno E. M. Cioran. "A capacidade do homem de adorar é responsável por todos os seus crimes" escreve ele. "Quem ama indevidamente um deus obriga os outros a amá-lo, planejando exterminar os que se recusam". Exagero? Talvez. Mas, depois dessas histórias, uma pergunta fica no ar: o fanatismo praticado pelas seitas milenaristas modernas não seria um substitutivo para as grandes ilusões que as religiões tradicionais não podem mais suscitar em sociedades laicas e de massa? De qualquer forma, Freud e todos os herdeiros do Iluminismo se enganaram redondamente quando imaginaram que a força das religiões declinaria com o avanço da ciência. Os modernos fanáticos que o digam.

Notas

[1] Sigmund Freud. *O mal-estar na civilização*. Rio de Janeiro: Imago, 1997.

Bibliografia

ARMSTRONG, Karen, *The Battle for God: Fundamentalism in Judaism, Christianity and Islam*, Harper Colins, 2000.

CANETTI, Elias, *Massa e poder*, São Paulo: Companhia das Letras, 1995.

CIORAN, E. M., *Breviário da decomposição*, Rio de Janeiro: Rocco, 1990.

FREUD, Sigmund. *O mal estar na civilização*, Rio de Janeiro: Imago, 1974.

________________ *O Futuro de uma Ilusão*, Rio de Janeiro: Imago, 1974.

KILDUFF, Marshall & JAVERS, Ron – *Suicide Cult: The Inside Story of the Peoples Temple Sect and the Massacre in Guyana*, Bantam Books, 1978.

LINEDECKER, Clifford L. *1993, Massacre at Waco, Texas: The Shocking Story of Cult Leader David Koresh and the Branch Davidians*, 1995, St. Martins Mass Market PaperMass Market

SAMPLES, Kenneth R., *et alli. Prophets of the Apocalypse: David Koresh and Other American Messiahs*, Baker Books, 1994 .

Racismo

Mesmo contestado por todas as pesquisas conduzidas sobre o assunto, ainda há quem acredite haver "raças superiores" e "raças inferiores" no interior da espécie humana. É verdade que o racismo não é uma concepção nova, mas ele adquiriu uma dimensão muito maior ao longo dos séculos XIX e XX. Para Hitler, por exemplo, pessoas com características exteriores de uma suposta "raça ariana" (que incluiria cor da pele, dos olhos e dos cabelos, além do formato da cabeça, entre outras) seriam, automaticamente, superiores ao mais sábio dos indivíduos de uma das supostas "raças inferiores".

Por mais ridícula que seja essa formulação, ainda hoje há racistas explícitos e racistas enrustidos: uns pregando a segregação pura e simples; outros realizando ginástica mental na tentativa de provar haver relação entre cor de pele e talento para determinadas atividades como, por exemplo, correr bem cinco ou dez mil metros, "enterrar" uma bola no cesto, ou sambar com ginga. Racismo é acreditar, contra as evidências científicas, que pode haver relação entre aparência física e capacidade intelectual. Mas fanático racista é o que vai além da simples crença, e tenta marginalizar, submeter e até eliminar fisicamente aqueles que considera inferiores, chegando, por vezes, a praticar o genocídio, como demonstram os textos a seguir.

Infelizmente, o "ovo da serpente" está presente em nossas sociedades, mesmo nas ditas modernas e democráticas.

J. P. e C. B. P.

Ku Klux Klan

A seita da supremacia branca

Maria Luiza Tucci Carneiro

A expressão Ku Klux Klan deriva do grego *kuklos* (círculo ou bando), e do escocês *klan* (clã, com o sentido de ancestralidade). Ku Klux Klan, ou simplesmente KKK, é o nome de uma organização racista que criou raízes nos Estados Unidos, expandiu-se para a Europa e, ainda hoje, sobrevive, alimentada pelo crescimento de grupos de extrema-direita.[1]

O caso da KKK é um bom exemplo de que racistas fanáticos não são personagens exclusivos de estados totalitários e nem de um passado longínquo. A violência sem limites em que desemboca o racismo é uma manifestação de indivíduos que ignoram o diálogo, a ética e a dignidade humana e pode surgir, como uma doença maligna, mesmo em sociedades consideradas democráticas.

O aparecimento e a sobrevivência da KKK desmistifica a crença de que o povo norte-americano, por tradição, constitui uma sociedade perfeita, pluralista, exemplo de nação multirracial e multiétnica. Expressa o arraigamento de um pensamento racista cuja prática, ainda hoje, arranha a imagem dos Estados Unidos.

Em diversos momentos da história norte-americana, determinados grupos étnicos ou nacionais foram vistos como "o outro", tratados como "estranhos", "eternos estrangeiros" ou "seres inferiores". A população negra dos estados sulinos foi escravizada até a Guerra Civil e, posteriormente, submetida a uma segregação que em vários pontos perdura até hoje.[2] Métodos violentos foram acionados, ao longo da história do país, para dizimar populações indígenas, segregar minorias e investir contra imigrantes.

No caso da Ku Klux Klan, o racismo veste manto branco e surge mascarado; assim como a Inquisição ibérica (dos séculos XV-XIX), assume a cruz cristã e as chamas para purificar seus crimes, avaliados por eles como "virtudes" da raça branca.

Origens históricas

A Ku Klux Klan surgiu no sul dos Estados Unidos durante o período da Reconstrução, após o final da Guerra Civil Americana (1861-1865). Organização ultraconservadora, contrarrevolucionária e racista, a KKK foi oficialmente

Membros da Ku Klux Klan com seus uniformes em ilustração do periódico *Harper's Weekly*, 19 de dezembro de 1868.

criada em 24 de dezembro de 1865, em Pulasky (Tennessee), por um grupo de confederados sulistas. Os membros acreditavam na inferioridade nata dos negros e posicionavam-se contra a revolução social anunciada pela libertação e pela promessa de integração dos ex-escravos à sociedade. Tornaram-se ainda mais radicais diante das conquistas obtidas pelos negros no pós-guerra.

A Guerra Civil – à qual o surgimento da KKK está intimamente relacionado – tratou-se do embate entre os estados do Norte dos Estados Unidos, em ritmo crescente de industrialização e de postura abolicionista, e os do Sul, agrícola e escravagista, sendo a abolição da escravatura considerada uma das causas desse conflito que deixou cerca de 625 mil mortos.[3] A Guerra foi tanto a expressão do desequilíbrio de poderes entre o Norte e o Sul – agravado com as anexações dos territórios do Oeste – quanto da persistência de uma mentalidade intolerante por parte de brancos defensores da suposta superioridade da "raça ariana".

Os resultados da Guerra Civil – em que o Norte saiu vitorioso – extrapolam o anúncio da vitória do mundo "industrial e moderno" sobre o "mundo agrário atrasado". A KKK foi também um de seus efeitos. Retrocedendo ao período que antecedeu a Guerra Civil, vemos a força da crença, disseminada entre sulistas e nortistas, de que a raça negra seria inferior à branca, atrasando a emancipação dos negros no país. O otimismo dos que acreditavam, desde as Constituintes de 1787, numa extinção paulatina da escravidão foi desmentido pela realidade que demonstrou o aumento cada vez maior do número de escravos, que nos estados do Sul passaram de 750 mil, por ocasião da Independência, a dois milhões, em 1830, e a quatro milhões, em 1860.[4]

Além disso, enquanto os brancos pobres conquistavam o direito ao sufrágio independente de qualificações de propriedade (1820-1840), aos negros livres era recusado legalmente o direito ao voto.[5] Assim, se entre os anos de 1820 e 1840 houve um certo avanço democrático, ele foi favorável apenas aos homens brancos: incrementava-se a chamada democracia branca. Mesmo entre os partidários da abolição da escravatura, havia muitos que não acreditavam na "igualdade das raças" e resistiam à integração dos negros na república americana.

Os estados sulistas defendiam a escravidão como "uma necessidade" e impunham cada vez mais limitações à população negra livre, chegando mesmo a decretar leis, entre 1829 e 1836, que obrigavam os negros recém-libertos a abandonar o estado em que viviam. Nos estados nortistas, nos anos 1830, os negros estavam excluídos, por lei ou na prática, das escolas públicas. Atos de violência praticados por multidões e protestos populares dos brancos forçavam as escolas a desistirem da integração. Quando os operários brancos das cidades do Norte conquistaram o direito de expressar-se por meio de sindicatos, excluiram os negros de suas fileiras.[6]

Ao mesmo tempo, o movimento abolicionista ampliava o quadro de simpatizantes. O romance antiescravista *A cabana do Pai Tomás*, de Harriett Beecher-Stowe, publicado em 1852, deu uma grande contribuição. O êxito avassalador dessa obra, que alcançou inclusive sucesso internacional, denunciava o mal-estar da opinião pública diante dos problemas da escravidão. Por trazer à luz os dramas vivenciados pelos escravos e descrever a escravidão em termos cruéis, ainda que romanceados, a obra chegou a ser proibida de circular no sul do país.

Antes da eclosão da Guerra Civil, mesmo entre os nortistas havia os que de fato toleravam a escravidão desde que se restringisse às plantações do Sul e não se estendesse a outros territórios: viam-na mais como uma questão política que de direitos humanos. Os atos de violência registrados contra abolicionistas que atuavam em Boston e Illinois, por exemplo, demonstram que as opiniões estavam bem divididas. Nessas localidades, os defensores dos negros foram acusados pela população local de serem "fanáticos perturbadores da ordem pública"; e os negros, classificados como criaturas brutais que precisavam ser controladas pelos brancos.

Em 1835, o abolicionista William Lloyd Garrison chegou a ser arrastado pelas ruas de Boston como castigo por uma multidão enfurecida. Situação semelhante foi vivenciada, dois anos depois, por Elijah P. Lovejoy, editor de um jornal abolicionista. Outros tantos motins e atentados reacionários tiveram lugar à medida que novos grupos abolicionistas iam se organizando em defesa dos negros norte-americanos. A luta em torno da escravidão recrudesceu durante os governos de Pierce (1852-1856) e de seu sucessor James Buchanan (1856-1860).

Em 1854, foi aprovado o Kansas-Nebraska Bill, ato que determinava caber aos habitantes de cada estado a escolha entre a escravidão e a abolição em seu território – decisão que afetaria o equilíbrio de poderes entre Norte e Sul alimentando as desavenças e acirrando as hostilidades. A agressão ao senador Charles Summer, antiescravista, quase assassinado a bengaladas pelo deputado Preston Brooks, da Carolina do Sul, expressava de modo caricatural o crescente clima de tensão e divisão de opiniões no país.

Procurando atender aos interesses econômicos do Norte, os políticos republicanos inicialmente se opunham aos abolicionistas mais radicais: não tinham a intenção de interferir na instituição da escravatura no estados do Sul, mas também não aceitavam a extensão absoluta da escravidão em seus territórios.

Entre os fatores que acirraram a disputa entre Norte e Sul, regiões com modelos econômicos distintos e interesses conflitantes, não devemos negligenciar a eleição de Abraham Lincoln (1808-1865)[7], representante do Partido Republicano, para a presidência em 1860. A vitória de Lincoln, defensor da abolição da escravidão, simbolizou um duro golpe para os sulistas que o interpretavam como "um presidente que negava o sistema econômico do Sul".

Realmente Lincoln não acreditava na sobrevivência de um governo "meio escravocrata e meio livre", postura manifesta em discurso pronunciado em 1858 durante a convenção republicana. Insistia, e com razão, na incompatibilidade dos dois regimes e no fato de que a manutenção da escravidão afetava o núcleo moral e religioso da cultura norte-americana.[8]

Em protesto diante da postura pró-abolicionista de Lincoln, em fevereiro de 1861, sete estados sulinos (Carolina do Sul, Mississippi, Flórida, Geórgia, Alabama, Louisiana e Texas) se separaram da União.[9] Instituíram uma Assembleia Constituinte em Montgomery, no Alabama, e fundaram os Estados Confederados da América, tendo o fazendeiro escravista Jefferson Davies como presidente eleito. Em março, adotaram uma nova Constituição que reforçava, de forma incondicional, a escravidão.[10]

Lincoln, apesar de antiescravista, procurou atenuar as propostas no discurso de posse em março de 1861: não iria abolir a escravidão, mas não aceitaria o rompimento de qualquer estado com a União. A ocupação de fortes militares federais no Sul por parte dos confederados culminou com o bombardeio do forte Summer, em Charleston, na Carolina do Sul. Em abril de 1861 iniciava-se a Guerra Civil Americana.

A eleição do abolicionista Abraham Lincoln para a presidência, em 1860, provocou protestos dos escravagistas do Sul. Poucos anos depois, Lincoln seria assassinado por um fanático sulista.

A questão da abolição da escravatura foi então retomada devido à pressão dos abolicionistas e à situação de desordem decorrente da fuga de escravos que buscavam refúgio no Norte. Deve-se também considerar a crescente adesão dos negros sulistas que, atraídos pelas promessas de liberdade e progresso, somaram forças com os nortistas. Enfim, libertar os escravos transformou-se finalmente em princípio moral da causa assumida por aqueles que lutavam a favor da União.

Em 1862, Abraham Lincoln declarava extinta a escravidão ao aprovar uma Constituição duvidosa – a Lecompton – que, negociada rapidamente, foi logo rechassada por Taney, presidente do Tribunal Supremo. Num duro golpe aos republicanos e abolicionistas, Taney argumentou que o Congresso não tinha poder para abolir a escravidão nos territórios americanos. Em 1863, Lincoln reafirmou suas posições: concedia a liberdade aos negros dos estados sulistas revoltados. Nesse mesmo ano – num exemplo do grau de complexidade da questão racial na época – trabalhadores irlandeses, entre outros operários de Nova York, durante os motins que conturbaram a cidade, atacaram também os negros que, do ponto de vista desses trabalhadores, representavam uma ameaça aos empregos, num mercado de trabalho cada vez mais competitivo e numa sociedade cada vez mais democrática.

Negros libertos comemoram a emancipação, 1863.

Em 1865, nos últimos dias da guerra, Lincoln foi reeleito. A exigência de que os estados do Sul jurassem fidelidade à União fomentou protestos que culminaram com o assassinato de Lincoln por um fanático sulista em 14 de abril de 1865. A Guerra Civil terminou oficialmente, quatro dias depois do episódio, com a vitória do Norte sobre os Estados Confederados.

Conquistas e reações

Diante do país arruinado, os norte-americanos deram início à Reconstrução que, de imediato, exigia a solução dos problemas mais eminentes, dentre os quais regularizar a situação dos negros ex-escravos, que buscavam legitimar sua posição na sociedade americana. Em essência, reconstruir o país exigia um constante exercício de cidadania e reavaliação dos princípios éticos e políticos que deveriam reger a nação. Entretanto, a persistência dos conflitos de interesses tornava a tarefa extremamente difícil. De posse de plenos poderes em 1866, o Congresso deu início ao período que ficou conhecido como de "Reconstrução radical" (1866-1877), iniciativa sustentada por um grupo do Partido Republicano.

A Décima Terceira Emenda à Constituição, em 1865, confirmou a abolição da escravatura. Um ano depois, o Civil Rights Act conferia aos negros os mesmos direitos dos brancos, e a Décima Quarta Emenda, em 1868, estabelecia para toda e qualquer pessoa nascida ou naturalizada nos Estados Unidos a qualidade de "cidadãos dos Estados Unidos e do estado no qual tem a sua residência". Finalmente, em 1870, a ratificação da Décima Quinta Emenda previa que "o direito de voto dos cidadãos" não seria "suprimido ou limitado pelos Estados Unidos ou por um estado à conta de pretexto de raça ou cor, ou de servidão anterior". As leis de aplicação foram votadas até 1875 e, nas disposições, tornavam o direito de voto efetivo, protegendo os negros contra todas as tentativas de intimidação. Essa nova situação garantia, em princípio, direitos legais e sociais a cerca de quatro milhões de negros que se tornaram cidadãos como os outros.[11]

Por não confiar nos brancos do Sul, e para garantir o controle da região, o Congresso impôs a ocupação militar dos estados sulistas, que foram distribuídos em cinco distritos militares comandados cada qual por um general

Campanha eleitoral no Sul, 1868. Com o movimento de Reconstrução, os negros passaram a ter direitos políticos e, com isso, a possibilidade de defender seus interesses. Embora só os homens pudessem votar, as mulheres negras também participavam dos debates e assembleias.

nortista – situação considerada humilhante pelas elites sulistas interessadas em preservar privilégios. Outra iniciativa do governo foi a criação do Departamento de Libertos, instituição de apoio dedicada a orientar ex-escravos em questões de trabalho, moradia e direitos de cidadania. Entretanto, essa e outras frentes de assistência social tiveram que enfrentar a má-fé de aventureiros e políticos interessados em boicotar os direitos conquistados pelos negros e/ou simplesmente obter vantagens particulares.

Na prática, o projeto de Reconstrução apoiava-se em grande parte na ação de negros libertos que chegaram a ocupar cargos públicos – muitos, entretanto, eram analfabetos e despreparados, o que aumentou o preconceito contra eles –, dos "colaboradores" (*scalawags*) e dos administradores republicanos brancos vindos do Norte para "educar os negros", chamados pelos sulistas de *carpet-baggers* e tidos como intrusos indesejáveis.[12]

Apesar das exigências legais, diversos estados sulistas e suas populações brancas ignoravam as emendas constitucionais e procuravam boicotar as iniciativas do governo. Os abusos praticados por administradores corruptos e a resistência da população branca sulista em cumprir as leis e acatar a nova ordem comprometeram o projeto de remodelação do velho Sul.

A ilustração feita por Thomas Nast em 1876 denuncia os assassinatos cometidos pelos partidários da "supremacia branca" bem como a ineficiência do Estado em proteger os negros sulistas.

Durante a Reconstrução, o preconceito contra os negros assumiu novas dimensões e os estatutos segregacionistas que surgiram a partir de então foram tão populares quanto as medidas racistas acionadas pela elite branca sulista. Muitos brancos pobres perceberam que também ganhavam ao isolar os negros e tratá-los como inferiores, eliminando concorrentes numa sociedade competitiva e individualista. Reduzir legalmente – ou através de outros tantos artifícios – o *status* de cidadania conquistado pelos negros transformou-se em estratégia recorrente.

Resquícios da mentalidade escravocrata impediram, portanto, a união idealizada entre anglo-saxões e os "homens de cor". Sob esse aspecto, podemos considerar que a Reconstrução fracassou, deixando como herança a segregação racial e social dos negros. Ao procurar impor ao Sul suas ideias e valores, os nortistas entraram em conflito com os brancos sulistas interessados em preservar seu *status*. Pois, a garantia dos privilégios dependia da manutenção da inferioridade da condição social dos negros. Insatisfeitos, grupos distintos de brancos fundaram sociedades secretas para perseguir os negros e defenderem-se dos "opressores" que tentavam impor-lhes uma nova ordem social.

A violência da KKK

Foram, portanto, antagonismos de teor político, econômico e racial que favoreceram o surgimento de grupos ultrarreacionários, dentre os quais os Cavaleiros da Camélia Branca, a Irmandade Branca, a Associação 76 e o principal deles, a KKK.

Definindo-se como uma organização secreta dedicada a garantir socorro aos sulistas derrotados, a KKK bradou em nome da supremacia branca que se fez armada contra os negros. Proclamava-se protetora "dos fracos inocentes e indefesos contra as indignidades, injustiças e ultrajes dos sem lei – violentos e brutais". Como uma instituição de "cavalheirismo, humanidade, misericórdia e patriotismo", tinha como objetivo "acudir os injuriados e oprimidos, socorrer os sofredores e infelizes e, sobretudo, as viúvas e órfãos de soldados confederados".[13]

Durante toda a existência – lembrando aqui que a KKK sobrevive como uma das atuais organizações racistas dos Estados Unidos – esse grupo vem lutando por manter a suposta pureza do branco anglo-saxão protestante, Wasp (*White Anglo-Saxon Protestant*). De acordo com sua filosofia, Deus olha por eles, protegendo-os e designando-os como grupo soberano, dominante. Seguidores acreditam participar de um plano divino segundo o qual a superioridade Wasp deve prevalescer; plano este violado pela libertação dos escravos e pela crescente presença de católicos nos Estados Unidos. Segundo um manifesto da KKK, seu principal e fundamental objetivo é a supremacia da raça branca.

Nos anos seguintes à fundação, tornaram-se comuns ações violentas de homens mascarados que, portando chapéus brancos de papel-cartão em forma de cone, torturavam e matavam negros, e perseguiam seus aliados. Nas regiões onde o poder das autoridades federais não era tão forte, a KKK encontrou terreno fértil para exercitar seu ódio. Chacinas de adultos e crianças, espancamentos, enforcamentos de negros e queima das casas, transformaram-se na marca da violência da Klan.

Ataque noturno contra uma família negra. No último quartel do século XIX, tornaram-se comuns os crimes cometidos por encapuzados da Klan, que não poupavam sequer as crianças.

A intolerância racial que explodiu no estados do Sul revelou uma população despreparada para participar do processo de democratização do país. Ao longo de décadas, centenas de negros foram coagidos por fazendeiros e governantes a trabalhar por salários baixíssimos. Sem oportunidades de trabalho, tanto no campo quanto na cidade, e sem condições mínimas de sobrevivência, muitos negros começaram a deixar as antigas fazendas onde moravam. Alguns grupos de negros buscaram refúgio nas proximidades do Golfo do México, configurando dessa forma uma segregação geográfica.[14]

A concentração de terras nas mãos de poucos proprietários e o preconceito racial predominante não proporcionaram muitas alternativas aos negros. Humilhados e frustrados em suas expectativas de obter melhores condições de vida, foram obrigados a trabalhar como diaristas ou locatários e, quando proprietários de alguma terra, forçados a se tornar meeiros, dividindo os redimentos com o *share tenant*, que lhes fornecia animais e equipamentos para o plantio e em troca, na maioria das vezes, apropriava-se de três quartos da colheita. Os "acordos" favoreciam sempre os proprietários brancos que, cobrando altos juros, relegavam os negros à situação de dependência. Expressivas dessa dura realidade são as estrofes da canção:

> Niggers plant de cotton [O preto plant'algodão]
> Niggers pick it out! [O preto é quem colhe]
> White man pocket money [O branco embolsa o dinheiro]
> Niggers go without. [O preto fica sem nada]

Em 1877, os estados do Sul retomaram a autonomia e implantaram sua forma de administração, que ficou conhecida como *Lily White* ou seja, "branca como a flor-de-lis". As últimas tropas federais interventoras no Sul retiraram-se e o conservadorismo político voltou a prevalecer deteriorando as conquistas democráticas de negros e radicais da época da Reconstrução. Essa mobilização conservadora significou a reorganização de políticos brancos que, dedicados a reconquistar as legislaturas, procuraram limitar os direitos concedidos aos negros pelas emendas à Constituição.

Com base em novas leis, os sulistas ergueram mais barreiras contra os negros impedindo-os de ocupar cargos públicos, fazer parte de júris, portar armas, disputar cargos dominados por brancos e de votar. Datam de 1883 as leis Lim Crow que, apoiadas pela Suprema Corte, impunham espaços públicos separados para negros e brancos, anulando os direitos civis aprovados anteriormente pelo Congresso.[15]

Concomitantemente ao processo de marginalização social dos negros, para o qual a ação dos fanáticos racistas foi fundamental, as filiais da KKK se multiplicaram, ampliando o campo de atuação para além das fronteiras americanas e sobrevivendo no tempo. A trajetória histórica dessa sociedade expressa a dimensão possível do fanatismo e da intolerância que têm no racismo justificativa ideológica.

A KKK sobreviveu sustentada por um grupo de fanáticos protestantes de ascendência inglesa, anglo-saxões que acreditavam num plano divino: que o mesmo Deus que os protegia os havia designado para dominar os inferiores. Na concepção deles, os índios americanos deveriam ser exterminados por serem "selvagens subumanos" e os negros, animalizados, deveriam ser usados para poupar os brancos dos trabalhos pesados. Hostil à miscigenação e acreditando na superioridade racial, o grupo dos encapuzados procurava intimidar os negros através da violência e da segregação.

A crítica ao governo da elite branca e ao terror da Ku Klux Klan é contundente nessa ilustração publicada na *Harper's Weekly* em 1874.

Fundamentados numa doutrina da salvação, os homens da Klan tomaram como referência a "sociedade do caos e da anarquia", interpretada como um mundo criado pela ação dos negros. Definiam como imperfeita a realidade em que viviam. Adotaram como lema a "manutenção da supremacia da raça branca", *slogan* posteriormente apropriado pelas organizações neonazistas que, a partir dos anos 1980, abraçaram a filosofia do ódio sustentada por ideologias como a da KKK. [16]

Em síntese: os brancos do Sul procuraram fazer valer seu conceito de verdade e desenharam paisagens para um mundo novo "limpo da presença dos negros". De forma obstinada, os líderes da KKK – fanáticos, adeptos da opressão e da mentira – endossaram a ideia desse mundo fictício. Valendo-se da violência sem limites – incêndios criminosos, espancamentos, linchamentos, enforcamentos coletivos, chacinas que não poupavam sequer as crianças – a KKK clamava por "justiça" afirmando seu poder, interpretado como inabalável.

Com o perfil de seita, a KKK tornou-se conhecida por sua ação violenta que, manifesta sob a forma de verdadeiros rituais, espalhou terror entre os negros "amaldiçoados por sua raça". Responsabilizada por centenas de mortes, deixou rastros de sangue iluminados pelas chamas de uma cruz de madeira incandescente, a marca registrada de suas ações nefastas.[17]

Apesar de sua força, a KKK foi investigada pelo Congresso em 1870, em atenção ao presidente republicano Ulysses S. Grant, herói da Guerra Civil eleito em 1868. Um júri confirmou que, desde 1868,

> uma organização conhecida como Ku Klux Klan ou Império Invisível do Sul atuava em inúmeros condados do Sul, mantendo em sua sociedade uma grande proporção de brancos, de diferentes profissões e classes. Regida por constituição própria, fornecia aos seus membros, dentre outras coisas, uma pistola e traje de Ku Klux Klan. As operações eram, geralmente, executadas à noite, dirigidas contra negros e membros do partido republicano. Incêndios às plantações, emboscadas, castrações e execuções sumárias serviram para dar "crédito" e "respeitabilidade" ao clã dos encapuzados.

Em 20 de abril de 1871, o Congresso aprovou um ato que dava ao presidente o poder de intervir em estados afetados por distúrbios incitados pela KKK, com o intuito de inibir-lhes as ações. Embora a supremacia branca permanecesse praticamente inabalada nos estados do Sul, sob a liderança do então presidente general Grant a disciplina na região foi aparentemente restaurada e os homens da Klan, dispersados por um certo período. Retornariam durante a Primeira Guerra Mundial, ampliando o círculo dos seus inimigos.

A KKK nos séculos XX e XXI

Em 1915, a liderança da KKK foi assumida por William J. Simmons, adepto conquistado pelo livro *Ku Klux Klan*, de autoria de Thomas Dixon (1905) e pela película *Nascimento de uma nação*, dirigida por D.W. Griffith, baseada na mesma publicação.[18] A partir de 1920, a estrutura da KKK foi totalmente reformulada por influência de William Mason que lhe deu forma de sociedade secreta, com uma hierarquia semelhante à maçonaria: lojas e redes de comunicações[19].

A KKK autodenominava-se Império Invisível encabeçado pelo "mago imperial" que comandava os "grandes dragões", "grandes titãs", "lictores" e assim por diante.[20] Mascarada por apelos à caridade, conseguiu apoio de sociedades filantrópicas interessadas em "preservar o modo de vida norte-americano como os brancos do Sul o definiam": livre de negros, índios e imigrantes europeus. Segundo o historiador William P. Randel, que estudou

Cena do filme racista *Nascimento de uma nação*, que promove a ideia da necessidade da dominação dos brancos sobre os negros.

o crescimento da KKK nos Estados Unidos na década de 1920, essa organização chegou a contar com cerca de cinco milhões de filiados. Para enfrentar tamanha ameaça, pessoas favoráveis à democracia e à ampliação dos direitos civis também começaram a se organizar e somar esforços. Assim, por exemplo, em 1920, a NAACP (Associação Nacional para o Avanço dos Homens de Cor) conseguiu impedir a realização da conferência anual da KKK em Atlanta, uma das áreas mais ativas do grupo na América.

Após a Primeira Guerra Mundial (1914-1918), a KKK passou a investir também contra judeus, católicos, socialistas, comunistas e estrangeiros em geral. Ideias, velhas e novas, aplaudidas por simpatizantes, lhe valeram um crescente destaque político. Esse período coincide com um momento único nos Estados Unidos, marcado por contradições como, por exemplo, uma extraordinária reação ao liberalismo. Um forte nacionalismo difundiu-se por todo o continente, tumultuado por ondas de medo ao comunismo, supressão das liberdades civis, antissemitismo e preconceitos contra os imigrantes.

Linchamento de um negro por fanáticos racistas, retratado pelo artista George Bellous em 1923.

A partir de novembro de 1922, os Klans – então sob a liderança de Hiram W. Evan – conquistaram posições políticas no Texas, Indiana, Oregon, Maine e Oklahoma. Na época da Grande Depressão – momento propício para o fortalecimento de mitos políticos e para o ressurgimento de bodes expiatórios – a KKK chegou a quatro milhões de adeptos. Fortalecida pela situação de crise econômica e moral, conseguiu eleger alguns membros como deputados, senadores e congressistas, além de nomeá-los para júris municipais. Ao se infiltrarem junto aos núcleos de poder e justiça, esses grupos de extrema-direita colocaram em xeque a tão decantada democracia americana[21].

Acompanhando as manifestações de antissemitismo e anticomunismo nas décadas de 1930-1940 na Europa, a KKK também ampliou o rol dos tradicionais inimigos ao incluir, entre eles, os judeus, os católicos, os estrangeiros (ou "metecos"), os comunistas e os sindicalistas. De certo modo, o sentimento nacionalista se uniu à xenofobia nos tempos da Grande Depressão. Em 1924, a aprovação do *National Origins Act* garantiu vitória à intolerância institucionalizada em terras norte-americanas: os Estados Unidos fecharam as portas aos imigrantes mediante a adoção do sistema de cotas que, de certa forma, desfechou forte golpe à imigração asiática.[22] Os Estados Unidos deixaram, definitivamente, de ser o país da imigração.

A eleição de Franklin Delano Roosevelt à presidência, em 1932, abriu uma nova era para a história do racismo nos Estados Unidos. De acordo com o pensamento progressista de Roosevelt e como parte da política do *New Deal*, o Estado deveria proteger os mais frágeis, instituir maior justiça social e solucionar problemas trazidos pelo capitalismo. Na tentativa de empreender um golpe nos movimentos radicais, foram reconhecidos os grupos que, até então, não tinham representação, como os agricultores, trabalhadores, grupos étnicos especiais e a nova classe intelectual-administrativa. Roosevelt pecou por ignorar certas categorias, dentre elas a dos negros que, no decorrer da Primeira Guerra Mundial, procuraram concentrar-se nas cidades industriais do Norte.[23]

Na década de 1940, sensibilizados com as propostas racistas do nazismo na Alemanha, membros da Klan promoveram um grande comício em Nova York aliados ao Partido Germano-Americano, financiados com verbas do governo alemão. Até aquele momento, o nazifascismo europeu, por mais violento que

Retrato de adultos e crianças da Ku Klux Klan nos anos 40 do século xx. A doutrinação racista começa na infância.

fosse, tinha se prestado como paradigma de movimento internacional, capaz de resolver os problemas do mundo.

Paralelamente, fortaleciam-se os grupos de resistência que lutavam contra a segregação racial que, nos Estados Unidos, não existia de direito, mas de fato. No pós-Guerra, novos horizontes se abriram aos negros, cujo número de iletrados declinava dia a dia. A partir dos anos de 1940, formou-se uma intelectualidade negra, consciente dos seus direitos e provida de diploma universitário. O primeiro triunfo no campo dos direitos civis foi detectado em 1947 quando, pela primeira vez desde a Reconstrução, o Congresso votou uma lei que permitia aos negros exercerem efetivamente o direito de voto. No ano seguinte, o presidente Truman integrou os negros ao Exército e, em 1954, o Supremo Tribunal aprovou a integração dos negros no sistema educacional americano. Após uma árdua caminhada, colocava-se fim no princípio defendido desde 1896 de "separado, porém igual".

A integração mais uma vez gerou violência e protestos por parte dos brancos radicados nos estados sulistas contra o governo federal. Diante dessa nova crise racial, tropas federais foram enviadas para conter a ira dos que continuavam a insistir na superioridade racial histórica. Os negros, revigorados sob a forma de organizações, insistiam para obter a aplicação efetiva da Décima Quarta e Décima Quinta emendas. Foi durante esse embate pelos Direitos Civis que surgiram a CORE (*Congress of Racial Equality*), em 1942, e a SCLC (*Southern Christian Leadership Conference*), em 1957, fundada pelo pastor Martin Luther King. Como reação, a KKK elegeu os ativistas dos Direitos Civis um dos principais alvos de ataque.

Hoje é impossível fazer estimativas, dadas conexões internacionais da moderna KKK, que mantém ligações com grupos fascistas europeus. Na década de 1960, a organização sedimentou as ramificações na Grã-Bretanha onde escolheu os negros e asiáticos como suas vítimas. As cruzes em chamas, que voltaram a queimar, se prestam como sinais de alerta para um velho perigo que sobrevive das cinzas: o fanatismo racial.[24]

A KKK nos Estados Unidos persiste como uma poderosa organização racista clandestina. Na internet, encontramos informações de que, nos dias atuais, uma versão modernizada da KKK atua através da NRA – Associação Nacional do Rifle, poderosa instituição presidida por Charlton Heston, o famoso astro do cinema americano dos anos 60 e 70. Defendendo a fabricação e o comércio livre de armas nos Estados Unidos, esse grupo divulga mensagens de violência incitando o ódio e a proliferação de sentimentos xenófobos e racistas.

Ritual de batismo de crianças na Ku Klux Klan – organização racista que ainda sobrevive nos Estados Unidos do século XXI.

Racismo e democracia

Retomamos a ideia de que também em meio às democracias liberais os racistas fanáticos encontram condições adequadas para se proliferar e se multiplicar como vermes. Aproveitando-se da liberdade democrática, utilizam-se dos modernos meios de comunicação para colocar em circulação o veneno que, apesar de estar com validade vencida, ainda conquista adeptos. Nesse início do século XXI, presenciamos um dos índices mais elevados de pronunciamentos racistas desde o pós-Segunda Guerra. Incidentes contra negros, estrangeiros e judeus, principalmente, multiplicam-se por vários países, atestando que a xenofobia e o racismo continuam a alimentar atos de fanatismo. Como nos tempos mais sombrios – as épocas áureas da KKK ou do nazismo –, sinagogas são queimadas, cemitérios judaicos profanados e cidadãos negros tratados como seres inferiores. Enfim, o racismo ressurge, mascarado por novas roupagens e fortalecido pelas mesmas mentiras.[25]

A KKK foi, a partir das últimas décadas do século XX, "reabilitada" pelos neonazistas que, em distintas partes do mundo, assumem tal organização como um dos modelos para as ações contra negros e judeus, principalmente. Favorecidos pelos meios de comunicação e, ao mesmo tempo, pela ignorância que persiste sobre o nosso passado histórico, os racistas ganham cada vez mais espaço no mundo globalizado. Uns agem por vontade própria; outros, induzidos por um partido político, alguma seita secreta ou organização que os valoriza como representantes de uma raça superior.[26]

Infelizmente, não conseguimos adentrar o século XXI ilesos de fobias construídas pelos inimigos da democracia. Valendo-se de falsas ideias e levando à configuração de perigos e mundos imaginários, os neorracistas continuam a investir na visão falseada da realidade que ainda sobrevive de mitos: o mito da conspiração judaica, o mito do perigo estrangeiro e o mito das raças degeneradas.[27]

Notas

1 Sobre o tema ver: "Ku Klux Klan" *in* Ellis Cashmore, *Dicionário de relações étnicas e raciais*, trad. Dinah Klevel, São Paulo: Summus, 2000, pp. 292-293; David M. Chalmers. *Ku Klux Klan*, México: Grijalbo, 1965; Wyn Craig Wade. *The Fiery Cross: The Ku Klux Klan in América*, USA:

Simon & Schuster, 1988; Albion Tourgee. *The Invisible Empire*, USA: Louisiana State, 1989; Arthur Miller. *Focus*, São Paulo: Ediouro, 2002; Iná Camargo Costa. "Um romance sobre a barbárie da Ku Klux Kan" *in*: *Folha de S. Paulo, Jornal de Resenhas*, São Paulo, 8 jun 2002, p.6.

2 Sobre o pensamento norte-americano nas Ciências Sociais a respeito do negro, ver Michel Wieviorka. *El Espacio del Racismo*, México: Ediciones Paidós, 1992, pp.41-56.

3 Conforme dados citados por Mary A. Junqueira. *Estados Unidos: A consolidação da nação. O século XIX*. Identidade nacional, heróis, cowboys e foras da lei, São Paulo: Contexto, 2001, p.65.

4 "Aspectos contemporâneos do racismo: Estados Unidos da América" *in*: Fontette, *O racismo*, Trad. Santos do Vale, Lisboa: Bertrand, 1976, p.118.

5 Expressivo dessa exclusão é o fato de os três estados escravocratas Carolina do Norte, Tennessee e Maryland, assim como Pensilvânia, Nova York, Nova Jersey e Connecticut proibirem completamente, entre 1820-1830, o sufrágio dos negros; ou diminuírem sensivelmente sua participação se comparada a dos homens brancos. O mesmo ocorreu nos estados do Oeste, quando estes se juntaram à União em 1820: excluíram totalmente o voto do negro, ao mesmo tempo em que apoiavam iniciativas democráticas ao decretar o sufrágio universal para os brancos. Leon Litwack. *North of Slavery*, Chicago, 1961, p. 79 *apud* Carl N. Degler, op. cit., p. 266-267.

6 Sobre essas manifestações racistas por parte da população branca comum norte-americana, ver Carl N. Degler. op. cit., p. 267.

7 Abraham Lincoln nasceu no estado sulista de Kentucky – filho de pai carpinteiro – onde teve uma infância modesta. Foi lenhador, caixeiro, agente do correio e barqueiro, até se formar advogado por correspodência. Exerceu advocacia em Illinois (1834-1841), serviu no Legislativo (1834-1841) e participou da Câmara dos Representantes, onde conquistou grande reputação. Em 1858, empenhou-se em debates públicos, principalmente no caso Dread Scott, negro escravo que apelou à justiça em 1834 após ter sido surrado pelo patrão, a quem servia em Illinois e Minnesota, estados que já haviam abolido a escravidão. Considerado livre, Scott teve ganho de causa pela Corte de Saint Louis. Houve apelação à Corte Suprema de Missouri e, depois, à dos Estados Unidos. Scott perdeu sob a alegação de que era "coisa" e não cidadão, fato que provocou o descontentamento do Norte. Lincoln combateu essa decisão, postura que favoreceu sua candidatura pelo Partido Republicano.

8 "Casa Dividida". Discurso proferido por Abraham Lincoln, 1858 *apud* Mary A. Junqueira, op. cit., p. 79.

9 Continuaram ligados à União os estados escravistas do alto Sul: Missouri, Kentucky, Maryland e Delaware, e os territórios de Kansas, Virgínia Ocidental e Nevada.

10 Os estadistas do Sul apelavam para a declaração de Independência ao alegarem o direito de "alterar ou abolir" uma forma de governo que colocasse em risco a vida, a liberdade e a busca da felicidade. Um contradiscurso era sustentado pelo Norte que, representado por Lincoln, acusava os revoltosos de partidários de um governo tirânico e contrários ao "governo mais livre e democrático do mundo".

11 Até então, de acordo com a Constituição vigente, os negros não tinham o direito de promover ações perante tribunais federais pois, legalmente, não usufruíam da dignidade de serem cidadãos americanos. Segundo os idealizadores da Constituição – que jamais tiveram a intenção de lhes atribuir igualdade de direitos e privilégios –, os negros eram considerados "seres subordinados e inferiores".

12 A denominação *carpet-baggers* foi empregada para definir os "administradores" que chegavam do Norte com apenas um saco de viagem. Muitos deles eram de fato aventureiros que se envolveram em corrupção e se mostraram mais interessados em ganhos particulares que na ajuda aos negros.

13 *Apud* Mary A. Junqueira, op. cit., p. 90.

14 Robert Scnerb, O século XIX. As civilizações não europeias. O limiar do século XX. *História Geral das Civilizações*, dirigida por Maurice Crouzet, trad. Pedro Moacyr Campos. São Paulo, Difel, 1961, Tomo VI, p. 17.

15 Mary A. Junqueira, op. cit., p.89-90.

16 Sobre a KKK ver obra específica de Janet L. Davis, *Ku Klux Klan*, New York: Greewood, 1984.

17 A imagem desses "justiceiros brancos" foi amplamente explorada pelo cinema de Hollywood que, com magia e maestria, recriou a figura dos homens da KKK, com suas vestes brancas e seus rituais de violência. Lembro aqui algumas cenas do filme *Mississipi em chamas* (*Mississippi Burning*, 1918), que, dirigido por Alan Parker e estrelado pelo ator Gene Hackman, reconstitui as investigações de uma equipe do FBI em 1964, sobre o assassinato de dois jovens negros e de um outro, judeu.

18 Ainda que avaliada como uma das mais importantes obras da história do cinema, essa película assumiu um tom maniqueísta ao glorificar o racismo e pregar a dominação dos brancos sobre os negros. Tendo como pano de fundo a Guerra Civil Americana e a libertação dos escravos, que obtiveram o direito de voto, a trama é manipulada pelo diretor Griffith, um "genuíno filho do Sul", comprometido com a imagem de uma nação que "nasce racista". A KKK, fundada por Benjamin Cameron, é apresentada como a "organização que salvou o Sul da anarquia negra", enquanto os parlamentares negros são retratados como animais, bebendo durante as sessões da Câmara e colocando os pés sobre as bancadas. Os demais personagens negros – atores brancos maquiados – aparecem em cena como ignorantes e violentos, instigando sentimentos de ódio e repugnância. O filme é exemplar pela impecável técnica de produção para a época, mas desprezível por transformar o cinema em instrumento racista camuflado de "obra de arte".

19 A moderna maçonaria é marcada por uma rígida hierarquia e por rituais profundamente influenciados pelo esoterismo. A base da estrutura organizacional maçônica é a loja. Um grupo de lojas em âmbito nacional forma uma obediência ou potência que poderá ser um grande oriente (formado por lojas de vários ritos) ou uma grande loja (um único rito). Ver de Alexandre Mansur Barata, verbete "Maçonaria" *in Dicionário Crítico do Pensamento da Direita*, op. cit., pp. 293-294.

20 Ver Albion Tourgee, op. cit.

21 Não devemos nos surpreender com a proliferação nos Estados Unidos de grupos fundamentalistas que, a cada dia, ganham adeptos entusiastas. Diferentes vertentes (religiosas, políticas e sociais) têm encontrado espaço nos Estados Unidos para se transformarem em movimentos catalizadores do ódio e da violência contra negros, hispânicos, judeus e asiáticos. Ressalto aqui o caráter particular do fundamentalismo protestante norte-americano, que tem servido de paradigma para os demais movimentos. Como uma subcultura "alheia aos interesses do mundo", os fundamentalistas inspiram-se nos movimentos de despertar para a fé. Tanto assim que, durante a Guerra Fria, o combate ao comunismo foi assumido como uma "guerra santa", um embate entre Deus e o demônio. Ver George Marsden, *Fundamentalism and american Culture, the shapping of twentieth century evangelicalism*: 1870-1925, Nova York: Oxford University Press, 1980; Florencio C.M. Galdino, *O fenômeno das seitas fundamentalistas*, Petrópolis: Vozes, 1994.

[22] Em 1880 já havia se manifestado uma tendência restritiva na tentativa de eliminar certas categorias de imigrantes (chineses, japoneses e trabalhadores estrangeiros, em geral). Em 1924 foi aprovada a lei *National Origins Act* que limitava a imigração anual a 150 mil indivíduos e reservou a cada país europeu a cota de 2% do número de habitantes estabelecidos nos Estados Unidos, segundo o censo de 1890.

[23] Em 1940, 31% da população negra americana se encontrava fora dos estados do Sul, proporção que atingiu 60% nos anos de 1960, contando Nova York com um pouco mais de um milhão de negros, seguida por Chicago (411mil), Filadélfia (529 mil), Detroit (482 mil) e Washington (411 mil). Cf. dados publica dos por Claude Fohlen, op. cit., p. 76.

[24] Frederic Wertham, "Do racismo à violência: O círculo da culpabilidade" *in: Les Temps Modernes*, jan/fev., 1958, pp. 143-144.

[25] Ver o livro de Pierre-André Taguieff, *La Nueva Judeofobia*. Trad. Tomás Fernández Aús e Beatriz Eguibar. Barcelona: Gedisa Editorial, 2003. Do mesmo autor: *Les Protocoles des Sages de Sion: Introduction á l'étude des Protocoles un faux et sés usages dans le siècle*. Paris: Berg International Editeurs, 1992.

[26] Sobre essa questão ver Fernando Haddad, "Neonazismo e Multiculturalismo" in *Folha de S. Paulo*. Opinião, São Paulo, 20 fev. 2000, p.1; Maria Luiza Tucci Carneiro, "Neonazismo y antisemitismo en contextos de transicion democrática" in: *Congreso Internacional de Investigadores sobre Judaísmo Latinoamericano*, 6., Buenos Aires: Mila, 1990, pp. 75-76; Helena Salem, *As tribos do mal: O Neonazismo no Brasil e no Mundo*, São Paulo: Atual, 1995 [História Viva].

[27] Questões como essas são abordadas por Raul Giradet, *Mitos e mitologias* políticas, trad. Maria Lucia Machado, São Paulo: Companhia das Letras, 1987; Norman G. Cohn, *El Mito de la Conspiración Judia Mundial*, Madrid: Alianza Editorial, 1969; Leon Poliakov. *A causalidade diabólica I: ensaio sobre as origens das perseguições*, trad. Alice K. Mayashiro, São Paulo: Perspectiva; Associação Universitária de Cultura Judaica, 1991.

Bibliografia

CARNEIRO, Maria Luiza Tucci, "Neonazismo y antisemitismo en contextos de transicion democrática". *In*: *Congreso Internacional de Investigadores sobre Judaísmo Latinoamericano*, Buenos Aires: Mila, 1990.

CASHMORE, Ellis. *Dicionário de relações étnicas e raciais*, trad. Dinah Klevel, São Paulo: Summus, 2000.

CHALMERS, David M. *Ku Klux Kan*. México: Grijalbo, 1965.

COSTA, Iná Camargo. "Um romance sobre a barbárie da Ku Klux Kan" in: *Folha de S. Paulo*, Jornal de Resenhas, São Paulo, 8 jun 2002.

COHN, Norman G., *El Mito de la Conspiración Judia Mundial*, Madrid: Alianza Editorial, 1969.

DAVIS, Janet L. *Ku Klux Klan*. New York: Greewood, 1984.

FONTETTE, *O racismo*, Trad. Santos do Vale, Lisboa: Bertrand, 1976.

GALDINO, Florencio C.M. *O fenômeno das seitas fundamentalistas*. Petrópolis: Vozes, 1994.

GIRADET, Raul, *Mitos e mitologias políticas*, trad. Maria Lucia Machado. São Paulo: Companhia das Letras, 1987.

HADDAD, Fernando. "Neonazismo e Multiculturalismo" *in Folha de S. Paulo*. Opinião, São Paulo, 20 fev. 2000, p.1.

JUNQUEIRA, Mary A. *Estados Unidos: A consolidação da nação. O século XIX. Identidade nacional, heróis, cowboys e foras da lei*. São Paulo: Contexto, 2001, p.65.

LITWACK, Leon, *North of Slavery*, Chicago, 1961.

MARSDEN, George. *Fundamentalism and american Culture, the shapping of twentieth century evangelicalism: 1870-1925*. Nova York: Oxford University Press, 1980;

MILLER, Arthur. *Focus*. São Paulo: Ediouro, 2002.

POLIAKOV, Leon. *A causalidade diabólica I: Ensaio sobre as origens das perseguições*, trad. Alice K. Mayashiro, São Paulo: Perspectiva; Associação Universitária de Cultura Judaica, 1991.

SALEM, Helena, *As tribos do mal: O neonazismo no Brasil e no mundo*. São Paulo: Atual, 1995 [*História Viva*].

SCNERB, Robert, *O Século XIX. As civilizações não europeias. O limiar do século XX. História Geral das Civilizações*, dirigida por Maurice Crouzet, trad. Pedro Moacyr Campos. São Paulo, Difel, 1961, Tomo VI, p. 17.

TAGUIEFF, Pierre-André. *La Nueva Judeofobia*. Trad. Tomás Fernández Aús e Beatriz Eguibar. Barcelona: Gedisa Editorial, 2003.

TAGUIEFF, Pierre-André. *Les Protocoles des Sages de Sion: Introduction á l'étude des Protocoles un faux et sés usages dans le siècle*. Paris: Berg International Editeurs, 1992.

TOURGEE, Albion. *The Invisible Empire*. USA: Louisiana State, 1989.

WADE, Wyn Craig. *The Fiery Cross: The Ku Klux Klan in América*, USA: Simon & Schuster, 1988.

WERTHAM, Frederic, "Do racismo à violência: O círculo da culpabilidade" *in*: *Les Temps Modernes*, jan/fev., 1958, pp. 143-144.

WIEVIORKA, Michel. *El Espacio del Racismo*. México: Ediciones Paidós, 1992, pp.41-56.

Racismo nazista

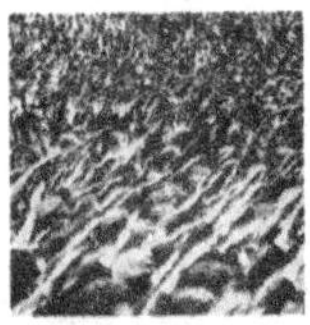

A Era nazi e o antissemitismo

Maria Luiza Tucci Carneiro

O nazismo, movimento político de dimensões históricas mundiais, fundado e liderado por Adolf Hitler (1889-1945)[1], é uma das expressões máximas da irracionalidade humana. Baseado no nacionalismo, na violência, na xenofobia e no racismo exacerbados, o nazismo sustentou uma versão de verdade absoluta representada por seu líder – idolatrado como a encarnação da própria imagem de nação – e propagada para as massas. Rapidamente o fanatismo nazista tornou-se um movimento popular alimentado por uma propaganda mentirosa articulada em torno de um conjunto de ficções, como por exemplo "a existência de uma conspiração internacional de judeus e comunistas" ou "a evidência da superioridade racial ariana".

A Era Nazi (1933-1945) tem lugar garantido na memória da intolerância. O Estado nazista anulou os direitos individuais, transformando o cidadão em mero contorno do corpo social. Elementos de oposição foram vistos como desintegradores da ordem instituída e, assim sendo, deveriam ser eliminados. Não havia lugar para discenso, pois a identidade nacional estava acima de qualquer diferença.

A proliferação dos nazistas

Apesar da radicalidade assassina, Hitler chegou ao poder por meios legais.[2] Ao ser nomeado chanceler da Alemanha em 30 de janeiro de 1933, possuía plena consciência de que para garantir a continuidade no poder do Partido Nacional-Socialista dos Trabalhadores Alemães (*Nationalsozialistische Deutsche Arbeiter Partei* – NSDAP) deveria dominar o povo, conquistando-o pela emoção e não pela razão.

Grande parte da população alemã endossou a ideologia do nacional-socialismo, que – desde a fundação, em 5 de janeiro de 1919, pelo ferramenteiro Anton Drexler e pelo jornalista Karl Harrer, numa cervejaria em Munique – ganhou

Megacomício do Partido Nazista em Berlim, 1933. Rapidamente Hitler obteve o apoio de grande parte da população alemã para suas ideias racistas.

adeptos bradando contra o perigo judaico e pregando a restauração da Alemanha como grande potência mundial.[3] O programa de 25 pontos do partido – que jamais foi alterado desde a divulgação em fevereiro de 1920 – incluía ataques aos judeus e pedia a exclusão destes da sociedade alemã, em geral:

> Só membros da nação podem ser cidadãos do Estado. Apenas aqueles com sangue alemão, qualquer que seja seu credo, podem ser membros da nação. Consequentemente, nenhum judeu pode ser membro da nação.

Aproveitando-se da situação de crise nacional vivenciada pela Alemanha desde a derrota na Primeira Guerra Mundial, os nacional-socialistas procuraram conquistar o povo alemão valendo-se da "criação" do inimigo: transformaram os comunistas e os judeus em personagens-símbolo do terror político e do desvio racial, definindo-os como elementos ameaçadores à integridade do corpo social. O antissemitismo – já arraigado na mentalidade da população alemã sensibilizada e incomodada com o "problema judaico" – adquiriu com os nazistas enormes proporções.

O preconceito estava presente em todos os setores e segmentos da sociedade alemã: Judiciário, Forças Armadas, universidades, igrejas, associações profissionais e partidos políticos. Os judeus foram então falsamente acusados de serem os mentores do Tratado de Versalhes, e de não participarem das Forças Armadas negando-se a assumir a defesa da nação alemã, de propagarem o socialismo na Alemanha e de estar interessados apenas na garantia de benefícios pessoais. Antissemitas convictos os relacionavam ao mercado negro e a outras atividades ilegais que contribuíam para depauperar o povo alemão.

Mesmo durante a República de Weimar[4], salas de aulas e livrarias estavam repletas de libelos, *slogans* e símbolos antissemitas. Entre 1918 e 1924, ataques isolados a grupos de judeus foram registrados nos relatórios policiais. Em 1920, dois terços dos estudantes presentes na assembleia estudantil da Universidade Técnica de Hannover votaram a favor da exclusão dos estudantes de ascendência judaica da União dos Estudantes Alemães.

Em meio à crise das democracias, o Partido Nacional-Socialista dos Trabalhadores Alemães conquistava adeptos bradando inflamados discursos contra o "perigo" judaico, prometendo estabilidade da vida social alemã e restauração

Cartaz de propaganda eleitoral dos nazistas. A campanha contra o "perigo judaico" e as promessas de elevar a Alemanha à condição de superpotência surtiu efeito ampliando vertiginosamente os quadros nazistas por todo país.

da Alemanha como grande potência mundial. Nessa mesma época, o Grupo de Munique da União Central de Cidadãos Alemães de Credo Judaico se pronunciou contra o movimento, que os culpava de tudo: dos males do capitalismo, da guerra, dos sofrimentos, da revolução etc. Num brado consciente de revolta, a comunidade judaica alemã deixou seus protestos registrados em um poster: "Recusamo-nos a ser bodes expiatórios para todas as maldades do mundo". No entanto, suas vozes foram abafadas pelos brados dos nazistas uniformizados que, no final dos anos de 1920, desfilavam pelas ruas de Berlim numa verdadeira demonstração de força.

Entre 1927 e 1928, o Partido Nazista reestruturou-se em 34 distritos *(Gaue)*, cada qual subdividido em muitos subdistritos (*Kreise*) que, por sua vez, eram compostos por grupos locais (*Ortsgrupen*) subdivididos em células de bairros e fábricas. O partido fazia-se então presente por toda a Alemanha através de organizações direcionadas a conquistar diferentes segmentos sociais, distintos por sexo, faixa etária e categorias socioprofissionais. Como organizações representativas dessa estratégia de doutrinação voltada às massas, podemos citar: a *Hitlerjugend* (Juventude Hitlerista) que chegou a contar com sete milhões de jovens entre 15 e 18 anos; a *Deutsches Jungvolk*, para meninos de até 12 anos; a *Bund Deutsches Mädel*, para meninas; a *N.S. Frauens-chaften*, para mulheres; e o *Kulturbund*, para artistas e intelectuais.

Os números conseguem dar a dimensão da proliferação dos nazistas pelo território alemão: 27 mil em 1925; 108 mil em 1928; 176 mil em 1929; 389 mil em 1930; 806 mil em 1931, 1.414 milhão em 1932. Expressiva desse avanço é a vitória alcançada pelos nacional-socialistas nas urnas em 1930, quando de doze passaram a ocupar 107 das 577 cadeiras do *Reichstag* (Parlamento). Os comunistas, de 54 chegaram a apenas 77 cadeiras. Nas eleições de 31 de julho de 1932, os nazistas – com cerca de catorze milhões de votos – conquistaram 230 cadeiras, transformando-se no segundo maior partido político da Alemanha. O nacional-socialismo, valendo-se da ideologia visionária e da aversão generalizada à democracia, catalizou as aspirações populares e valores racistas que já se faziam presentes entre os alemães muito antes da chegada de Hitler ao poder.

Com a quebra da Bolsa de Nova York, em 1929, o desemprego voltou a abalar a situação econômica e social alemã que, entre 1924 e 1929, havia alcançado uma certa estabilidade diante da retomada da produção capitalista. O retorno à crise serviu como estratégia para a propaganda eleitoral dos nazistas que, na plataforma política, prometiam oferecer emprego aos desocupados, propor a revisão do Tratado de Versailhes e destruir a democracia de Weimar. As mensagens, declaradamente violentas e apocalípticas, sensibilizavam a população carente de soluções imediatas.

No final de 1929, cerca de 70% dos integrantes da SA (*Sturmabteilung*, organização voluntária que daria origem à temida SS, a guarda especial nazista) eram provenientes do grupo dos desempregados, migrantes do campo e excedentes da indústria, além de pequenos comerciantes e artesãos arruinados. O avanço da crise media-se pelas estatísticas de desempregados que, em 1932, chegaram a seis milhões, ou seja, quase um terço do total de trabalhadores. As dificuldades enfrentadas pelos comunistas e o enfraquecimento dos sindicatos deixavam o caminho aberto para a ascensão dos nazistas.

Apoiando-se no antissemitismo endêmico na Alemanha, os nacional-socialistas incitavam, de forma obsessiva, preconceitos seculares ao responsabilizar os judeus por todas as aflições que ameaçavam a estabilidade da nação. Tanto o bolchevismo como o judaísmo eram atacados como representantes dos males da modernidade. Assim, dentre os preceitos básicos do ideário nazista estavam o nacionalismo exacerbado, o antibolchevismo, o antiliberalismo e o antissemitismo.

Ao assumir o poder em 30 de janeiro de 1933, Hitler aboliu as liberdades civis na Alemanha e, de fato, anulou todas as conquistas da República de Weimar, que havia sido uma rara experiência de democracia.[5] No poder, os nazistas começaram a colocar em prática suas propostas. O antissemitismo eliminacionista, adotado como programa de Estado, transformou-se em solução para o "problema judaico". Os desdobramentos das perseguições antissemitas incitaram ainda mais a imagem alucinatória que os alemães arianos tinham dos judeus: de que eles eram o espectro do mal. Os nazistas induziram grande parte da população alemã a manifestar virulenta aversão aos judeus e a aprovar a perseguição, internação em guetos, campos de concentração e extermínio de todos aqueles que eram rotulados como "de raça inferior" ou "indesejáveis" à nação alemã.

Esse processo de metamorfose política e mental transformou os judeus em seres "socialmente mortos" e os alemães arianos, em fanáticos antissemitas, orquestrados por instituições governamentais e pelo partido. Sob a aura do hitlerismo formou-se um amplo consenso social sobre a necessidade de se eliminar os judeus da sociedade, questão que abre o debate para o tema da culpa coletiva. [6]

A imagem acima mostra que apenas dois meses depois de chegarem ao poder, os nazistas avançaram sobre os negócios e empresas conduzidos por judeus e os submeteram ao terror e ao boicote. Lojas, sinagogas e instituições judaicas passaram a sofrer depredações e ataques.

Na imagem abaixo, estudantes universitários, soldados e simpatizantes nazistas queimam "livros proibidos", considerados antigermânicos, em Berlim, 10 de maio de 1933. Há mais de cem anos o poeta alemão, Heine, previu: "onde livros são queimados, seres humanos também o serão".

Racismo histórico

Para compreendermos o fanatismo racial propagado pelos nazistas devemos procurar suas origens no pangermanismo e no antissemitismo eliminacionista manifestados a partir da segunda metade do século XIX. Embora os pangermanistas tenham perdido relevância política no final da Primeira Guerra Mundial, a ideologia foi resgatada e oficializada pelo Terceiro Reich, cujo projeto étnico-político concentrava-se na força dos conceitos de nação e de inimigo.

Desde as primeiras décadas do século XIX, uma série de ações políticas aliadas à produção intelectual dos primeiros românticos ilustrados (Helder, Goethe e Shiller) colaboraram para formar o conceito de "povo" e "nação" alemães envolvidos num mesmo "espírito" (*Volksgeist*). Inspirado em uma interpretação do passado histórico, tal conceito contribuiu para germinar o sentimento nacionalista germânico, conhecido como pangermanismo. Este, por sua vez, levou a um sentimento de alteridade radical, ou seja, favoreceu visões e atitudes negativas extremas acerca do "outro" e em face do "outro".

Envolvidos pela propaganda oficial, os alemães foram induzidos a pensar em si mesmos como parte de um coletivo, uma espécie de corpo cujos membros se integram num mesmo espírito (*Volksgeist*). Ao ser expresso no universo da cultura – no campo das Artes Plásticas, da Literatura e da Filosofia – esse sentimento incitara movimentos nacionalistas de unificação na Europa de língua alemã, abrangendo regiões que, em 1871, formaram o Estado alemão. Posteriomente, essa manifestação expandiu-se pela Áustria e outros países europeus e americanos.[7]

Ao priorizar a pureza racial como elemento unificador da população alemã, os teóricos do movimento pangermanista (*Völkisch*) ofereciam oportunidades ao povo oprimido de ser valorizado como parte integrante de uma raça superior, desde que não fossem judeus. O espírito ingênuo do camponês germânico favoreceu a proliferação, nas zonas rurais alemãs, de um discurso estereotipado que enfatizava a "malícia e a má-fe do judeu da cidade". Discursos intolerantes propagados por toda Berlim, Baden, Frankfurt ou na Baviera interceptavam as tentativas de se conceder aos judeus *status* de cidadãos alemães.

O fato de os judeus alemães terem conquistado a primeira emancipação em 1807, e os direitos de igualdade social civil entre 1869-1871, os colocou em situação de igualdade perante a população em geral. Essa nova realidade, entretanto, reacendeu os sentimentos de ódio e inveja herdados do mundo cristão medieval e do moderno. Tanto assim que o debate acerca da real necessidade de emancipação dos judeus na sociedade alemã recuperou a ideia de que os judeus precisavam ser "regenerados", devendo para tanto renunciar à judaicidade. Para serem aceitos como "iguais perante a nação", os judeus deveriam se converter à "religião da razão" (*Vernunftreligion)* e aceitar a imposição da germanidade, apresentada como virtude.

Os nazistas foram mais cruéis: ao negar tudo que não fosse genuinamente germânico e ariano, transformaram os judeus em alvo privilegiado das práticas genocidas, postura que resultou na sistematização da exclusão e do extermínio (a chamada "solução final") arquitetado pelo Estado alemão.

Embora os judeus não fossem uma ameaça real[8], sempre foram alvo da aversão de cristãos por toda a Europa. Desde a Idade Média, a Igreja Católica sustentou violentos ataques aos judeus com o objetivo de reafirmar a superioridade do cristianismo. Daí a persistência do mito do deicídio e da crença no cristianismo como religião substituta do judaísmo. Alegavam os antissemitas que, por essas e outras tantas razões, os judeus deveriam "desaparecer da face da Terra". A Igreja Católica, ao longo do século XIX e primeira metade do XX, jamais deixou de enfatizar esse lado da questão, ainda que uma ala menos conservadora considerasse os judeus redimíveis pela conversão.

Na Alemanha, o conteúdo do antissemitismo também sofreu alterações no decorrer da primeira metade do século XIX influenciado pela concepção de raça oferecida pela ciência moderna. Ao classificá-los como "raça", os antissemitas reforçaram a ideia de que os judeus seriam imutáveis por natureza, ou seja, que a "malignidade" estaria no sangue. A "descoberta" de uma "raça alemã" e de outra "judaica" serviu para fortalecer a doutrina da necessidade de se "preservar a unidade racial germânica contaminada pela presença de seres inferiores", portadores do eterno "puro sangue estrangeiro".

A imagem dos judeus, tanto do ponto de vista linguístico como cognitivo, sofreu transformações: de grupo religioso, passaram a ser interpretados como nação e associação políticas, de cunho corporativo. Procurando definir o perigo da configuração de uma "identidade judaica" – incentivada pelo processo de emancipação dos judeus na Europa –, os antissemitas alemães optaram por interpretá-los como constituintes de uma "raça nociva", conceito reforçado pela ideia de malignidade: "o judeu" (*der Jude*) era o oposto do modelo ideal de alemão puro. Fosse como raça, religião, nação ou grupo político, o judeu era representado como símbolo da corrosão cultural, econômica, moral, política. Enfim, era sempre visto como um corpo estranho na Alemanha: um *Fremdkörper*.

O conjunto de impressos antissemitas publicados entre 1873 e 1890 colaborou para a reafirmação dos preceitos antissemitas. Alimentando a formação de um germanomania militante, essa produção foi consagrada à glorificação das virtudes alemãs em oposição à perniciosidade dos judeus, avaliada como imutável. Naquele período, foram publicados na Alemanha mais de quinhentos escritos e livros antissemitas, antecipando temas que seriam explorados pelos nazistas no século seguinte. Dentre os autores estava

Racismo na escola. Duas crianças judias são humilhadas em frente a seus colegas durante uma aula sobre a ideologia nazista. Na lousa está escrito: "O judeu é nosso grande inimigo. Cuidado com os judeus".

Wilhelm Marr, reconhecido escritor e introdutor do termo antissemitismo, produtor de um caderno antissemita que atingiu cerca de doze edições. No impresso de 1879, defendeu que a Alemanha havia sido dominada inteiramente pelos judeus. Mesclando-se ao nacionalismo, esse antissemitismo pregava a segregação e propunha medidas sociais e legais para "impedir o controle da vida nacional pelos judeus". Após a publicação do *Tratado de Marr*, surgiram dezenas de outros impressos sugerindo o total desaparecimento dos judeus alemães: fosse através da assimilação, da expulsão à força ou do total extermínio. Essas pregações eram "simples variações sobre um mesmo tema": a "questão judaica".

Até então, as ações antissemitas se faziam públicas ou por meio de atos individuais, sem assumir o caráter de um plano do Estado. Diríamos que, ainda, não havia um suporte institucional para a prática do extermínio, conforme será constatado durante o Terceiro Reich. Mesmo assim, o antissemitismo encontrou campo propício para se proliferar durante o governo de Otto Von Bismark que, após uma série de anexões territoriais (1862-1871), constituiu o primeiro império alemão (I Reich) sob a forma de uma confederação dominada pelos prussianos.

Entre 1861 e 1895, outras tantas teorias racistas propuseram o extermínio físico dos judeus, ideia recuperada na década de 1920 por Hitler[9]. Foi em meio a esse contexto que surgiu a Liga Pangermânica *(Alldeutschenverband)*, associação de caráter ultranacionalista fundada na Alemanha em 1890 e que só foi dissolvida em 1939. A adoção do conceito étnico de nação e de nacionalidade por parte dos membros – a maioria profissionais da classe média – ofereceu elementos para a "construção" posterior da doutrina imperialista propagada por Adolf Hitler.

Ao preconizar a necessidade de ampliar o espaço vital alemão (*Lebensraum*), os pangermanistas incitavam a idealização de planos expansionistas. Sob esse prisma político, a imagem de Bismarck foi recuperada como ídolo e mentor da unificação da Alemanha a partir da Prússia, cuja cultura foi considerada como a "mais autêntica alemã". Com o lema "Lembra-te de que és um alemão" (*Bedenke dass du ein Deurscher bist*), a Liga estendeu seus ideais para os alemães residentes nos países da América Latina dentre os quais o Brasil, Argentina e Chile.

A estratégia de propaganda era similar àquela que seria empregada pelo Partido Nacional-socialista na década de 1930: panfletagem, organização de grupos locais animados por comícios e festas, atividades filantrópicas e "científicas".[10] Inúmeras foram as entidades, na Alemanha e no exterior, que se tornaram adeptas do pangermanismo favorecendo a criação de uma elite sensível ao ideário propagado pelos nazistas. Somente no Brasil a Liga conquistou seis mil pessoas que, durante a Primeira Guerra Mundial, contribuíram com quantias significativas para o esforço de guerra alemão. Da mesma forma, essa entidade apoiou o Partido Nazista interpretado como "filho legítimo da *Alldeutschnverband*", capaz de concretizar suas utopias.[11]

Podemos considerar que as manifestações de fanatismo identificadas no nazismo são indissociáveis da formulação de um pensamento nacionalista e antissemita preexistente não apenas na Alemanha, como também na Europa e América desde as últimas décadas do século XIX. A França, por exemplo, foi a promotora do *best-seller A França judia* (*La France Juive*, 1886), de Edouard Drumont, que sacudiu a opinião pública francesa em 1886. O núcleo da temática era a pretensa dominação da França pelos judeus, teoria que, dez anos mais tarde, iria ao encontro das falsas acusações contra o capitão judeu Alfred Dreyfus (1894).

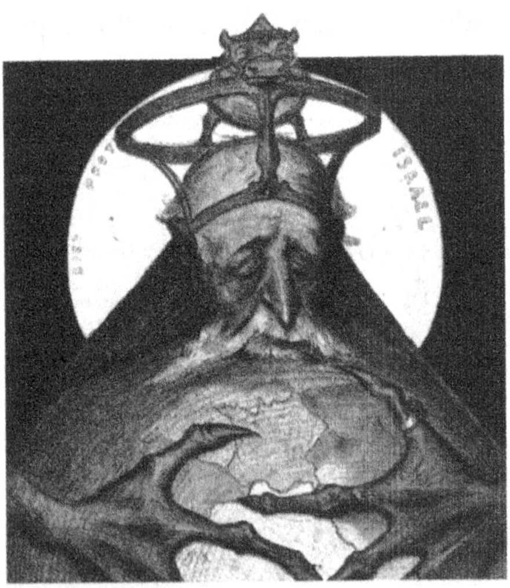

Caricatura antissemita francesa de 1898 insinuando que os judeus pretendem dominar o mundo com suas "garras nefastas".

O julgamento de Dreyfus foi considerado "a mais extraordinária exibição do moderno antissemitismo fora da Alemanha" por ter ameaçado os direitos dos judeus na França. Revoltado com o encaminhamento dado ao Caso Dreyfus, Émile Zola (1840-1902) publicou no jornal *L'Aurore*, de 13 de novembro de 1898, o artigo *J'Acuse (Eu acuso)*, denunciando a hipocrisia dos acusadores de Dreyfus. Em meio a um clima de histeria e antissemitismo, o periódico vendeu trezentos mil exemplares, expressando o calor da polêmica que culminou com a condenação de Zola à prisão, que foi, por isso, obrigado a se exilar na Inglaterra. Dreyfus, por sua vez, foi condenado à prisão perpétua e deportado para a Ilha do Diabo (Guiana Francesa). Posteriormente, a descoberta da fraude e do verdadeiro culpado – o comandante Esterházy – trouxe à tona elementos ideológicos e políticos do moderno antissemitismo que, após a derrota da França em 1940, foram recuperados pelo governo de Vichy.

Na Alemanha, os sentimentos de xenofobia, antissemitismo e nacionalismo, característicos dessa mentalidade intolerante, transformaram-se em neurose coletiva a partir de 1933, marco do início da Era Nazi.[12]

Mídias da propaganda nazista

A intolerância apregoada pelo nazismo foi redimensionada graças, entre outras tantas estratégias propagandísticas, à circulação de dois impressos: os *Protocolos dos Sábios de Sião*, obra apócrifa, elaborada pela polícia czarista (*Okhrana*) em 1905[13], e *Mein Kampf (Minha Luta)*, livro produzido por Adolf Hitler entre 1924-1926.

O livro *Protocolos dos Sábios de Sião* contém textos apresentados como transcrições de atas e discursos proferidos por supostos membros de uma organização secreta judaica que pretendia dominar o mundo. A maçonaria, o socialismo e o liberalismo seriam mecanismos de uma manobra conspiratória internacional judaica com vistas a esse objetivo. Esse impresso alcançou grande impacto e popularidade durante a Revolução Russa (1917) quando passou a ser utilizado, em diferentes países da Europa e América, como instrumento de propaganda anticomunista e antissemita.

O ex-oficial czarista Fyodor Vinberg, defensor do extermínio de todos os judeus do mundo, foi o responsável pela introdução do material na Alemanha, onde teve forte repercussão entre os círculos nacionalistas antissemitas. Antes mesmo da chegada de Hitler ao poder em 1933, já haviam sido publicadas trinta e cinco edições dos *Protocolos*. Embora já na época a autenticidade tenha sido violentamente contestada por muitas pessoas e instituições[14], as reedições continuaram a se multiplicar acompanhando o crescimento do movimento nacional-socialista.

Argumentos maniqueístas – expressão e vínculo supremos do mito da conspiração mundial judaica propagado pelos *Protocolos* – influenciaram grande parte do *staff* nazista, dentre os quais Adolf Hitler e Alfred Rosenberg, um dos mais importantes teóricos do nacional-socialismo. Circulando pelo mundo subterrâneo dos fanáticos semicultos e pelo mundo público dos líderes políticos, a obra alimentou fantasias patológicas de nazifascistas e serviu para justificar o genocídio de milhões de judeus tratados como traidores da nação alemã. As dimensões sociológicas e psicológicas alcançadas pelo mito da conspiração, mesmo após a Segunda Guerra Mundial, ainda estão para ser avaliadas.

O mito da conspiração judaica mundial não está morto, em absoluto. Ainda hoje, elementos dessa mentira continuam a ser recuperados para explicar a crise do Oriente Médio, alimentando uma dupla corrente: a do corpo doutrinário do fundamentalismo islâmico e do velho antissemitismo travestido de antissionismo. Ao divulgar que os judeus "conspiravam" para dominar o mundo, *Protocolos* deixou um terrível legado que, atualizado, serve aos terroristas e maníacos direitistas da Europa ocidental. A mentira de que os judeus conspiram contra a humanidade continua a incitar as possibilidades paranoicas e destrutivas do ser humano.

Transposto para a internet, os *Protocolos* se prestam a consolidar anos e anos de fanatismo e de antissemitismo. É quando velhas fantasias seculares são ressuscitadas e integradas a uma nova demonologia.[15] Antigos terrores demonológicos se mesclam com ansiedades e ressentimentos que, no dia a dia, são realimentados pela mídia moderna. É utilizada, mais uma vez na história, para explicar tensões sociais e conflitos políticos apresentados como "as maquinações de Israel, um Estado governado por diabos com forma humana".

Uma das inúmeras edições da obra *Minha Luta*, de Adolf Hitler.

A obra *Mein Kampf* (*Minha Luta*), livro basilar do nazismo, foi concebida por Adolf Hitler quando esteve preso na fortaleza de Landsberg, após o fracasso do *Putsch* de Munique em 8 e 9 de novembro de 1923.[16] O texto foi ditado por Hitler a alguns companheiros de cela, dentre os quais estava seu secretário Rudolf Hess. *Mein Kampf* pode ser interpretada como herdeira da mentalidade antissemita e pangermanista sustentada por intelectuais alemães proeminentes desde a primeira metade do século XIX – as mensagens racistas e a linguagem aterrorizante e sanguinária de *Mein Kampf* não eram isoladas como tratados da ignorância e do ódio.

Uma síntese de *Mein Kampf* foi publicada, primeiramente, em dois volumes, sendo relançada em 1930 em edição única e formato popular.[17] Inicialmente a obra levava o título de *Quatro anos e meio de luta contra mentiras, estupidez e covardia*, posteriormente sintetizado para atender as estratégias de propaganda política e, também, do mercado editorial. Às vésperas de 1933, haviam sido vendidos cerca de um milhão de exemplares dessa obra que, no decorrer da gestão de Hitler, transformou-se em "presente de casamento" do Estado aos noivos nazistas. Em 1943, a venda chegou a quase dez milhões de exemplares, índice expressivo do fanatismo hitlerista e do antissemitismo alemão.

Transformado em guia da visão de mundo (*Weltanschaaung*) que o verdadeiro alemão devia adotar, o livro de Hitler sintetiza as ideias da desigualdade racial nazista inspiradas nas teorias de Joseph Arthur Gobineau e Houston Stewart Chamberlain, cujas interpretações levavam a crer que os alemães formavam uma raça superior. Como missão, lhes caberia "suprimir" a influência nefasta dos judeus que conspiravam contra a civilização ocidental e, em especial, contra a nação alemã. Segundo Hitler, o Estado deveria concretizar as ideias propostas pelo líder como "as mais adequadas aos novos tempos". A democracia foi avaliada como um sistema incapaz de recuperar a crise em que se encontrava a sociedade alemã. Defendia também, como política internacional, a expansão territorial como estratégia para obtenção do espaço vital (*Lebensraum*). Segundo Churchill, nesse livro nefasto

> estava o programa de ressurreição alemã e a técnica de propaganda partidária; o plano de combate ao marxismo, o conceito de Estado nacional-socialista [...], ali estava o novo *Alcorão* da fé e da guerra...[18]

Na Alemanha dos anos de 1933-1945, as convocações antissemitas permeavam todos os âmbitos do cotidiano, presente nas conversas entre cidadãos comuns, nos discursos oficiais proferidos pela elite política do nacional-socialismo, nos hinos patrióticos, nos pôsteres, nos filmes, nas revistas ilustradas, nos álbuns de figurinhas e, até mesmo, nas temáticas veiculadas por cartões-postais. Tanto os impressos como os discursos, transmitidos por rádio e alto-falantes espalhados por todos os cantos das cidades dominadas pelos nazistas, dedicavam-se a cultivar o ódio e a instigar ataques físicos e psicológicos aos judeus. Essa empreitada, sistemática e diabólica foi liderada pelo Estado, que garantiu a realização do "plano da solução final da questão judaica", estratégia que transformou o Holocausto no apogeu da bestialidade humana. [19]

Sentimentos de ódio e repúdio aos judeus e à outras minorias étnicas, dentre elas os ciganos, foram moldados interferindo no plano emocional dos indivíduos comuns que, seduzidos pelos inflamados discursos proferidos por Adolf Hitler, Hermann Goering e Joseph Goebbels, ficaram fascinados com a possibilidade de poder pertencer a uma elite. A doutrina do arianismo veio ao encontro dessa tendência, oferecendo ao homem comum a ilusão de fazer parte de um grupo seleto segundo critérios raciais.

Fábrica de intolerância

Extremistas em seus atos, os líderes políticos do nacional-socialismo encontraram entre os alemães e, posteriormente, em grande parte da população dos territórios ocupados pela Alemanha durante a Segunda Guerra Mundial, uma massa permeável à propaganda antissemita. Insistindo diariamente na ideia de que os judeus atentavam contra a pureza da raça e contra a segurança da nação alemãs, os líderes próximos a Hitler cuidaram de formar um verdadeiro exército de fanáticos. O fanatismo – entendido como "conduta aprendida" – era incitado em todas as idades da vida: infância, juventude, maturidade e velhice. Em troca da adesão e da ação contra os indesejáveis (e, em especial, os judeus), o Estado nazista oferecia ao cidadão ariano puro a esperança de um mundo renovado.

O nazista fanático tinha o olhar treinado para detectar o diferente que, segundo os princípios inculcados pelo Estado totalitário, simbolizava o "degenerado", perceptível nos mais diferentes campos: biológico, artístico, ideológico, religioso, ético e moral. Abraçava a ideia de que qualquer desvio, racial, religioso ou ideológico, deveria ser eliminado, garantindo assim a existência de uma sociedade purificada.

O arsenal antissemita, preexistente na mentalidade coletiva do povo alemão, encontrou ressonância nos discursos inflamados de Hitler e da alta cúpula do Reich após 30 de janeiro de 1933.[20] Em outras palavras, para transformar antissemitas convictos em fanáticos ativistas, o Estado não partiu do nada; ao contrário, valeu-se de um suporte secular, preexistente na cultura alemã desde o século XIX. Mitos políticos – como o da superioridade da raça ariana, do complô secreto judaico-comunista propagado pelos *Protocolos dos Sábios de Sião*, do "judeu errante" e do "povo deicida" foram recuperados para justificar atos de repressão às minorias étnicas definidas como perigosas à segurança nacional por renomados intelectuais e cientistas alemães.

Valendo-se dos meios de comunicação mais modernos à época, como o rádio; de uma moderna aparelhagem burocrática disponibilizada pelo Estado e do carisma pessoal de Hitler, o Terceiro Reich transformou-se numa espécie de "máquina produtora de fanáticos". Entretanto, isso não quer dizer que os alemães que apoiaram o nazismo devam ser tratados como se fossem meras engrenagens dessa máquina, ou seja, como "cidadãos autônomos, inconscientes dos seus atos".[21] Instigados pelo discurso antissemita e favorecidos pelos planos de exclusão e extermínio oferecidos pelo Estado, cada indivíduo optou por uma maneira de tratar os judeus. Ainda que aterrorizados e coagidos por seus superiores, a culpabilidade não é coletiva e nem deve ser justificada como "um modismo da época".

Os "verdugos" nazistas foram formados dentro de uma visão de mundo que considerava normal e necessária a eliminação dos judeus, ciganos, comunistas, dentre outros segmentos étnicos e políticos. Os tempos de crise apenas propiciaram o recrudescimento do antissemitismo moderno, arraigado não apenas na Alemanha, mas em toda a Europa cristã.[22]

O arianismo propagado pela elite intelectual, científica e política do Terceiro Reich veio ao encontro dessa tendência, oferecendo ao homem comum a utopia de um mundo paradisíaco, fictício, sem impurezas de qualquer espécie. A partir de 1933, um conjunto de artifícios de doutrinação foi acionado pelo Estado como instrumento de propaganda e organização da população. Tanto o rádio como o cinema tiveram importante papel na formação de fanáticos nazistas, distintos dos fanáticos religiosos, que morrem como mártires. Ao

Criança morrendo no gueto de Varsóvia, 1941. Eram tantas como ela... Nos guetos a morte pairava em todos os lugares. A visão de mundo que considerava normal e necessária a eliminação dos judeus, ciganos, comunistas, dentre outros segmentos étnicos e políticos, permitiu a reprodução de cenas como esta.

contrário, os nacional-socialistas idealizavam viver como arianos usufruindo benefícios oferecidos pelo "Reich dos Mil Anos". Daí o lema propagado por Hitler: "Direito é tudo aquilo que é bom para o povo alemão".

A título de ilustração, em 1933 a Alemanha contava com quatro milhões de ouvintes de rádio em língua alemã, total ampliado para 29 milhões em 1934 e para 97 milhões em 1939.[23] Consciente da força do cinema como instrumento mobilizador de massas, o Ministério da Propaganda valeu-se, diariamente, da imagem em movimento para disseminar o ideário do nacional-socialismo. Isso exigiu a reorganização da indústria cinematográfica alemã sob princípios racistas que, além de favorecer uma certa ala do empresariado conivente com a ideologia nazista, também colocou todos os setores e produções cinematográficas sobre o controle do regime.[24] Somada aos documentários produzidos pelo Terceiro Reich, essa filmografia incitou e, ao mesmo tempo, registrou em imagens os atos de fanatismo incorporados pelos nazistas convictos e simpatizantes.[25]

Os estúdios cinematográficos ofereceram à população alemã imagens de sonhos e fantasias. Inspirados nas teorias científicas da raça, ideólogos do cinema levaram para as telas a figura do "novo homem" que todos almejavam ser: cidadão do Reich, ariano puro, saudável, forte e sem mácula de sangue judaico. Pequenos prazeres eram "inocentemente" oferecidos aos espectadores, meros objetos das maquinações políticas dedicadas a "triturar as mentes" e a "fabricar" cidadãos amorfos e submissos a Hitler.

Os espectadores tiveram suas "mentes deformadas" pelo ideário racista, que apelava para uma estética biológica, nacionalista e antissemita. Insetos (*Ungeziefer*), ratos, vermes e cogumelos venenosos se prestavam para substituir a figura humana dos judeus que, destituídos de todos os direitos, foram animalizados e diabolizados aos olhos do povo alemão. Essa postura reforçava estigmas seculares herdados do antissemitismo tradicional: de que os judeus eram traiçoeiros, conspiradores, sanguinários, usurários etc.

O fanatismo latente na população foi, em parte, incitado por alguns filmes que apresentavam os judeus como os "mercadores do mal" e por filmes de culto a autoridade, sendo esta personificada pela figura mítica de Adolf Hitler. Nesta segunda categoria incluímos o documentário *A vitória da fé* (*Sieg des Glaubens*, 1933), o longa metragem *O triunfo da vontade* (*Triumph des Willens*, 1935) e *Olimpia* (*Olympia*, 1938), todos produzidos pela atriz e cineasta alemã Leni Riefenstahl. Em 30 de janeiro de 1940, com o objetivo de (re)estimular o ódio aos judeus, Hitler colocou em ação uma política de produção de filmes de "defesa contra os judeus". São produtos desta investida antissemita: *Os Rothschilds* (*Die Rothschilds*, 1940), *O judeu Süss* (*Jude Süs*, 1940), *O judeu eterno* (*Der Ewige Jude*, 1940) e *O Führer doa uma cidade aos judeus* (*Der Führer Schenckt de Juden eine Stadt*, 1944)[26].

Imagens do fanatismo nazista

O fanatismo que caracterizou a Era Nazi deve ser compreendido, em parte, pelo culto ao *Führer* que ganhou forma e brilho graças à popularidade alcançada por Hitler. Autores consagrados sugerem que "de cada dez alemães, nove eram seguidores de Hitler, pessoas que acreditavam no *Führer*". A imagem de Hitler como salvador da Alemanha e do povo alemão foi sendo construída através da propaganda que lhe imputava qualidades de herói. Não existe a menor dúvida de que o mito de Hitler "foi deliberadamente maquinado como força integradora por um regime agudamente consciente da necessidade de fabricar um consenso"[27]. [28]

Cultuada mesmo antes da ascensão do nazismo, a imagem de Hitler transitou de dirigente de partido a supremo líder nacional (figura reabilitada nos dias de hoje pelos neonazistas). Transformado em personagem messiânico, Hitler sentia-se e agia como o escolhido para cumprir uma missão especial: devolver à Alemanha a dignidade de nação moderna e salvar o mundo da presença do diabo, no caso, o judeu. Convicto de suas teses, Hitler tornou-se um fanático pela "solução final", instigado pela "fantasia da eleição divina". Com ele, levou um séquito de fanáticos dentre os quais o próprio Göebbels, idealizador da propaganda de culto à personalidade e defensor do mito de Hitler. Enquanto as esquerdas e os católicos cuidavam de apresentar Hitler como um "fanfarrão, um afeminado e um covarde", a máquina de propaganda do Terceiro Reich o transformava no "líder de uma nova Alemanha", na "última esperança das massas".[29]

Os comícios nazistas eram grandes espetáculos orquestrados para insuflar as massas predispostas ao fanatismo racista.

Sob os efeitos contagiantes do discurso da salvação messiânica sustentado pelo *Führer*, parte da população alemã delirou ao acreditar, realmente, que precisava ser salva das "forças do mal".[30] Hitler oferecia aos seus seguidores uma visão alternativa que extrapolava o sistema de partidos da República de Weimar: a possibilidade de romper com o passado e sonhar com um futuro grandioso. Segundo o periódico *Miesbacher Anzeiger*, da Bavieira, "Hitler reflete uma extrordinária atmosfera de renovação, não só da ideia de Estado, como também de remodelagem da alma alemã".[31]

Hoje, ao observarmos no documentário de Leni Riefenstahl o "mar de braços estendidos para saudar o *Führer* sob o brado do *Heil Hitler*" constatamos a relação frenética entre o líder e o povo alemão. A imagem mítica de Hitler subindo as escadarias para participar da grande festa do partido em Nuremberg, em 1934, é hoje testemunho do "triunfo da vontade" e dos delírios da população alemã diante de seu líder.[32]

Da teoria à prática do antissemitismo eliminacionista

Em *Mein Kampf*, obra produzida dez anos antes da ascensão de Hitler ao poder, podemos identificar algumas das teorias de desigualdade racial colocadas em prática pelo Terceiro Reich. A doutrina do arianismo[33] veio ao encontro dos anseios do povo alemão que, psicologicamente, se sentia humilhado com a derrota da Alemanha na Primeira Guerra Mundial e com a situação de miséria econômica que persistia sobre o país. Esse complexo de inferioridade que dominava o ânimo de toda a população alemã e a mentalidade antissemita garantiam o sucesso dos princípios doutrinários propostos pelo Partido Nacional-socialista dos Trabalhadores Alemães.

Dentre as ideias racistas que pontuavam o programa racista defendido por Hitler, destacamos aquelas inspiradas nas concepções de Joseph Arthur de Gobineau (1816-1882) e nas posições antissemitas de Houston Stewart Chamberlain (1855-1927). Gobineau pode ser considerado como um dos mais importantes teóricos do arianismo, doutrina que justifica a desigualdade entre os homens e adverte para o cruzamento das raças. Faz distinção entre raça semita e ariana, classificando a primeira como física, moral e culturalmente inferior à ariana, que seria o europeu puro. Em seu livro *Ensaio sobre a desigualdade das raças humanas* (1853-1855), rotula os semitas de inassimiláveis e pervertedores, produtos de uma raça híbrida, branca mas abastardada por uma mistura com os negros. Tais ideias foram retomadas por Chamberlaim, fervoroso defensor da superioridade da raça germânica.

Chamberlaim, enteado do músico Richard Wagner, valeu-se dos conhecimentos sobre as ciências exatas para corroborar a mística ariana de que a ciência moderna era obra exclusiva dos "celtas-eslavo-teutões", mais comodamente chamados de "germanos". Defendia o conceito de uma ciência soberana conquistada graças ao instinto religioso dos arianos e negava qualquer contribuição por parte dos judeus, inclusive Albert Einstein e seus seguidores, censurados pelos cientistas do Terceiro Reich. A polêmica era de que as teorias de Einstein teriam "elaborado o modelo de um universo arbitrário e artificial, ao qual opunham uma 'física alemã', com seu universo natural e tridimensional".[34]

Um dos perfis atribuídos a Chamberlain, biólogo de profissão, era o de crítico ferrenho aos fanatismos científicos e aos fanatismos antissemitas. Ele mesmo se declarava "muito amigo dos judeus" [sic], apesar de respeitar as propostas de esterilidade religiosa dos semitas de Robertson Smith. Para justificar a subumanidade dos negros, apoiou-se nas obras de Auguste Forel, citado no clássico estudo *La gênese du XIXe siècle* (Paris, 1913), espécie de bíblia para Guilherme II, para o filósofo nazista Alfred Rosenberg e para outros milhares de alemães. Os leitores de *A gênese* confessavam ter encontrado ali o caminho da salvação, pois "ao explicar o obscuro, indicais os caminhos a seguir para a salvação dos alemães e, por isso, para a salvação do gênero humano [...]"[35].

Em relação aos judeus, Chamberlain os considerava uma "raça" muito mais perigosa do que as "raças bascas" e "finesa". Ao escrever *Consciência do pecado racial*, imprimiu todas as fobias reveladoras de um antissemitismo latente. Na sua opinião, a raça dos judeus surgira de uma mestiçagem antinatural entre beduínos do deserto semitas, hititas, sírios e amorreus arianos. Tal existência é tratada como pecado, uma espécie de tara, um crime contra as sagradas leis da vida. Foi no cultivo dessa "raça pura artifical" que os judeus teriam constituído sua força e grandeza, impondo sua terrível vontade sobre a Europa. O livro avalia a influência

Fila de mulheres judias, algumas com seus bebês no colo, antes de serem executadas por soldados nazistas e colaboradores. Ideólogos racistas haviam fornecido as "justificativas teóricas" para a prática de horrores como esses assassinatos em massa.

judaica sobre todos os domínios: da posse do dinheiro, do governo, da justiça, da ciência, do comércio, da literatura etc. Apelando para a metáfora da serpente (imagem recorrente dos modernos antissemitas) Chamberlain comparou a tolerância ariana à intolerância judaica:

> sob a proteção da tolerância ariana erigiu-se o centro de onde a intolerância semita iria, durante milênios, espalhar-se como um veneno sobre a Terra, para a desgraça de tudo o que se produzisse de mais nobre, e para vergonha eterna do Cristianismo .[36]

Teorias como a de Gobineau e Chamberlain se prestaram para a projetar a imagem do judeu como o velho bode expiatório de todos os males. Cada qual ao seu modo preparou o terreno para a alegada hierarquia racial defendida pelo Terceiro Reich. Entendendo como se processou, ao longo do século XIX e XX, a "construção" do mito ariano, teremos elementos para compreender como a cúpula nazista, com base na mentira e deturpação da realidade, arquitetou o "plano da solução final para a questão judaica".

"Solução final"

A partir de 1933, comportamentos radicais antissemitas foram incitados por meio de uma reordenação de valores e da prática de uma legislação intolerante, estratégias típicas dos regimes totalitários: ofereciam-se "soluções" práticas baseadas na ação e no terror. Assim, as *Leis de Nuremberg*, promulgadas em setembro de 1935, oficializaram a primeira etapa do "plano da solução final para a questão judaica". As ideias de pureza racial defendidas pelo Terceiro Reich – que em 1938 foram endossadas pela Itália fascista governada por Mussolini – encontravam-se organizadas sob dois tópicos: Lei para os cidadãos do Reich e Lei para a defesa do sangue e da honra. Em essência, essa legislação definia quem era ou não judeu, institucionalizando a participação ou eliminação de todos os setores da vida nacional, tendo por critério a ascendência racial do indivíduo. Os candidatos à SS, por exemplo, tinham de investigar seus antepassados até o ano de 1750, e os candidatos a posições de chefia partidária também deveriam responder se a árvore genealógica estava "em ordem".

Percebemos aqui uma faceta da crueldade do discurso nazista interessado em reagrupar os homens em arianos puros, por tradição; e os de raça inferior, malditos por vocação. Aliás, distinguir os cidadãos a partir do sangue que corre nas veias não foi um critério original criado pelos nazistas. O conceito de pureza de sangue tem suas origens na Espanha do século XV onde tal distinção, de fundamento teológico, era empregada como elemento vetor de exclusão social. Desde o momento de sua gestação, se impôs uma situação de enfrentamento entre os puros de linhagem – naquela época, os cristãos-velhos – e os infectos de sangue – cristãos-novos, cuja ascendência judaica os identificava com a ideia de "infecção" e " destruição".[37]

Recuperada pelos teóricos racistas do século XIX e assimilada pelos nazistas, a ideia de "limpeza de sangue" ganhou vigor respaldada pelos fundamentos da ciência moderna. E como nos tempos inquisitoriais, as Leis de Nuremberg definiam as categorias de *Mischlinge* ("mestiços") segundo a religião dos avós do indivíduo. "Provas de raça" eram procuradas nos arquivos das igrejas e nos registros de tribunais locais: conversões ao cristianismo mais recentes levantavam dúvidas e não removiam a mancha de sangue judeu. Para os nazistas, o sangue de um judeu sempre contou como estigma de perigo e que, se descoberto, transformaria seu portador em pária a ser exterminado.

Privados da cidadania, os judeus perderam lugar na comunidade política instituída pelo Terceiro Reich que, desde 1933, colocou em prática um programa racista que concretizou uma ética e uma estética da exclusão. Essa visão nazista da judeidade física afetou não apenas a sociedade alemã como também múltiplas comunidades nacionais envenenadas por um antissemitismo latente, incluindo aqui a sociedade brasileira. Encarados como seres descartáveis para o regime totalitarista, os judeus não tinham muitas escolhas.

Uma opção era ocultar a ancestralidade na tentativa de livrar os filhos das leis raciais cuja aplicação tinham consequências mortais; outra, era batizar-se católico e conseguir um visto para emigrar. Ser um *Mischling*, enfim, era um pesadelo de incertezas. Pesadelo que encontra ecos do século XIX quando manifestações antissemitas já haviam inspirado muitos judeus a se converterem ao cristianismo. Para Hitler, os judeus assimilados eram mais perigosos, porque permaneciam escondidos e corrompiam a pureza do sangue ariano pelo casamento misto. Daí o "*bacillus* judeu" ser interpretado como um agente predador.

Entretanto, após séculos de assimilação e casamentos mistos, descobriu-se que não era tão fácil eliminar os judeus da sociedade alemã. Mesmo porque muitos sequer se identificavam como tais. Acreditavam-se "arianos". A partir de 1935, milhares de alemães tiveram suas vidas investigadas. Qual não foi a surpresa ao descobrirem que eram "um quarto" ou "metade judeus" por parte dos avós ou dos seus progenitores. Muitos – já assimilados e integrados à sociedade alemã – entraram em crise existencial visto que até então se identificavam com os valores da cultura alemã (*Deutschtum*).

Com a implantação das Leis de Nuremberg, os judeus viram a terra ruir sob seus pés. A legislação nazista lhes arrebatou, em segundos, uma posição conquistada com sacrifício ao longo dos séculos: o direito de ser cidadão, de ter uma pátria e de ter uma fronteira como referência geográfica. Perderam também o direito de serem vistos como seres humanos. *Mischlinge*, termo apropriado para definir animais, tinha o sentido de "mestiço, vira-lata ou híbrido". Enfim: a essência da questão da "mestiçagem" não reside no fenômeno dos judeus e homens de parcial ascendência judaica chamados *Mischlinge* por Hitler e sim no fato de o termo trazer imbutida a ideia de "doença do sangue misto", estragado, infectado, infame.

De acordo com a visão de mundo dos nazistas, os "impuros" poderiam ser identificados pela aparência, comportamento e caráter, crença que abriu espaço para médicos e cientistas interessados na revitalização da raça ariana e da cultura alemã. Como exemplo da estreita relação entre ciência e nazismo, temos que em 1933 foi decretada a Lei para a profilaxia da progênie com doença genética, e, em 1935, o Centro de Estudos II da Junta Consultiva de Especialistas em Política Educacional e Racial deliberou sobre a esterilização de 380 crianças negras entregues pela Gestapo às clínicas universitárias. Entre 1939 e 1941 foi colocado em prática um programa de eutanásia, conhecido como Aktion 4, que usava gás para matar os doentes mentais crônicos. Milhares de judeus também foram exterminados por esse processo, viabilizado por recursos técnicos apropriados e equipe treinada para empreender a "solução final".

Vítimas de um campo de concentração, vítimas de um crime contra a humanidade.

Até o fim de 1941, cerca de um milhão de judeus haviam sido exterminados por meio de trabalhos forçados, experiências científicas, fome, execuções em massa, câmaras de gás etc. Acredita-se que, em março de 1941, Hitler teria dado a Göering e a Himmler a ordem de execução em massa dos judeus. A partir de julho de 1942 carregamentos ferroviários de judeus começaram a chegar na Polônia provenientes de vários locais da Europa central e ocidental. As câmaras de gás de Chelmo, Belzec e Auschwitz já estavam em funcionamento. Isso o mundo não deve, jamais, esquecer.

Notas

[1] Adolf Hitler nasceu em Braunau, na Áustria, em 20 de abril de 1889, em uma família de classe média baixa. Filho de um funcionário público, transferiu-se para Viena onde prestou exames na Academia de Belas Artes, sendo reprovado por dois anos consecutivos. Sem ocupação regular, sbrevivia da venda de cartões-postais, frequentava bibliotecas e encenações das óperas de Wagner. Foi esse ambiente vienense que aguçou suas posturas racistas delineadas pelo darwinismo social e pelo antissemitismo. Lutou na Primeira Guerra Mundial no exército bávaro, onde assumiu o posto de mensageiro. Ferido em 1916, voltou a servir em Munique, ocasião em que emitiu opiniões acerca da necessidade de extermínio dos judeus, sugerindo o uso de gases tóxicos. No final do conflito, ingressou no batalhão de reserva e, devido a suas posições radicais, foi alocado no Secretariado de Imprensa e Publicidade do Departamento Político. Como "observador",

entrou em contato com o Partido dos Trabalhadores Alemães (*Deutsche Arbeiterpartie*), suspeito de subversão comunista. Filiou-se ao partido e rapidamente ganhou reputação e postura de liderança. Sobre a sua trajetória política ver: François Delpha, *Hitler*, Paris: Éditions Grasset & Fasquelle, 1999; Joachim Fest, *Hitler*, São Paulo: Nova Fronteira, 1991; J. P. Stern *Hitler, le Führer et le Peuple*, Paris, Flamarion, 1995; *Dicionário Crítico do Pensamento da Direita, op. cit.*, pp. 231-234.

2 Lembro aqui que, nas eleições presidenciais de março de 1932, Hitler competiu diretamente contra a reeleição do presidente Paul Von Hindenburg e alcançou 36,8% dos votos contra 53%. Ainda que não eleito, o eleitorado nazista cresceu nas eleições parciais da Prússia. Após a demissão do chanceler Buünniung – que havia dissolvido os grupos paramilitares da SA – os nazistas conseguiram apoio dos proprietários de terras. A nomeação do barão Von Papen, deputado do Partido do Centro Católico (Zentrum) garantiu a reabilitação da SA. Novas eleições entre julho e novembro de 1932 expressaram avanços e recuos dos nazistas, sociais-democratas, comunistas e do Centro Católico. Na eleição de 31 de julho de 1932, cerca de catorze milhões de alemães, 34% dos votos, tornaram o Partido Nazista o mais poderoso na Alemanha, com 230 cadeiras no Reichstag. Em 29 de janeiro de 1933, a adesão de militares e grandes industriais ao nazismo (Thyssen, Krupp, Bosh, Siemens, Schacht e Von Schröder) forçou Hinderburg a demitir Von Schleicher, sucessor de Von Papen, e nomear Hitler primeiro-ministro. Ver Alcir Lenharo. *Nazismo. O triunfo da vontade.* São Paulo: Ática, 1986; Claude David. *Hitler et le Nazisme.* 8 ed., Paris: Presses Universitaires de France, 1976; Ian Kershaw. *Hitler. Um Perfil do Poder.* Trad. Vera Ribeiro. Rio de Janeiro: Jorge Zahar Editores, 1993; B.P. Boschesi *Hitler e il Nazismo. Verso la Guerra.*Veneza, Arnoldo Mondadori Editore, 1981.

3 Em 1919 Hitler, então com 29 anos e após ter servido como cabo do exército imperial durante a guerra, ingressou no NSDAP como membro nº 7. Responsável pela propaganda partidária, ganhou posição de líder político e intelectual, valorizado por seus dons de oratória e persuasão. Ao lado de Drexler projetou-se como mentor intelectual do programa do partido, divulgado em 1920. Desde o início os judeus foram responsabilizados pela derrota da Alemanha na I Guerra Mundial, pela imposição da democracia de Weimar, além de serem acusados de "mentores" do Tratado de Versalhes e propagadores do socialismo na Alemanha.

4 Em novembro de 1919 desaparece da Alemanha o regime monárquico cujo último chanceler foi o príncipe Max de Baden. Anunciada a abdicação do imperador Guilherme II e no meio de fortes agitações populares, Friedrich Ebert, líder do Partido Social-Democrático Alemão (PSD), foi indicado para primeiro ministro. A república foi proclamada simultaneamente por Karl Liebknecht (da Liga Spartacus, expressão da esquerda radical ligada a Rosa de Luxemburgo) e por Philip Scheidemann (PSD) como *República Socialista Livre*.

5 Sobre República de Weimar ver Claude Klein, *Weimar*, São Paulo: Perspectiva, 1998 (Kronos 18).

6 Essa questão foi amplamente polemizada por Daniel Johan Goldhagen em *Os carrascos voluntários de Hitler. O povo alemão e o Holocausto*. Trad. Luís Sérgio Roizman. São Paulo: Companhia das Letras, 1997. Analisa essa obra, em detalhes, o historiador Federico Finchelstein (ed), *Los alemanes, el Holocausto y la culpa coletiva. El debate Goldhagen*. Buenos Aires: Eudeba, 1999.

7 Ver: Marionilde Brepohl de Magalhães, *Pangermanismo e Nazismo. A trajetória alemã rumo ao Brasil*, Campinas: Editora da Unicamp; Fapesp, 1998; Louis Snyder, *Macro-nationalism: A History of the*

Pan-movements, Westport-Connecticut, Grewnwood Press, 1984; Carl Schorske, *Viena Fin-De Siècle. Política e Cultura*, trad. Denise Bottmann, São Paulo: Companhia das Letras; Editora da Unicamp, 1988; Louis Dupeux, *História Cultural da Alemanha, 1919-1960*, trad. Elena Gaidano, Rio de Janeiro: Civilização Brasileira, 1992; Jacques Lê Rider, *A modernidade vienense e as crises de identidade*, trad. Elena Gaidano, Rio de Janeiro: Civilização Brasileira, 1992.

[8] É importante lembrar que, na segunda metade do século XIX, os judeus formavam 1% da população alemã. Segundo o historiador Goldhagen, "em 1871, 512 mil judeus viviam no império germânico, compondo 1,25% de sua população. Em 1910, o número de judeus subiu para 615 mil, embora a parcela judaica de uma Alemanha então mais populosa tenha caído para menos 1%". Daniel Goldhagen, op. cit., p. 522-523.

[9] Ver León Poliakov, *O mito ariano*, trad. Luiz João Gaio, São Paulo: Perspectiva, 1974; Daniel Jonah Goldhagen, *Os carrascos voluntários de Hitler. O povo alemão e o Holocausto*, trad. Luís Sérgio Roizman, São Paulo: Companhia das Letras, 1997, pp. 37-91.

[10] Karl Peters (1856-1918) destacou-se como mentor intelectual da Liga. Ver "Liga Pangermânica" *in*: *Dicionário Crítico do Pensamento da Direita, op. cit.*, pp. 288-299; Giralda Seyferth, *Nacionalismo e identidade étnica*, Florianópolis: Fundação Catarinense de Cultura, 1982; Hannah Arendt, *O sistema totalitário*, Lisboa: Dom Quixote, 1978.

[11] Verbete: "Liga Pangermânica", por Marionilde Brepohl de Magalhães in: *Dicionário crítico do ensamento da direita, op. cit.*, pp. 288-289.

[12] Sobre pensamento conservador ver "Conservadorismo" in: *Dicionário crítico do pensamento da direita. Ideias, instituições e personagens.* Organizado por Francisco Carlos Teixeira da Silva, Rio de Janeiro: Faperj/Mauad, 2000, pp. 96-97; *Dicionário de política*, organizado por Norberto Bobbio e outros, 7ed., Brasília, Editora da UNB, 1995, Vol. 1, pp. 242-246.

[13] Inspirados em um documento apreendido pelas forças de repressão francesas no final do século XIX: uma sátira escrita por Maurice Joly contra o imperador Napoleão III, intitulada *Diálogos no Inferno entre Maquiavel e Montesquieu.* Nesse texto, Napoleão é tratado como um farsante sem escrúpulos, disposto a ursurpar a herança do tio e a conquistar o mundo. Descoberto por funcionários do czar Nicolau III, o documento foi reformulado em 1905 com o objetivo de atacar o liberalismo e legitimar os *pogroms.* Um novo texto foi publicado em São Petersburgo como um capítulo do livro *O grande no pequeno*, de Serge Nilus, funcionário do Sínodo, entidade paraestatal russa. As alusões a Napoleão III foram substituídas pelos Sábios de Sião associados ao conteúdo da novela *Biarritz*, de Herman Goodsche.

[14] Em 1921, o *Times* denunciou a falta de veracidade dos *Protocolos* ao publicar uma comparação entre os *Protocolos* e a sátira de Maurice Joly. Sobre a história dos *Protocolos* e o mito da conspiração judaico-comunista ver o livro de Pierre-André Taguieff, *La nueva judeofobia.* Trad. Tomás Fernández Aús e Beatriz Eguibar. Barcelona: Gedisa Editorial, 2003. Do mesmo autor: *Les Protocoles des Sages de Sion: Introduction á l'étude des Protocoles un faux et ses usages dans le siècle.* Paris, Berg International Editeurs, 1992. Sobre a circulação desse livro no Brasil ver o meu estudo *O veneno da serpente. Reflexões sobre o antissemitismo no Brasil. São Paulo:* Perspectiva, 2003. (Coleção Khronos, 21). Questões teóricas sobre o mito da conspiração judaico-comunista podem ser

encontradas nas obras de Raul Giradet, *Mitos e mitologias políticas*, trad. Maria Lucia Machado, São Paulo: Companhia das Letras, 1987; Norman G. Cohn, *El mito de la conspiración judia mundial*, Madrid: Alianza Editorial, 1969; Leon Poliakov, *A causalidade diabólica I : ensaio sobre as origens das perseguições*, trad. Alice K. Mayashiro, São Paulo: Perspectiva; Associação Universitária de Cultura Judaica, 1991. Ver também o verbete "Protocolos dos Sábios de Sião" *in*: *Dicionário Crítico do Pensamento da Direita: Ideias, Instituições e Personagens*, organizado por Francisco Carlos Teixeira da Silva, Rio de Janeiro: FAPERJ: Mauad, 2000, pp. 379-380.

[15] Segundo Norman Cohn, pioneiro nos estudos sobre o mito da conspiração judaica mundial, essa crença representa uma adaptação moderna da tradição demonológica antiga que circulou entre os séculos II e IV d.C. Naquela época a Igreja Católica e o judaísmo competiam para conquistar adeptos. É desse período a qualificação dada por São Juan Crisóstomo à Sinagoga, interessado que estava em aterrorizar cristãos judaizantes: "a Sinagoga é o templo dos demônios... a caverna dos diabos... um abismo da perdição". É de Santo Agostinho a acusação de que os judeus, antes filhos favoritos de Deus, haviam se transformado em "filhos de Satanás", posteriormente identificados com a figura terrível do Anticristo. Norman Cohn, *El mito de la conspiracion judia mundial*. Madrid: Alianza Editorial, 1969, pp. 17-61. Segundo esse mito existe um governo secreto judaico que, mediante uma rede mundial de organizações camufladas, controla partidos políticos e governos, a imprensa e a opinião publica, os bancos e a economia.

[16] O *Putsch* de Munique registrou a principal aparição de Hitler no cenário político da Alemanha. Essa tentativa de golpe ocorreu quando Hitler e cerca de dois a três mil de seus seguidores tentaram derrubar a República de Weimar. O levante foi imediatamente reprimido e lembrado pela historiografia como uma "revolução quixotesca", cômica. Julgado, Hitler foi penalizado com nove meses de prisão, tempo suficiente para a redação de suas "memórias". Ideias nacionalistas e antissemitas, até então dispersas, foram sistematizadas em *Mein Kampf*, espécie de projeto para as realizações de Hitler, dentre os quais o extermínio dos judeus.

[17] Ver Elizabeth de Fontenay, "*Hitler, Adolf (1899-1945)*" *in*: F. Chatelet e outros (orgs.), *Dicionário de Obras Políticas*, Rio de Janeiro: Civilização Brasileira, 1993, pp. 477-191; John Lukacs, *O Hitler da História*, Rio de Janeiro: Jorge Zahar Editor, 1998; Ian Kershaw, *Hitler: Um Perfil de Poder*, Rio de Janeiro: Jorge Zahar, 1993; Jean Marabini, *Berlim no tempo de Hitler*, trad. Marina Appenzeller, São Paulo: Companhia das Letras; Círculo do Livro, 1989.

[18] *Apud* Carlos Gilberto Werneck Agostino, "Mein Kampf" *in*: *Dicionário crítico do pensamento da direita, op. cit.* p. 301-302.

[19] Uma síntese didática sobre esse fenômeno pode ser encontrada no livro de minha autoria *Holocausto, crime contra a Humanidade*, São Paulo: Ática, 2002.

[20] Sobre a persitência de uma tradição antissemita na Alemanha ver as obras de Daniel Jonah Goldhagen: *La Iglesia católica y el Holocausto. Una deuda pendiente.* Trad. Maria Condor, Jesús Cuéllar y Pablo Hermida, Madrid, Taurus; Santillana Ediciones, 2002; *Os carrascos voluntários de Hitler, op. cit.*

[21] Como alerta o historiador Goldhagen em seus estudos sobre a culpabilidade do povo alemão diante da Solução Final aplicada à questão judaica.

[22] Foi durante a Idade Média e a Idade Moderna que se originaram os fundamentos que justificavam tais ideias, configurando as práticas do antissemitismo tradicional. É importante diferenciarmos, num tempo de longa duração, as distinções entre os vários antissemitismos, conceitos aplicados também ao racismo em geral, distinto por seus fundamentos. O *antissemitismo tradicional* (séculos XV-XIX) tem conotações econômico-religiosas e foi vivenciado principalmente pelos judeus sefaradis, da Península Ibérica. O *antissemitismo moderno* (séculos XV e XIX) fundamenta-se nas teorias racistas europeias que transformaram os judeus em "mercadores do mal" e representantes de uma raça inferior. O *neoantissemitismo* se faz distituído de argumentos científicos e apela para o diferencialismo cultural e político, acobertado pelo antissionismo.

[23] Números citados por Gordon A. Craig, *The New York Review Books*, 19 set. 1996.

[24] Um conjunto de medidas radicais colocaram, rapidamente, a indústria cinematográfica sob o controle estatal. Dentre as quais: a fundação do *Banco de Crédito do Cinema (Filmkreditbank)* em 1º de junho de 1933; instituição da Lei sobre o Estabelecimento de uma Câmara provisória do Cinema *(Gesetz über die Errichtung einer vorläufigen Filmkammer)* em 14 de junho de 1933; definição dos estatutos da Câmara de Cultura do Reich *(Reichskulturkammer)*. As sete seções da Câmara de Cultura do Reich eram controladas pessoalmente por Goebbels e pelo Serviço de Supervisão de Orientação Ideológica e Edição do NSDAP, dirigido por Alfred Rosenberg. Cf. Wagner Pinheiro Ferreira, op. cit., p.60.

[25] Cf. citação de Erwin Leiser, "Deutschland Erwache!" *Propaganda im Film des Dritten Reiches*, Hamburgo, Rowolt, 1989, pp. 116-17 *apud* Wagner Pinheiro Pereira, *Guerra das imagens. Cinema e política nos governos de Adolf Hitler e Franklin D. Roosevelt* (1933-1945). Tese de Doutorado em História Social/FFLCH, USP, 2003 (no prelo, Humanitas/USP).

[26] Concordo com a posição do historiador Wagner Pereira, de que esses filmes "revelam os esforços cinematográficos empreendidos pelo Ministério da Propaganda para justificar a deportação dos judeus e convencer a população alemã da necessidade de uma "solução final" *(endlösung)* para a questão judaica: o extermínio em larga escala dos judeus. *Idem*, p.187.

[27] Para o historiador Ian Kershaw.

[28] Enfatizam essa questão os historiadores S. Haffner, *Anmerkungen zu Hitler*, Munich: 1978; e Ian Kershaw, *El Mito de Hitler. Imagen y realidade en el Tercer Reich*, Barcelona, Paidós, 2003.

[29] Ian Kershaw, *op. cit.*, pp. 60-63

[30] Raymundo de Lima, "O fanatismo religioso entre outros. Breve ensaio". *Espaço Acadêmico*, Ano II, nº 17, out., 2002. Ver http://www.espacoacademico.com.br

[31] *Miesbacher Anzeiger*, 22 de março de 1933 *apud* Ian Kershaw, op. cit., p. 81.

[32] Sobre esse tema ver o ensaio de Susan Sontag, "Fascinante fascismo" *in*: *Sob o signo de Saturno*, São Paulo: L&PM, 1974.

[33] Leon Poliakov, *O mito ariano. Ensaio sobre as fontes do racismo e dos nacionalismos.* Trad. Luiz João Gaio, São Paulo: Perspectiva; Edusp, 1974.

[34] Léon Poliakov, op. cit., pp. 311-313.

[35] Carta de Guilherme II, de 31 de dezembro de 1901 apud Léon Polikov, op. cit., p. 316, n 289.

[36] *Apud.* Leon Poliakov, *O mito ariano*, op. cit.

[37] Maria Luiza Tucci Carneiro, *Os cristãos-novos e o mito da pureza de sangue. Preconceito racial em Portugal e Brasil Colônia*, 3ed., São Paulo: Perspectiva, 2004.

Bibliografia

ARENDT, Hannah, *O Sistema Totalitário*, trad. Roberto Raposo. Lisboa: Dom Quixote, 1978.

BOSCHESI, B.P. *Hitler e il Nazismo. Verso la Guerra*, Veneza, Arnoldo Mondadori Editore, 1981.

CARNEIRO, Maria Luiza Tucci, *O Veneno da serpente. Reflexões sobre o antissemitismo no Brasil.* São Paulo: Perspectiva, 2003. (Khronos, 21)

_________, *Os cristãos-novos e o mito da pureza de sangue. Preconceito racial em Portugal e Brasil Colônia*, 3ed., São Paulo: Perspectiva, 2004.

_________, *Holocausto, Crime contra a humanidade*, São Paulo: Ática, 2002.

COHN, Norman G., *El Mito de la conspiración judia mundial*, Madrid: Alianza Editorial, 1969.

DAVID, Claude. *Hitler et le Nazisme.* 8ed., Paris: Presses Universitaires de France, 1976.

Dicionário crítico do pensamento da direita. Ideias, instituições e personagens, Francisco Carlos Teixeira da Silva (org.), Rio de Janeiro: Faperj/Mauad, 2000, pp. 96-97; 231-234. 288-299; 379-380.

Dicionário de Política, Norberto Bobbio (org.) 7ed., Brasília: Editora da UNB, 1995, Vol. 1, pp. 242-246.

DELPLA, François, *Hitler*, Paris: Éditions Grasset & Fasquelle, 1999.

DUPEAUX, Louis, *História cultural da Alemanha, 1919-1960*, trad. Elena Gaidano, Rio de Janeiro: Civilização Brasileira, 1992.

FEST, Joachim, *Hitler*, São Paulo: Nova Fronteira, 1991.

GOLDHAGEN, Daniel John, *La Iglesia Católica y el Holocausto. Una deuda pendiente.* Trad. Maria Condor, Jesús Cuéllar y Pablo Hermida, Madrid, Taurus; Santillana Ediciones, 2002.

---------, *Os carrascos voluntários de Hitler. O povo alemão e o Holocausto*, trad. Luís Sérgio Roizman, São Paulo: Companhia das Letras, 1997.

KLEIN, Claude, *Weimar.* São Paulo: Perspectiva, 1968 (Khronos, 18).

KERSHAW, Ian, *Hitler: um perfil de poder*, Rio de Janeiro: Jorge Zahar, 1993.

-------, *El mito de Hitler. Imagen y Realidade en el Tercer Reich*, Barcelona: Paidós, 2003.

LENHARO, Alcir. *Nazismo. "O triunfo da vontade"*, São Paulo: Ática, 1986.

LE RIDER, Jacques, *A modernidade vienense e as crises de identidade*, trad. Elena Gaidano, Rio de Janeiro: Civilização Brasileira, 1992.

LUKACS, John, *O Hitler da História*, Rio de Janeiro: Jorge Zahar, 1998.

MAGALHÃES, Marionilde Brepohl de, *Pangermanismo e Nazismo. A trajetória alemã rumo ao Brasil*, Campinas: Editora da Unicamp; Fapesp, 1998.

MARABINI, Jean, *Berlim no tempo de Hitler*, trad. Marina Appenzeller, São Paulo: Companhia das Letras; Círculo do Livro, 1989.

POLIAKOV, León, *O mito ariano. Ensaio sobre as fontes do racismo e dos nacionalismos*, trad. Luiz João Gaio, São Paulo: Perspectiva, 1974.

_____________, *A causalidade diabólica I: Ensaio sobre as origens das perseguições*, trad. Alice K. Mayashiro, São Paulo: Perspectiva; Associação Universitária de Cultura Judaica, 1991.

RICHARD, Lionel, *A República de Weimar (1919-1933)*, São Paulo: Companhia das Letras; Círculo do Livro, 1988.

———, (org.), *Berlim. A encarnação extrema da modernidade (1919-1933)*, trad. Lucy Magalhães, Rio de Janeiro: Jorge Zahar Editores, 1993.

RIGG, Bryan Mark , *Os soldados judeus de Hitler*. Rio de Janeiro: Imago, 2002.

STERN, J. P., *Hitler, et le Führer et le Peuple*, Paris: Flamarion, 1995.

TAGUIEFF, Pierre-André Taguieff, *La nueva judeofobia*, trad. Tomás Fernández Aús e Beatriz Eguibar. Barcelona: Gedisa Editorial, 2003.

___________ *Les Protocoles des Sages de Sion: Introduction á l' Étude des Protocoles un faux et sés usages dans le siècle*. Paris: Berg International Editeurs, 1992.

Neonazismo

O renascer da Besta

Maria Luiza Tucci Carneiro

O termo neonazismo resulta da composição da palavra grega *neos* (novo, revivido) e da grafia fonética das duas primeiras sílabas de *National-sozialist,* partido que dominou o Estado alemão sob a liderança de Hitler a partir de 1933.[1] Como o próprio nome indica, tem como pressuposto a revitalização do nazismo e a proliferação do racismo na sociedade mundial. Como fenômeno social, demonstra que a antiga intolerância tem o poder de ressurgir das cinzas, com novos nomes e múltiplas facetas. Em parte, estamos falando de uma mesma história que recomeça – a história da *Besta* – travestida de neonazismo.

Show da banda Rahowa contra Israel. As letras das músicas "agradecem" a Hitler por ter matado tantos judeus. Ideologias de extrema-direita ressurgem das cinzas, colocando em perigo diversas conquistas democráticas em processo de afirmação.

Endossado por grupos, partidos e organizações contemporâneas de extrema-direita e ultradireita, o neonazismo coloca em perigo nossas conquistas democráticas, ainda frágeis e em processo de afirmação. Partidários sustentam um discurso nacionalista e racista fundado no culto à violência, no autoritarismo, na oposição à democracia e ao pluralismo racial. São fanáticos que se dizem donos da verdade e investem energias em prol de um líder forte e de um Estado protetor, inspirados nas imagens sacralizadas de Hitler e do Terceiro Reich. Não por acaso têm composto alianças com partidos neofascistas como a Frente Nacional, na França; o Partido Republicano Alemão – REP; o Partido Liberal, da Áustria; o Movimento Sociale Italiano; o British Nacional Front, na Inglaterra; o Movimento Europeu Social, na Suécia; a Ku Klux Klan, nos Estados Unidos; o Partido de Reedificação da Ordem Nacional – Prona, no Brasil.[2]

Neonazismo sem fronteiras

Os neonazistas não formam um grupo homogêneo, ainda que sustentem ideias e atitudes comuns. Entre os grupos neonazistas mais violentos estão os *skinheads* ou *nazi-skins* que, a cada dia, conquistam novos adeptos por todos os países da Europa e América. Por difundirem o ideário do nacional-socialismo de Adolf Hitler, seria de se esperar que os primeiros grupos de neonazistas tivessem surgido na Alemanha. No entanto, não foi bem assim. As primeiras gangues neonazistas surgiram em Londres, Inglaterra, no final dos anos 70. O aparecimento desses bandos se deve, em parte, ao desemprego e à crescente pauperização das classes trabalhadoras inglesas que procuraram uma explicação para o agravamento da crise econômica. Excluídos do mercado de trabalho, muitos desses jovens direcionaram a revolta e os instintos negativos contra os que interpretaram como concorrentes desleais.

Num ato de solidariedade negativa, esses marginalizados procuraram proteger seus "territórios particulares", abalados com o processo de globalização do mundo contemporâneo. Assim, frustrados e negando-se a conviver com culturas diferentes, direcionaram ressentimentos contra imigrantes, muitos deles asiáticos, negros e judeus. Daí a identificação com valores racistas e xenófobos difundidos pelos nazistas nas décadas de 1930 e 1940. O instinto de preservação de identidade por parte dos skinheads está associado ao sentimento de pertencimento, abalado pelo processo de globalização e desterritorialização que caracterizam o mundo atual.

Da Inglaterra, o movimento ampliou-se para outros países europeus, como a Alemanha, conquistando adeptos entre os que se sentiam ameaçados com o processo de reunificação do país e o enfraquecimento do regime comunista. É importante lembrar que, após a queda do Muro de Berlim em 9 de novembro de 1989, cerca de dois milhões de alemães do lado oriental atravessaram, entusiasmados, para o lado ocidental[3] em busca das "benesses do capitalismo". No processo de reunificação, alemães do lado oriental foram tratados por muitos de seus conterrâneos como invasores, concorrentes desqualificados, mão de obra barata.

Diante de tais mudanças e incertezas – momento em que os valores são reavaliados – a ignorância e o ódio voltaram-se também contra os judeus, muçulmanos, negros, ciganos e homossexuais. O racismo sem limites e os sentimentos de xenofobia foram resgatados, mais uma vez, para justificar a violência contra o "outro". E, no caso da Alemanha unificada, esse outro nem sempre era assim tão diferente, pois o cidadão da Alemanha Oriental não era de fato um estrangeiro, e sim o "mesmo" alemão.

Situações como essa demonstram que toda transição democrática não está livre de instigar atos de intolerância cultural e política apoiados na xenofobia, no antissemitismo ou no nacionalismo exacerbado. O intolerante não admite que o "outro" assuma a si mesmo como sujeito livre, como um agente social. Daí o extremismo e o fanatismo que recusam a conquista dos direitos humanos.[4]

Foi em meio a essas brechas que o neonazismo encontrou espaço para proliferar. Assumindo a forma de uma subcultura, sensibilizou outros tantos jovens proletários e desempregados dispersos pelos países do Ocidente (Espanha, Itália, Bélgica, França e Suécia) e do Leste Europeu (inclusive muitos ex-comunistas como Hungria, República Tcheca, Polônia, Romênia e a antiga República Democrática Alemã). Hoje, os skinheads são alguns milhares espalhados por todos os países da Europa, nos Estados Unidos e no Canadá, na Austrália e Nova Zelândia, e na maioria dos países da América Latina, dentre os quais Brasil, Argentina e Chile.[5]

Segundo registros do serviço secreto alemão, no ano de 1999 existiam cerca de três mil skinheads nos territórios da antiga Alemanha Oriental, e em torno de 1.200, nos territórios ocidentais. Em 1992, ocorreram na Alemanha 2.500 atentados de caráter xenófobo e, em 1993, elevaram-se para seis mil, a maioria atribuída aos skinheads. O ministro do Exterior, Klaus Kinkel, constatou que vários desses ataques tiveram apoio da população local.[6]

As primeiras gangues skins

Skinheads ou nazi-skins, conforme já nos referirmos, encontram-se entre os neonazistas mais violentos. São grupos de jovens organizados com o perfil de tribo, gangue ou bando de bairro cujos delitos assumiram, a partir dos anos de 1980, a dimensão de fenômeno social. Os skinheads nos fazem lembrar os *apaches*[7], grupos de jovens parisienses que, no início do século XX, tumultuaram os subúrbios de Paris ao demarcarem o terreno como "zonas de malandragem". Em comum, ambos têm a postura de crítica ao mundo burguês e o perfil de gangue de jovens provenientes das camadas subalternas da população. Organizados como microssociedades, dispõem de um espaço próprio e se fazem distinguir pelo visual rebelde e linguajar intolerante. Enquanto os apaches parisienses projetaram seu ódio contra o burguês, o policial e o trabalho, os skinheads voltaram-se contra estrangeiros, judeus, asiáticos, negros e homossexuais. Se os primeiros dedicaram louvores à fanfarronice, ao roubo, aos carros e às mulheres; os segundos cantaram – e ainda cantam – glórias à Adolf Hitler, aos arianos e lutam por uma "sociedade purificada".

Como foi dito, os primeiros skinheads surgiram no interior da classe operária londrina por volta de 1968, num movimento paralelo aos *punks*[8] e aos *hippies*. Inicialmente, os skinheads eram reconhecidos pela postura anti-burguesa, pelas reivindicações restritas ao bairro de origem e por tentarem proteger seu "território" da invasão de indivíduos indesejáveis. Na década de 1970, radicalizando, envolveram-se em ataques aos grupos étnicos tidos como *outsiders*, particularmente imigrantes sul-asiásticos, os *pakis*.

Na mídia, os skinheads foram apresentados como apreciadores da música negra – o *ska*, o *steady beat*, o *reggae* –, aparecendo, muitas vezes, como uma espécie de banda e de moda identificados com o cotidiano dos bairros em que viviam. Inicialmente, tiveram a imagem associada ao estilo de música das Antilhas, o preferido dos *rude-boys* ou *rudies*, cuja cultura lhes servia de inspiração juntamente com a da classe operária branca, inglesa e tradicional. Somente a partir dos anos 1970 ganharam visibilidade como movimento da supremacia branca, simpatizante das ideias nazistas e da extrema-direita.

Cenas de um show da banda skinhead Jesus Skin. A música é uma forma expressiva de manifestação dos neonazistas.

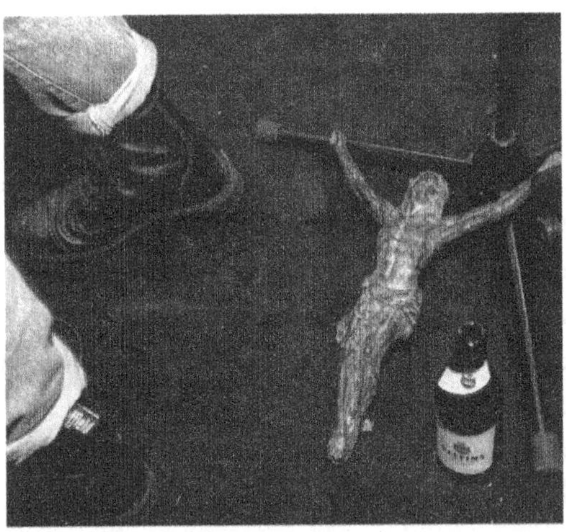

No entanto, é importante ressaltar que nem todos os skins são neonazistas e racistas. Há registros de um grupo de oposição aos skins nazistas – os *redskins* –, com posturas políticas próximas da extrema esquerda trotskista e do anarquismo. Outro segmento é o *ska skin*, de postura antirracista e que tem raízes no *ska*, movimento musical que incorporou o *reggae* ao *rock* e tornou-se popular entre os pioneiros skins britânicos.

Nas décadas de 1960-1970, alguns grupos uniram-se às torcidas organizadas, como as de futebol, identificadas pela mídia sob o rótulo comum de *hooligans*, gangues – cada vez mais exaltadas – que conquistaram espaços próprios dentro dos estádios. Tanto os hooligans como os skinheads transformaram-se em problema social na Inglaterra, por serem adeptos da violência e de uma cultura suburbana, cultivada na periferia das grandes cidades. Ambos os grupos – hooligans e skinheads – são compostos por jovens brancos, oriundos do meio operário e nutridos por um sentimento narcisista, de culto ao corpo e às virtudes masculinas de força e de virilidade.[9] A partir da década de 1980, tanto na Inglaterra, como na França e Itália, "territórios", como os das torcidas organizadas, transformam-se em ponto de concentração de extremistas de direita, definidos por suas posturas racistas e xenófobas. [10]

Perfil dos neonazistas

Os neonazistas, de forma geral, apresentam-se como defensores da supremacia branca, adotando como referência o ideário racista defendido pelos membros da Ku Klux Klan e do nacional-socialismo. Odeiam judeus, homossexuais, negros, mendigos, prostitutas, asiáticos e nordestinos, no caso específico do Brasil.[11]

Em textos publicados em fanzines (revistas artesanais) e na internet, acusam os "estrangeiros" de tirarem os empregos dos "nacionais", e atribuem-lhes valores negativos e estereotipados, com o objetivo de reforçar a ideia de que são incompetentes e invasores. A marca do ódio está registrada nas frases desta canção neonazista brasileira:

> Nós não estupramos uma mulher africana, afinal, as africanas são tão somente fêmeas [...]

> Se chegarem perto de nós morrem na hora [...]
> Os asiáticos fedem [...]
> Os nordestinos que saiam daqui [...][12]

As gangues neonazistas alimentam-se de substancioso material de propaganda racista importado da Alemanha e Estados Unidos. Discursos clássicos do antissemitismo moderno costumam circular abertamente pela internet, em *sites* próprios ornamentados com logotipos e mensagens nazistas. Dentre os textos mais corriqueiros encontra-se a obra apócrifa *Protocolos dos Sábios de Sião*, apesar de esta ter a reprodução e leitura proibidas em vários países, inclusive no Brasil, por seu conteúdo antissemita.

Os neonazistas são heterogêneos mas, na maioria das vezes, são grupos compostos por jovens do sexo masculino, identificados pela aparência e comportamento agressivos. Narcisistas, cultuam o corpo procurando aparentar saúde e força, uma forma de se mostrarem como exemplares de uma raça superior. O visual procura refletir a crença na superioridade biológica do ariano, com quem se identificam fisicamente. Inspirando-se nos rituais e na estética adotada pelos nazistas, os neonazistas se dizem "proletários que sofrem as agruras da crise econômica".

O visual dos neonazistas é inspirado na crença da superioridade biológica do ariano. Com a cabeça raspada e tatuagens corporais, como a suástica, são facilmente identificados pela postura rebelde e machista.

Show da banda inglesa The Cockney Rejects.

Os skinheads adotaram uma estética visual própria, bem diferente, por exemplo, dos apaches parisienses que gostavam de andar bem arrumados, ainda que destituídos da "pinta de burguês". A título de comparação, os apaches eram chamados pela elite burguesa de "afeminados dos subúrbios", por gostarem de usar boné de aba, baixo, redondo ou enfunado, jaqueta curta e acinturada, calça com boca larga, lenços coloridos, botinhas de bico fino e botões dourados.

Por sua vez, os skinheads optaram por raspar a cabeça e vestir calças de operários com suspensórios, braceletes de couro com adereços metálicos e tatuagens corporais com suásticas. São, geralmente, identificados pela postura rebelde, insolente, chauvinista e machista. Bandeiras decoradas com suásticas e frases racistas complementam o cenário de suas sedes, ilustram os *sites skins* e compõem o *design* dos impressos de propaganda.

Em 1992, consciente do poder de doutrinação da música skin, o governo alemão proibiu a circulação de *Oi!*, canção cuja letra evoca o racismo e prega o genocídio. Lançada em 1980, pela banda inglesa The Cockney Rejects, essa música era divulgada por bandas alemãs como a Força Destruidora (Störkraft), Estágio Final (Endstufe) e Cabeça Calva (Kahlkopf).[13]

Em nome de uma nova ordem

Em sintonia com a produção de um grupo de historiadores revisionistas, os skinheads negam a existência das câmaras de gás e o Holocausto. Falando em nome de uma nova ordem mundial, reproduzem *slogans* racistas e antissemitas inspirados nos discursos hitleristas. Defendem a ideia de que "Hitler não estava errado". São partidários do revisionismo radical que, no caso das gangues francesas, se manifesta também através de grupos de *rock* de extrema direita dedicados a "politizar o movimento skinhead na direção do nacional-socialismo europeu".

Dentre esses destaca-se o Légion 88, militantes do Partido Nacionalista Francês e Europeu (PNFE), organização neonazista criada em 1987 por Claude Cornilleau, dissidente do Partido Nacionalista Francês, fundado em 10 de dezembro de 1983. Suas propostas revisionistas – sustentadas pelo mito de que o Holocausto foi uma mentira – são divulgadas através da distribuição de discos assegurada pela Rebelles Européens, casa produtora fundada em 1986. Outros grupos de *rock* (neonazistas e nacionalistas franceses) seguem pelos caminhos da "desmemória" histórica: o Brutal Combat, o Evil Skins e o Bunker 84.[14] Entre 1976 e 1993, um grupo dominou esse cenário musical: o Skrewdriver, dirigido pelo inglês neonazista Ian Stuart Donaldson.

Atuando na clandestinidade, os líderes cuidam de divulgar seu ideário através de materiais impressos que exaltam a superioridade da raça branca, e instigam o ódio contra as minorias étnicas. Alguns desses textos circulam sob a forma de fanzines, verdadeiros catecismos de práticas racistas. Aproveitando-se dos avanços tecnológicos, e principalmente da internet, criaram verdadeiras redes de propaganda do ódio que se cruzam por todos os continentes. A repetição contínua de mensagens racistas e nacionalistas – multiplicadas através dos meios de comunicação digital, videogames e literatura revisionista, por exemplo – tem como alvo a comunidade de jovens mal-informados, produto de uma educação mal-orientada para os direitos humanos.

Ódio e racismo multiplicados

Em 1999, os grupos neonazistas britânicos White Wolves (Lobos Brancos) e Combat 18 foram responsáveis por uma série de atentados – com espancamentos e incêndios – contra paquistaneses e bengalis. Posicionavam-se como defensores de uma Inglaterra exclusivamente branca, autoritária e imperial. Chauvinistas e identificados com as novas formas de nacionalismo extremado, como o nazi-fascismo, essas gangues disputam com o British Nacional Party[15] as lideranças na extrema direita que, cada vez mais, participa da vida política britânica. Entre 1997 e 1999, o Combat 18 foi processado judicialmente sob a acusação de enviar cartas ameaçando líderes antifascistas e de divulgar "listas negras" com nomes de intelectuais de esquerda e de judeus.[16]

Nos últimos anos do século XX e início do XXI, neonazistas alemães provocaram incêndios e atentados seguidos de morte. Na França e na Itália, cemitérios judeus foram profanados; enquanto na Espanha milhares de pessoas, usando a suástica no braço e portando bandeiras com o emblema do franquismo, saíram às ruas no final da década de 1990 para comemorar o aniversário de Franco, ditador fascista. Em várias partes do mundo, fanáticos neonazistas voltaram a ecoar as saudações nazistas *Heil Hitler!* e *Sieg Heil!*. Na Itália, o velho fascismo mussoliniano foi resgatado pelo novo partido de direita, a Alianza Nacional, que opera com princípios inspirados no ideário do nacional-socialismo.[17]

Consolidadas na Alemanha, pátria-mãe do nazismo, essas gangues somam forças aos partidos radicais alemães de direita como o National Front e o Deutsche Alternativ. Calcula-se que, em 1999, existiriam na Alemanha cerca de 80 grupos que poderiam ser classificados como fascistas, reunindo 68 mil pessoas. O gabinete do chanceler Schroeder chegou a propor, na mesma época, a proibição judicial do Partido Nacional Democrático (NPD), de Sttutgart, com cerca de cinco mil filiados.

Tal partido é suspeito de promover ataques contra trabalhadores, refugiados e outras minorias locais, dentre elas a comunidade judaica. No ano de 2000, o NPD continuava liderado por Gunter Deckert que, em 1994, tornou-se conhecido por suas ideias revisionistas: valendo-se do apoio de pseudo-historiadores, procurou demonstrar que o Holocausto era uma invenção da imprensa mundial, dominada pelos judeus.[18] Deckert foi denunciado pela oposição antifascista alemã de incitar o ódio e fazer propaganda fascista.

No entanto, a Corte de Justiça de Mannheim, importante centro industrial no Baden-Würtemberg, não julgou como crime as afirmações de Deckert, abrindo precedentes para outras manifestações dos movimentos fascistas alemães. Em 2003, foram registrados cerca de dezesseis mil incidentes de natureza racista na Alemanha, a maioria na antiga Alemanha do Leste, praticados por skinheads e outros militantes antiestrangeiros.

Em 1988, a revista americana *Rolling Stones* denunciou a atuação dos skinheads nos Estados Unidos, onde estão ligados à Ku Klux Klan.[19] Em 1990, o caso Tom Metzger, ex-"grande dragão" da Ku Klux Klan e líder da White Aryan Resistance (WAR), assumiu repercussão internacional ao questionar a liberdade de expressão invocada na Primeira Emenda da Constituição norte-americana (*free-speech*). Metzger foi acusado pelo Tribunal de Portland, Oregon, de ser o responsável pela morte de Mulvgeta Seraw, migrante etíope, surrado por um grupo de skinheads definidos como "discípulos das ideias propagadas por Metzger". Novamente em 1993, esse cidadão foi acusado de queimar ritualisticamente uma cruz, ao estilo da KKK, no vale de San Francisco, California.

Nos Estados Unidos, atuam vários outros segmentos que têm como bandeira de luta a revitalização do ideário nazista na América, como os grupos NSDAP-AO, sediado em Nebraska, os Cavalheiros da Ku Klux Klan e o Nações Arias.[20] De origem americana são os Hammerskins, ligados na origem aos grupos religiosos neopagãos Identity Churches, como o Aryan Nation e a Igreja do Criador.

Grupos neonazistas agem, também, na América Latina, refúgio preferido dos nazistas perseguidos como criminosos de guerra após o término da Segunda Guerra Mundial. Na Argentina, no Chile e no Uruguai, atuam grupos organizados de neonazistas que, certamente, mantêm contato com os skinheads brasileiros. Na Argentina, o grupo neonazista é hoje comandado por Walter Biondini, filho de Alejandro Biondini, fundador do segmento Alerta Nacional.

No Uruguai, esses grupos declaram abertamente: "*Debemos asegurar la existência de nuestra Raza e un futuro para los niños blancos*". Costumam praticar atos de extrema violência investindo, principalmente, contra habitações de imigrantes. O Partido Nuevo Orden Social Patriótico (PNOSP) tem realizado marchas em que os membros vestem camisas pretas e fazem saudações públicas à ideologia de Hitler. Na internet, em conjunto com outras gangues menores, o PNOSP publicou a *Carta Orgânica*, na qual se propõe a um "drástico desmantelamento da rede homossexual", a "uma política que assegure a higiene biológica da nação" e à "criação de escolas especiais para as crianças com coeficientes intelectuais superiores". Tais componentes – preocupantes por incitar o ódio, o fanatismo e o racismo sem fronteiras – destinam-se a criar uma elite de liderança que assegure o desenvolvimento de futuras gerações neonazistas.[21]

No Peru, atua o grupo neonazista identificado como Movimento de Ação Nacionalista Peruana (MANPE), que sobrevive financiado por árabes extremistas locais. Alimentado por material de propaganda vindo do exterior, tem como ideólogo local Gastón Ortiz Acha, autor do panfleto nazista *Temple*, com circulação periódica. Criado em 1995 para ser um partido político, o MANPE encontra-se hoje infiltrado entre os partidos políticos nacionalistas, propagando ideias neonazistas. Por volta do ano 2000, formou-se a Falange Nacionalista, de perfil político-militar, dedicada a recrutar, entre os jovens universitários, adeptos para o movimento.

O grupo mantém sessões rituais abertas com rezas católicas, seguidas do hino do movimento. A estrutura segue padrões da hierarquia militar, com líderes denominados comandantes e identificados por pseudônimos árabes: Comandante Cid, Sadat, Saurus ou Saddam Hussein, dentre outros. Periodicamente os militantes dedicam-se a pichar paredes com suásticas e mensagens antissemitas, prática comum a todos os grupos neonazistas.

Entre a intelectualidade peruana, destaca-se Julio Vargas Prada, extremista católico lefevrista, simpatizante do nacional-socialismo. Durante suas aulas na Universidade de São Marcos, Prada tem se pronunciado abertamente contra os judeus, além de usufruir de espaço para pregações racistas no programa dominical que mantém na rádio Libertad.[22]

Ecos distorcidos deste neorracismo também encontraram repercussão junto a alguns segmentos da sociedade brasileira contemporânea, e mais uma vez importamos ideias sem medir consequências. A recessão econômica vivenciada pelo Brasil nessas últimas décadas, além de aumentar o desemprego, contribuiu para incitar a violência e fomentar a miséria nos bairros da periferia de São Paulo, espaços urbanos que se transformaram em campos férteis para a proliferação de grupos neonazistas.[23]

Nos subúrbios de São Paulo, os skinheads são jovens, filhos de pais operários e de trabalhadores em geral.[24] Grupos diferenciados foram constituídos entre 1977 e 1989, e muitos já haviam passado pelo movimento punk. Por volta de 1981, os Carecas do Subúrbio divulgaram seus postulados nacionalistas e racistas mostrando-se dispostos a "formar um exército de carecas para salvar o Brasil da ação negativa dos negros, judeus e nordestinos".[25]

Entre as gangues brasileiras cabe citar: os Carecas do ABC e o Movimento dos Carecas do Brasil, cuja extensão no Rio de Janeiro atua com o nome de Frente Nacionalista Carecas do Brasil; os WP-White Powers (Poder Branco), com segmentos em São Paulo e Florianópolis; o Orgulho Branco Paulista – Esquadrão NS – Nacional-Socialista, de São Paulo; dentre outros.[26] Os skinheads são o maior grupo neonazista articulado no Brasil, composto, em 2004, por cerca de 120 homens e 32 mulheres.[27] Muitos membros consideram-se cristãos e são adeptos da TFP – Tradição, Família e Propriedade, uma instituição ultraconservadora.

Em 6 de junho de 1993, o jornal *Folha de S. Paulo* noticiou a formação de gangues para o combate a grupos neonazistas na região do ABC, dentre as quais a Legião do Mal, Manos de Rua e Comando Vermelho. Somaram forças a essa frente de defesa o movimento Anarco-punk e a Nação Islã, composta por negros convertidos ao islamismo.[28] Nesse mesmo ano, foi criada a Delegacia Especializada em Crimes Raciais, em São Paulo, com o objetivo de combater grupos e indivíduos que incitam o ódio racial num estado democrático de direito. Foram inúmeras as ocorrências graves registradas relacionadas à ação violenta dos neonazistas.

Em 8 de junho de 1993, o SOS Racismo de São Paulo recebeu uma carta com ameaças de neonazistas em represália à prisão de líderes skinheads. O documento, que abriu o primeiro inquérito da Delegacia Especializada, trazia como ilustração um policial sul-africano apontando um fuzil contra um manifestante negro caído no chão, após ser atingido na cabeça. Abaixo, a legenda racista: "Aberta temporada de Caça às Galinhas de Angola".[29]

Em 1999, o ILANUD – Instituto Latino Americano das Nações Unidas para a Prevenção do Delito e o Tratamento do Delinquente, divulgou um estudo sobre o neonazismo no Brasil. Os resultados demonstram que existem mais de trinta grupos que professam ideais de inspiração nazista, atuando na clandestinidade para burlar a lei. No Brasil, desde janeiro de 1989, o nazismo, assim como a utilização da suástica, é considerado crime, cuja pena pode variar de um a cinco anos de prisão, nos termos da Lei n 7.716.[30]

No Brasil, especificamente, o racismo neonazista se manifesta contra negros, judeus, nordestinos, imigrantes, homossexuais, comunistas, punks, petistas e anarquistas. Valendo-se de uma retórica que estigmatiza, os neonazistas propõem a "limpeza étnica no Brasil". No fórum de discussão mantido pelo grupo White Honour (Honra Branca), na internet, um neonazista escreveu:

> Sou contra essa baianada, essa raça que veio para São Paulo e estragou essa querida terra [...]
> Quando vir um preto com uma branca, castre! Essa é a nova ordem! [...]
> Negros, mestiços e judeus são um vírus na nossa sociedade e nós somos a cura.

Combate à intolerância

Seres humanos não nascem com preconceitos. O fanatismo preconceituoso é, na realidade, uma conduta aprendida.[31] É através da educação e da reconstituição da memória histórica que podemos combater esse aprendizado de intolerância e enfraquecer a ação dos fanáticos plurifacetados. O fato de o racismo, o fanatismo e a irracionalidade se fazerem presentes em quase todas as culturas e épocas da história da humanidade não quer dizer que sejam insuperáveis. Precisamos, contudo, estar atentos, pois é certo que:

- o terreno do fanatismo é pantanoso, obscuro e complexo;
- a um passo adiante do fanatismo está a barbárie;
- as ações violentas do extremismo político e racial generalizado representam um fenômeno mundial;
- uma sociedade pluralista depende tanto da manutenção do respeito mútuo quanto de uma visão mais ampla e sem preconceitos acerca dos outros;
- a educação é uma das frentes de luta para combater a ignorância, estágio da (des)razão propício à fomentação do ódio racial.

Notas

1 Sobre o tema, ver Ellis Cashmore, *Dicionário de relações étnicas e raciais*, trad. Dinah Klevel, São Paulo: Summus, 2000, pp. 390-392.

2 Marionilde Brepohl de Magalhães, "Skinheads e Anomia" *in*: Francisco Carlos Teixeira da Silva e outros (orgs.), *Dicionário Crítico do Pensamento da Direita. Ideias, Instituições e Personagens*. Rio de Janeiro, Mauad; Faperj; 2000, pp. 421-422.

3 O Muro de Berlim, ou "Muro da Vergonha", foi edificado em 1961 por Kruchev logo após uma crise internacional com o presidente Kennedy, em plena Guerra Fria. Com a queda do muro, as fronteiras, então sem barreiras físicas, foram ultrapassadas sem a oposição policial. A consequência imediata foi a reunificação alemã, reconhecida por Gorbatchev, presidente da URSS em 1990. O Estado unificado com aproximadamente oitenta milhões de alemães pode ser avaliado como uma das primeiras consequências do fim da Guerra Fria. Ver Pierre Miguel, *As 16 datas que mudaram o mundo*. Trad. Maria Adelina Ferreira Lopes, 2ed. Rio de Janeiro, Difel, 2003, pp.143-154.

4 Philippe Douste-Blazy, "As lutas pela tolerância hoje" *in*: Françoise Barret-Ducrot (dir.). *A Intolerância. Foro Internacional sobre a Intolerância*. Unesco, 27 de março de 1997. Trad. Eloá Jaconina, Rio de Janeiro, Bertrand Brasil, 2000, pp. 230-231.

5 Ver "Skinheads" *in*: *Dicionário Crítico do Pensamento da Direita. Ideias, Instituições e Personagens*, op. cit., pp. 419-422.

6 Francisco Carlos Teixeira da Silva, "Neofascismo na Alemanha" in: *Dicionário do Pensamento da Direita, op. cit.*, p. 324.

7 Uma das primeiras tribos de jovens organizadas surgiu em 1902 , no bairro de Belleville, em Paris, com o nome Boné de Ouro. Ficaram conhecidos pela postura crítica e desordeira, inspirada em heróis de livros infantis, entre os quais *Peles-vermelhas de Paris*, de Gustave Aymard (2ed. 1889).Transformaram-se em personagens do teatro, inspiraram romances e roteiros de cinema; tornaram-se figuras de crônicas de jornais como, por exemplo, da coluna "Paris-Apache", veiculada pelos periódicos *Le Journal* e *Le Matins, em 1907.* O termo *apache* tornou-se sinônimo desse grupo bandido, desses vadios de periferia e delinquentes sociais. Michelle Perrot, "Na França da Bélle Époque, os Apaches, primeiros bandos de jovens" *in*: *Os Excluídos da História: Operários, Mulheres e Prisioneiros*, trad. Denise Bottmann, Rio de Janeiro, Paz e Terra, 1988, pp. 215-332.

8 As primeiras manifestações punks apareceram entre os jovens suburbanos ingleses de origem operária, na década de 1960. Como fenômeno, deve ser avaliado na conformação de identidades grupais que expunham uma postura antissocial e heterodoxa perante a compreensão da sociedade. Distinguiam-se pelos penteados e roupas, que os colocavam "à margem do sistema". Tornou-se popular a "maneira punk de ser", apropriada posteriormente pelos neonazistas. Sobre os *punks* ver Alexander Martins Vianna "Punk (Conceito e Comportamento)" *in*: *Dicionário Crítico do Pensamento da Direita. Ideias, Instituições e Personagens*, op. cit., pp. 382-383; Helena Wendel Abramo. *Cenas juvenis punks e darks no espetáculo urbano*. São Paulo, Scritta Editorial, 1994.

9 Sobre o tema, ver: Nick Knight, *Skinhead*, London/New York, Omnibus Press, 1982; Dik Hebdge, *Subculture: The Meaning of Style*, London/New York, Methuen, 1988; Antonio Roversi,

Calcio e Violenza in Europa, Bologna, Il Mulino; Contemporanea, 1990 Antonio Bivar, *O que é punk*, São Paulo: Brasiliense, 1982.

10 Esses espaços de contestação (*ends*) ficaram conhecidos como *kop*, na Inglaterra; *curve*, na Itália; e *virage*, na França. Cf. Carlos Gilberto Werneck Agostinho. "Hooligans".

11 Desde 1992, um programa coordenado pela drª Dina Porat junto à Universidade de Tel-Aviv (Israel) vem cadastrando as principais ocorrências envolvendo neonazistas no mundo. Iniciativa similar, mas concentrando-se nos incidentes divulgados pela imprensa brasileira desde setembro de 1992, é desenvolvida pelo Núcleo de Estudos da Violência/USP e pela Comissão Teotônio Vilela, que, em 1994, publicou o *Dossiê Neonazismo nº 2*, organizado por Túlio Kahn e Sandra Elias de Carvalho. "Boletim de Informação" *in*: *Revista de História. Dossiê Racismo*, São Paulo, FFLCH, USP, (129-131), 1993-94, pp. 243-268.

12 *Apud* Marionilde Brepohl de Magalhães, "Skinheads e Anomia" *in Dicionário Crítico do Pensamento da Direita, op. cit.*, p. 421.

13 George Mashall, *Spirit of '90: A Skinhead Bibble*, ST Publishing, 1991 *apud* Ellis Cashmore, *op. cit.*, p. 512.

14 Pierre-André Taguieff, "La Nouvelle Judeophobie. Anti-Sionisme, Anti-Racisme, Anti-Imperialisme" *In: Lês Temps Modernes* (10), Paris, Novembre, 1989, p. 15.

15 O British National Party, que participa ativamente da vida política britânica, caracteriza-se por um forte antissemitismo e por uma postura megacionista em relação ao Holocausto.

16 Verbete "Lobos Brancos (White Wolves) & Combat 18" *in: Dicionário Crítico do Pensamento da Direita*, op. cit., pp. 290-291.

17 Marc Ferro, *Os tabus da História, A face oculta de acontecimentos que mudaram o mundo*, trad. Angela Villela, Rio de Janeiro, Ediouro, 2003; Pierre Vidal-Naquet, *Les assassins de la mémoire. "Un Eichmann de papier" et autres essais sur le révisionnisme*, Paris, La Découverte, 1987; Alain Finkielkraut, *L'Avenir d'une négation. Réflexion sur la question du génocide*, Paris, Le Seuil, 1982.

18 Esse fenômeno – do silêncio proposital da História – foi detalhadamente analisado pelos historiadores Marc Ferro, Pierre Vidal-Naquet e Alain Finkielkraut nas obras *Os tabus da História, Os Assassinos da Memória*, e *O advento de uma negação*, respectivamente. Ver "Skinheads" *in*: Ellis Cashmore, *op. cit.*, pp. 511-523.

19 Como referência didática para os estudos sobre o neonazismo lembro aqui o filme *A outra história americana (American History X*, EUA, 1999), dirigido por Tony Kaye, que explora o neonazismo nos EUA de hoje e faz uso reflexivo da violência.

20 O tema da recente liderança neonazista e da agressividade aos judeus nos Estados Unidos foi contemplado no filme *Tolerância Zero* (The Believer, EUA, 2001), longa metragem do diretor e roteirista Henry Bean. A história baseda em fatos reais sobre Danny Balint (pseudônimo de Daniel Burros), um judeu que se tornou neonazista em Nova York, em 1960.

21 Flávio Koutzii, "Neonazismo e revisionismo: um desafio político". Editado eletronicamente por Equipo Nizkor, Direchos Humanos Rights, 21 fev. 2002. Cf. site: http://www.derechos.org

22 León Trahtemberg, "Antisemitismo en el Peru. Balance al año 2000 y proyección para el futuro" *in*: Maria Luiza Tucci Carneiro (org.), *Antissemitismo nas Américas. Memória e História*, São Paulo: Edups; Fapesp (no prelo).

[23] Márcia Regina da Costa, *Os carecas do subúrbio. Caminhos de um nomadismo moderno*. São Paulo, Musa, 2000, pp. 27-30.

[24] Segundo pesquisa de campo desenvolvida pela historiadora Márcia Regina da Costa.

[25] *Idem*, pp.14-17.

[26] Márcia Regina da Costa, *op. cit.*

[27] Carolina Meyer, "Neonazismo. Cai o mito do orgulho pela miscigenação racial na pátria tupiniquim". *in*: *Revista Babel*, Universidade de São Paulo, nº 10, junho de 2002.

[28] *Folha de S. Paulo*, 6 de junho de 1993, pp. 1 e 12.

[29] *Folha de S. Paulo*, 8 de junho de 1993, pp. 3-4. Sobre a Legislação brasileira ver: Lei nº 2889, de 1/10/1956; Lei nº 4117, de 27/08/1962; Lei nº 5250, de 9/02/ 1967; Lei nº 6620, de 17/12/1978; Constituição de 1988; Lei nº 7716, 5/01/1989; Lei nº 8078, de 11/09/1990; Decreto 36.696, de 23/03/1993.

[30] Carolina Meyer, op. cit. Frederic Werthan. Do racismo à violência: O círculo da culpabilidade *in: Les temps moderns*, nº 143-144, jan/fev, 1958

[31] Sobre essa questão ver F. Martin-Cano, *Interpretación del Fanatismo: Conducta prendida*, Omnia, Barcelona, Mensa Espana, abril, nº 101, 2002/2003.

Bibliografia

ABRAMO, Helena Wendel. *Cenas juvenis: punks e darks no espetáculo urbano*. São Paulo: Scritta Editorial, 1994.

ANTI-DEFATION LEAGUE: *The Skinhead International*, New York: ADI, 1995.

BARRET-DUCROT, Françoise (dir.). *A intolerância. Foro Internacional sobre a Intolerância*. Unesco, 27 de março de 1997. Trad. Eloá Jaconina, Rio de Janeiro: Bertrand Brasil, 2000.

BIVAR, Antonio, *O que é punk*. São Paulo: Brasiliense, 1982.

CANO, F. Martin, *Interpretación del Fanatismo: Conducta Aprendida*, Omnia. Barcelona: Mensa España, abril, nº 101, 2002/2003.

CARNEIRO, Maria Luiza Tucci, *Preconceito racial em Portugal e Brasil colônia. Os cristãos-novos e o mito da pureza de sangue*. 3ed. São Paulo: Perspectiva, 2004.

_________ *O racismo na história do Brasil. mito e realidade*, 8ed., São Paulo: Ática, 1999.

_________, "Neonazismo y Anti-semitismo em Contextos de Transición Democrática". Comunicação apresentada no Congresso Internacional de Investigadores sobre Judaísmo Latinoamericano, 6, Buenos Aires, Resumos Mila, 1989.

COSTA, Márcia Regina da, *Os Carecas do subúrbio. Caminhos de um nomadismo moderno*. São Paulo: Musa, 2000.

Dicionário de Relações Étnicas e Raciais, organizado por Ellis Cashmore, trad. Dinah Klevel. São Paulo: Summus, 2000, pp. 390-392; 511-523.

Dicionário Crítico do Pensamento da Direita. Ideias, Instituições e Personagens,, organizado por Francisco Carlos Teixeira da Silva, Rio de Janeiro: FAPERJ:Mauad, 2000, pp. 419-422.

Dossiê Neonazismo nº 2, organizado por Túlio Kahn e Sandra Elias de Carvalho, "Boletim de Informação" *in*: *Revista de História. Dossiê Racismo*, São Paulo, FFLCH; USP, (129-131), 1993-94, pp. 243-268.

FINKIELKRAUT, Alain, *L'Avenir d'une négation. Réflexion sur la question du génocide*, Paris: Le Seuil, 1982.

HADDAD, Fernando, "Neonazismo e Multiculturalismo" *in*: *Folha de S. Paulo*, 20 de fevereiro de 2002, p.1

HEBDGE, Dik, *Subculture: The Meaning of Style*, London; New York, Methuen, 1988.

HOCKENDS, Paul, *Livres para Odiar: Neonazistas, Ameaça e Poder*, São Paulo, Scritta, 1995.

HUBERT, Daniel; YVES, Claude, *Les Skinheads et L'Extrème-droite*, Montreal, 1991.

KOUTZII, Flávio, "Neonazismo e revisionismo: um desafio político". Editado eletronicamente por Equipo Nizkor, Direchos Humanos Rights, 21 fev. 2002. Cf. site: http://www.derechos.org

KNIGHT, Nick, *Skinhead*, London; New York, Omnibus Press, 1982

MASHALL, George, *Spirit of 90: A Skinhead Bibble*, ST Publishing, 1991.

MIGUEL, Pierre, *As 16 Datas que mudaram o mundo.*, trad. Maria Adelina Ferreira Lopes, 2ed., Rio de Janeiro, Difel, 2003.

PERROT, Michelle *Os Excluídos da História: Operários, Mulheres e Prisioneiros*, trad. Denise Bottmann, Rio de Janeiro, Paz e Terra, 1988.

ROVERSI, Antonio, *Calcio e Violenza in Europa*, Bologna, Il Mulino; Contemporanea, 1990.

SALEM, Helena, *As Tribos do Mal: O Neonazismo no Brasil e no Mundo.* São Paulo, Atual, 1995.

TAGUIEFF, Pierre-André, "La Nouvelle Judeophobie. Anti-Sionisme, Anti-Racisme, Anti-Imperialisme" *in: Les Temps Modernes*(10), Paris, Novembre,1989, p.15.

__________, *Face au Racisme.* Paris, La Découvert, 1991. (2 vols).

TRAHTEMBERG, León, "Antisemitismo en el peru. Balance al año 2000 y proyección para el futuro" *in*: Maria Luiza Tucci Carneiro (org.), *Antissemitismo nas Américas. Memória e História*, São Paulo, Edusp; Fapesp (no prelo).

VIDAL-NAQUET, Pierre, *Les Assassins de la Mémoire. "Un Eichmann de Papier" et Autres Essais Sur le Révisionnisme*, Paris, La Découverte, 1987.

VIZENTINI, Paulo Roberto Fagundes; MILMAM, Luis, *Neonazismo, Negacionismo e Extremismo Político.* Porto Alegre, UFRGS, 2001.

WERTHAM, Frederic. "Do Racismo a Violência: O Círculo da culpabilidade" *in*: *Les temps Modernes*, nºs 143-144, jan/fev, 1958.

Política

Expurgos stalinistas, exército kamikase, revolução cultural chinesa, macarthismo, terrorismo, que século xx tivemos! Como homens modernos aceitam se tornar títeres de déspotas como o imperador japonês, o líder soviético, o velho Mao, um senador americano fanaticamente anticomunista, ou de líderes pseudorrevolucionários com alto poder de destruição?

Sim, carisma é fundamental, mas não explica tudo. Massas ululantes repetindo o nome de Stalin, hoje conhecido como o sangrento carrasco georgiano, as mesmas que haviam, há pouco, destronado uma das dinastias mais cruéis e retrógradas de todo o mundo! Universitários chineses que se prestaram a combater "perigosas" influências ocidentais, como Mozart, em nome de uma Revolução Cultural sem objetivos culturais e sem um sentido revolucionário! E que dizer dos "dedos duros" da indústria cinematográfica americana que, por convicção, ou medo, fizeram extensas listas de "amigos de Moscou" incluindo "comunistas" tão perigosos como Charlie Chaplin, o Carlitos?

Hoje temos outro tipo de fanatismo político, o terrorismo. Ele já prosperou na Irlanda, na Espanha, na Itália, na Alemanha. Agora está espalhado pelo mundo e, por sua origem, toca fundo na famosa "culpa do homem ocidental". Alguns temem que condenar o terror implicaria esvaziar o conteúdo das reivindicações que, supostamente, o legitimariam. Esse é um falso dilema: matar inocentes não é legítimo, nunca. Não é razoável que civis sejam alvo deliberado de quem tem objetivos políticos: os meios não justificam os fins. Pelo contrário, os desqualificam.

J. P. e C. B. P.

Expurgos stalinistas

O Grande Terror no comunismo soviético

Marco Mondaini

[É preciso] explicar que na luta contra o trotskismo dos dias de hoje são necessários não os velhos métodos, os métodos da discussão, mas os métodos novos: é necessário extirpar e destruir.
Stalin, março de 1937[1]

Depois do dia 24 de fevereiro de 1956, a história do movimento comunista internacional nunca mais seria a mesma. Naquele dia, durante a realização do XX Congresso do Partido Comunista da União Soviética (PCUS), o primeiro-secretário do comitê central, Nikita Kruchev, através de um informe secreto, fez saber que as conquistas da sociedade soviética teriam ocorrido não "graças a Stalin", mas sim "apesar dele".

Para desespero e desencantamento de massas de militantes e dirigentes comunistas em todos os cantos do planeta, após um sentimento inicial de incredulidade, tomou-se conhecimento de que "o guia genial dos povos", "o grande líder do proletariado", "o quarto clássico do marxismo" (algumas das maneiras pelas quais Stalin era chamado até a sua morte, em 1953) era, na verdade, "um homem muito desconfiado, doentiamente suspeitoso", capaz de ver "em qualquer lugar e em todas as coisas", "inimigos, pessoas com duas caras, espiões". Por ordens suas, "inúmeros abusos" teriam sido praticados "em violação das normas do partido e da legalidade soviética".[2]

Uma inversão monumental era levada a cabo, nesse momento. O culto à personalidade de Stalin, alimentado não apenas pelos soviéticos, mas por comunistas das mais variadas nacionalidades, sofrera um dano irreparável. No dia 24, os comunistas ainda acordavam repetindo a ideia, progressivamente absoluta desde o final dos anos 1920, "de que Stalin representava o intérprete unsuperável das exigências históricas do desenvolvimento socialista na URSS".

No dia 25, esses despertaram sem saber que uma nova tese já havia saído do forno da burocracia partidária, "a interpretação segundo a qual o curso histórico da URSS devia ser visto em termos de separação e tensão entre sociedade e partido, por um lado, e Stalin, por outro".[3] Num dia, o artífice do bem se chamava Stalin; noutro, o mesmo Stalin tornara-se instrumento do mal, dando forma a uma singular passagem da condição de "demiurgo" à de "demo".

Stralin, aqui representado como "o guia genial dos povos", antes que as denúncias de seus abusos e crimes viessem a público no XX Congresso do PCUS, em 1956.

Seria exagerado afirmar que, tanto a primeira fórmula quanto a segunda, trazem consigo, em graus diversos de concentração, uma maneira extremamente mecânica de pensar a relação estabelecida entre indivíduos/líderes, de uma parte, e sociedades/instituições, de outra? Não estariam ambas transitando em torno de uma modalidade de pensamento social atravessada por um dos principais fundamentos do fanatismo – o maniqueísmo? Os limites do processo de "desestalinização", aberto por Kruchev em 1956, já não estariam a demonstrar a extraordinária força de atração daquilo que fora construído na União Soviética em torno da figura de Stalin? Mas o que teria sido construído na "primeira pátria socialista do mundo" a ponto de merecer, ainda que se limitando em vários aspectos a uma troca de sinais, tal espécie de "defenestração"?

Caça aos "inimigos do povo"

É praticamente consensual a indicação dos anos 1930 como o ápice das práticas despóticas na história do socialismo soviético. Então, os bolcheviques fundiram num mesmo corpo as amargas recordações de um passado recente e a visualização de um quadro internacional caracterizado pela sucessão de crises políticas e econômicas. De um lado, a sombra ainda visível do abandono das expectativas em relação à explosão iminente da revolução internacional, em função da derrota dos movimentos revolucionários na Hungria e Alemanha, em 1919. De outro, a percepção da crise econômica mundial que explodia com a quebra da bolsa de valores de Nova York, em 1929. De uma parte, as feridas ainda não cicatrizadas dos quase quatro anos de guerra civil. De outra, a observação do crescimento dos movimentos e regimes fascistas. Do cruzamento desses acontecimentos, resultará a construção da ideia – um mito talvez – de que a União Soviética seria a "pátria cercada do socialismo", um país sitiado por inimigos de toda espécie, um Estado ameaçado internamente e cercado externamente, que precisava ser defendido a todo custo.

Dentro dessa conjuntura histórica mais ampla, as divergências de caráter político-ideológico em relação ao centro do poder bolchevique passaram a ter nome e sobrenome: "inimigos do povo". Sua identificação, perseguição e extermínio acabaram se tornando, num determinado momento, a própria finalidade da ação governamental do regime soviético sob a direção de Stalin, regime diretamente responsável pela edificação de um Estado todo-poderoso, forte o suficiente para exercer um controle quase total sobre as várias dimensões da vida individual e coletiva.

O início da rotina do uso da expressão "inimigos do povo" como instrumento persecutório pode ser localizado em 1º de dezembro de 1934, quando do assassinato de Sergei Kirov, o todo-poderoso líder do partido, em Leningrado, e fidelíssimo seguidor de Stalin. Então, o politburo (instância superior da direção partidária) que fora escolhido a dedo por Stalin no decorrer do ano encontrava-se dividido em duas tendências.

De um lado, Kirov, Voroshilov, Rudzvtak e Kalinin "insistiam para que Stalin desse um tom mais liberal à sua autocracia"; de outro lado, Molotov e Kaganovich "foram os principais defensores do pulso firme". No decorrer de todo o ano de 1934, Stalin tomava decisões oscilando entre as duas posturas. Ora ordenava uma anistia limitada para os *kulaks* rebeldes, ora sancionava um decreto que responsabilizava a família toda pela traição praticada por qualquer um dos membros, incentivando assim a delação aberta dentro do núcleo familiar.[4]

Mesmo que não tenha sido diretamente ordenado por Stalin, o assassinato de Kirov por um jovem comunista chamado Nikolaiev foi utilizado por ele como justificativa para o encerramento desse movimento pendular. Para o secretário-geral dos comunistas soviéticos, a vitória sobre os concorrentes políticos no interior do partido estava ainda longe de ser definitiva, sendo necessário um conjunto de ações mais enérgicas para o silenciamento total.[5]

O raciocínio político de Stalin sofria uma significativa inflexão na passagem de 1934 para 1935. A luta aberta com a morte de Lenin, em janeiro de 1924, contra as oposições em geral, e particularmente contra a "oposição de esquerda" liderada por Trotsky, Zinoviev e Kamenev, não poderia mais se dar no campo do "debate político-ideológico", mas sim no da "perseguição policial". Com auxílio intelectual de Bukharin, e fazendo uso da sua enorme capacidade pragmática de articulação nos bastidores políticos, Stalin conseguira derrotar seus oponentes, impondo-se como sucessor legítimo de Lenin, o inquestionável líder da Revolução de outubro de 1917.

Stalin, Lenin e Kalinin (da esquerda para a direita) no tempo em que ainda caminhavam juntos. Após a morte de Lenin e de uma acirrada disputa com Trotsky pela liderança no partido, Stalin tomaria o poder tornando-se um ditador feroz e provocando críticas de antigos companheiros como o próprio Kalinin.

No decorrer de uma década – entre o XIII Congresso (maio de 1924), o primeiro realizado após o falecimento de Lenin, e o XVII Congresso (janeiro de 1934), o chamado "congresso dos vencedores" –, Stalin conseguira derrotar com métodos bastante heterodoxos a "oposição trotskista", a "oposição nova de Zinoviev e Kamenev", a "oposição unificada" que reunia as duas anteriores, chegando até ao seu antigo aliado, Bukharin.

Em boa parte desses dez anos, por exemplo, Stalin conseguiu instrumentalizar o debate sobre "a construção do socialismo num único país", a fim de construir em torno dos seus principais opositores (Trotsky, Zinoviev e Kamenev) a ideia absurdamente falsa de que, ao defenderem a tese da "impossibilidade da edificação do socialismo fora dos quadros de uma revolução mundial", advogavam a restauração do capitalismo na Rússia soviética, em virtude do seu atraso técnico.[6]

O autoritarismo contido na heterodoxia da metodologia política stalinista, no decorrer dessa década, não é, porém, minimamente comparável com o terror despótico que passaria a se abater sobre quem ousasse divergir do "camarada Stalin", a partir do assassinato de Kirov. Estando Trotsky banido do solo soviético desde janeiro de 1929, não era de se esperar outra atitude da parte de Stalin que não fosse a de imputar a Zinoviev e Kamenev a responsabilidade pelo homicídio de 1º de dezembro. Abrindo as cortinas para o que seria apenas um "ensaio geral" do que viria a ocorrer entre 1936 e 1938, os dois líderes da antiga "oposição leningrandense" são julgados secretamente, sendo Kamenev condenado a cinco anos de trabalhos forçados, e Zinoviev, a dez.

A partir desse momento, Stalin passou a ver "assassinos de Kirov" em todas as esferas do partido, localizando "inimigos do povo" nos mais variados níveis da estrutura partidária comunista, das massas militantes mais remotas ao núcleo dirigente mais próximo. Até a primeira metade de 1936, porém, após a condenação de Zinoviev e Kamenev, a repressão se abateria mais sobre as primeiras, com julgamentos e deportações em larga escala, do que sobre o segundo, criando um ilusório clima de distensão.

O terror, no entanto, não tardaria a incidir sobre as principais lideranças comunistas, liquidando uma parcela considerável da vanguarda revolucionária de 1917, com os tragicamente famosos "Grandes Processos de Moscou". Pela primeira vez, a pena de morte seria aplicada contra a "velha guarda bolchevique", repetindo assim a não menos trágica experiência dos revolucionários franceses de 1789, devorados pela própria revolução.

O primeiro processo, em agosto de 1936, contra o "centro trotskista-zinovievista", teve dezesseis condenados à morte, entre eles, Zinoviev, Kamenev, Smirnov, Mrachkovski, Evdokimov e Bakaiev. O segundo processo, em janeiro de 1937, contra o "centro paralelo trotskista" teve dezessete acusados, sendo treze condenados à morte e quatro a longas penas de prisão, incluindo Piatakov, Radek, Sokolnikov, Muralov e Serebriakov. O terceiro processo, em março de 1938, teve 21 acusados, sendo dezoito condenados à morte e três a grandes penas de prisão: Bukharin, Rikov, Krestinski, Rakovski, Yagoda, entre outros.

As peças de acusação dessas gigantescas farsas processuais forjavam impressionantes delitos. De uma parte, à "responsabilização ideológica" pelo assassinato de Kirov era acrescentada uma série de novas acusações, como a de se ter desenvolvido um conjunto de atividades terroristas em estreito contato com Trotsky, montando-se um complô minuciosamente traçado para matar os maiores dirigentes do partido, Stalin aí incluído, com vistas à restauração do capitalismo no país. De outra parte, os imputados foram alvo da acusação de terem conspirado, sempre sob as ordens de Trotsky, com a Alemanha e o Japão, indo, porém, muito além da condição de terroristas e sabotadores, tornando-se agentes do fascismo internacional.

Ao fim de 1938, a autocracia stalinista não tinha mais com o que se preocupar no plano interno, tendo alcançado assim o seu real escopo de maneira plena. Todos os dirigentes que, mesmo longinquamente, representavam uma possibilidade de se constituir como alternativa de governo ao poder ditatorial haviam sido criminosamente aniquilados, em não poucos casos, fisicamente.

Com as óbvias exceções de Stalin (principal acusador no poder) e de Trotsky (principal acusado no exílio), passaram pelos bancos dos réus "todos os membros do politburo de Lenin".[7] Além disso, foram atingidos "cinco membros do politburo, todos stalinistas fiéis (Postychev, Rudzutak, Eikhe, Kossior e Tchubar), 98 dos 139 membros do Comitê Central e 1.108 dos 1.996 delegados do XVII Congresso do Partido (1934)".[8]

Tais números já seriam suficientes para se compreender o altíssimo grau de esquizofrenia política a que chegara a ação galvanizada por Stalin. O clima de asfixia reinante no território soviético, retrato perfeito de uma generalizada "caça às bruxas", levou a um extremo impensável até para os padrões muito pouco democráticos do bolchevismo leninista: a censura daqueles que dissentiam. Ser portador de dissenso, nos obscuros anos 30 soviéticos, implicava ser visto como elemento desviante, um traidor, um criminoso, enfim, um "inimigo do povo".

Os exemplos dessa incapacidade política de conviver com a alteridade (central em toda e qualquer espécie de fanatismo) são múltiplos, mas talvez seja insuperável o do destino dos "chefes da polícia secreta soviética". Sucessora

Mesmo a milhares de quilômetros da União Soviética, em seu exílio no México, Leon Trotsky foi alcançado pelo braço de Stalin. Morreu assassinado pelas costas a golpe de martelo por ordem do ditador.

da Tcheka (Comissão Extraordinária para o Combate à Contrarrevolução e à Sabotagem Política), criada em 1918, após o atentado contra Lenin, a OGPU (Administração Política Unificada do Estado) já trazia em si, desde sua estruturação em 1922, a abertura em relação à passagem do que era "extraordinário" para o plano do "ordinário".

É, em 1934, no entanto, com a nova denominação de NKVD (Comissariado do Povo para o Interior), que as atividades estatais de repressão política ganham conotações absurdamente novas, facilmente constatáveis na trajetória dos seus comandantes. Chefe da OGPU às vésperas do início dos "Grandes Processos de Moscou", Iagoda seria afastado do cargo, em 1936, para ser expurgado em 1938. No lugar, entra Yezov, responsável direto pelo terror do triênio 1936/1938, período que passou a ser chamado de Yezovshchina, sendo executado concomitantemente ao término dos expurgos, em 1939. Vago o posto, Beria é nomeado, trazendo às costas a força da tradição. Foi fuzilado, em 1953, após perder para Kruchev a disputa pela sucessão de Stalin.

Causa forte impressão, além de ser sintomática, a maneira adotada pelo comunismo soviético para encerrar os períodos mais sombrios de repressão assinalados na sua história. O fim da Yezovshchina dá-se com a execução do seu maior inspirador. O início da desestalinização precipita-se com o expurgo derradeiro de um dos biógrafos preferidos de Stalin. Entretanto, os expurgos levados a cabo nas várias instâncias do partido representam apenas uma pequena cifra, a "ponta do *iceberg*", do gigantesco trabalho de "limpeza", de "purificação", levado a cabo nos anos 1930, dentro da União Soviética.

Em outras palavras, os expurgos stalinistas foram muito além do aspecto puramente político-partidário, tendo englobado uma massa incalculável de anônimos. Afinal de contas, para uma "conspiração antissoviética" da envergadura imaginada por Stalin, os "inimigos do povo" não poderiam se reduzir a alguns poucos milhares.

O Grande Terror

Em se tratando de números, já se falou que o "Grande Terror" teria atingido pelo menos seis milhões de prisões, três milhões de execuções e dois milhões de mortes em campos de concentração.[9] Ainda que reduzidos em 75%, como em outras estimativas, os números são assustadores. Teriam sido presas, apenas entre 1937 e 1938, 1.575.000 pessoas, com 1.345.000 condenações e 681.692 execuções.[10]

Não obstante a possibilidade de ser preso de forma completamente aleatória a fim de completar a cota de uma operação de liquidação específica – o que demonstra de maneira clara os níveis de patologia alcançados pelos aparelhos repressivos –, algumas categorias acabaram por se tornar alvo privilegiado das sucessivas ondas de expurgos. O aumento de 70% do número de detentos com nível superior, entre 1936 e 1939, é um indicativo claro da ação preferencial do terror contra as elites cultas dentro e fora do partido.

Além disso, habitar em Leningrado ou na Ucrânia, pertencer ao corpo diplomático ou ao Comissariado do Povo para as Relações Exteriores, estar vinculado de alguma forma aos setores industriais, ser dirigente de um partido comunista estrangeiro e estar em solo soviético exilado ou a serviço da Internacional Comunista, fazer parte do corpo militar do Exército Vermelho, possuir vínculos com a Igreja, em suma, pertencer ou ter pertencido de fato a uma dessas categorias, ou até mesmo ter estabelecido em alguma fase da sua vida, concretamente ou não, qualquer espécie de relação com um indivíduo que pertencesse a uma dessas categorias, significava ter as chances de ser expurgado aumentadas exponencialmente.[11]

Dentro desse quadro geral de expurgos praticados contra categorias específicas, merecem destaque aqueles praticados contra a *intelligentsia* russa, grupo social reconhecido desde o século XIX pelo seu caráter crítico e resistente a todas as modalidades de despotismo. Aqui, a destruição foi implacável em relação a todos que se opuseram minimamente às diretrizes do chamado "realismo socialista", tendo sido responsável por um massacre sem precedentes da cultura russa.

O leque é amplo o suficiente para ir das ciências humanas às ciências naturais, passando, obviamente, pelo campo artístico-cultural. Economistas, historiadores, literatos, engenheiros, astrônomos, estatísticos, linguistas, biólogos, médicos, agrônomos, jornalistas, teatrólogos, escritores, músicos, entre outros, formam uma lista interminável de intelectuais perseguidos por discordarem da ideia de que haveria uma "ciência proletária" e uma "ciência burguesa", uma "cultura revolucionária" e uma "cultura reacionária".[12]

Consagrado oficialmente em 1934 durante o Congresso dos Escritores, às vésperas do início do terror, o "realismo socialista" foi, por algumas décadas, "o instrumento ideológico com o qual uma grande literatura, como a russa, foi dominada e arruinada". O realismo socialista estabelecia um critério único para avaliar as obras. Considerava válidas apenas as que pudessem servir à revolução, ou melhor, aos projetos do grupo dirigente do Partido-Estado.

Todas as expressões da inteligência humana deveriam retratar fielmente a realidade da luta de camponeses e operários (a foice e o martelo) em prol de uma nova ordem social comunista – os saberes teriam que refletir essa nova realidade revolucionária. Em virtude do realismo socialista, escritores como Isaac Babel (*Cavalaria Vermelha*) foram assassinados; outros, como Boris Pasternak (*Doutor Jivago*) foram silenciados, enquanto alguns de não menor riqueza intelectual como Máximo Gorki (*Os Pequenos Burgueses*) davam uma grande contribuição à sua edificação.[13]

Nenhuma dessas categorias, no entanto, foi capaz de superar o bode expiatório preferencial desde os inícios do processo revolucionário, em 1917: os camponeses ricos ou supostamente ricos – os *kulaks*. Ao lado da acusação de trotskismo, ser qualificado como kulak continuava a representar uma quase "sentença de morte", nos anos 30 soviéticos. A deportação de um milhão de famílias definidas como de "camponeses ricos", no curso da "coletivização dos campos", não fora o suficiente para aplacar a sanha bolchevique. Legiões formadas de "kulaks sabotadores infiltrados nas empresas" e de "kulaks bandidos rondando as cidades" continuariam a rondar livremente o território soviético numa "gigantesca conspiração conjunta" com os "trotskistas agentes do fascismo internacional" ou com os "trotskistas defensores do retorno ao capitalismo".

Mas, como uma espécie de *big-bang* político, esse "imaginário universo conspiratório" não cessava de se expandir continuamente, entre 1936 e 1938. Ora, se o próprio partido dos bolcheviques encontrava-se infestado de espiões e traidores, por quais razões o glorioso Exército Vermelho não o estaria também? Diante da acusação de que os militares soviéticos estariam mancomunados com o Alto Comando Alemão, é realizado um julgamento secreto, em junho de 1937, responsável pela eliminação física de três dos

Um testemunho do Grande Terror, deixado pelas mãos de uma prisioneira de um "campo de reeducação de trabalho", verdadeiro campo de concentração em que os deportados soviéticos eram humilhados, torturados e mortos.

cinco marechais existentes (Tukhatchevski, Iegorov e Blücher), e pelo expurgo de treze dos quinze generais de cinco estrelas; oito dos nove almirantes; cinquenta dos 57 generais de quatro estrelas; 154 dos 186 generais de divisão; todos os dezesseis comissários de exército e 25 dos 28 comissários de divisão de exército.[14]

Para além do universo partidário, uma purga como a feita no Exército Vermelho, capaz de alijar de uma só vez tamanho contingente de técnicos, só havia sido realizada, em 1928, quando da perseguição aos denominados "especialistas burgueses" – profissionais com nível superior que ocupavam importantes posições de comando antes de outubro de 1917 –, que trabalhavam nas minas de carvão de Chakhty. Acusados de sabotagem contra a indústria carbonífera soviética, seu exemplo inspiraria um sentimento de repulsa incontido contra profissionais de nível superior formados durante o czarismo.

Recorrendo a julgamentos secretos sumaríssimos ou a grandes espetáculos públicos de sentenciamento, o poder stalinista conseguiu levar a cabo um grande trabalho, ao mesmo tempo, de mobilização ideológica e de eliminação dos adversários, ou supostos adversários. Nesse trabalho, a exigência da confissão de crimes nunca praticados, feita sob chantagem em troca do perdão, mesclava-se com o uso cada vez mais ampliado da tortura durante o interrogatório.

Um trecho do ato de acusação feito no julgamento de Vassili Sidorov, empregado de cooperativa da região de Moscou, fuzilado em 3 de agosto de 1938, é revelador das razões alegadas contra um anônimo qualquer a fim de justificar a condenação à morte, nos anos 30 stalinistas: "Sidorov, mal-intencionado em relação ao poder soviético em geral e o Partido em particular, praticava sistematicamente uma propaganda antissoviética".[15]

Entre os anos de 1936 e 1938, Stalin realizou plenamente, mas com métodos ainda não cogitados, o que defendera abertamente, em abril de 1924, em uma série de conferências na Universidade de Sverdlov: "O partido consolida-se pela depuração dos elementos oportunistas", depuração esta que não deve se dar "através da luta ideológica travada dentro do partido".[16] Passados dez anos dessas afirmações, naturais para o espírito bolchevique, feitas no já citado "congresso dos vencedores", em janeiro de 1934, Stalin indicaria, com a prepotência típica dos ditadores em ascensão, o sucesso da primeira fase de "depuração pacífica" do partido:

> O presente congresso se celebra sob a bandeira da vitória total do leninismo, da liquidação dos restos dos grupos antileninistas. Foi batido e disperso o grupo antileninista dos trotskistas. Seus organizadores vegetam hoje no estrangeiro, nos currais dos partidos burgueses.[17]

Parecia impensável que a tônica da retórica stalinista subisse ainda mais de temperatura, mas o pior ainda estava por vir. Assim, em 1937, por um lado, Stalin recordava o espírito da polêmica sobre "a construção do socialismo num só país" recorrendo mais uma vez à instrumentalização da teoria com finalidades explícitas de caráter prático-político.

São os tempos da tese sobre "o acirramento das lutas de classes quanto mais se avança na direção do socialismo".[18] Por outro lado, em telegrama de 20 de janeiro de 1939, Stalin refere-se a uma decisão tomada pelo comitê central do partido, explicando que "a aplicação dos métodos de pressão física praticados pela NKVD é permitida desde 1937"[19]. São os tempos da adoção oficial pelo Estado soviético da prática da tortura em larga escala.

Diante de tudo isso, nada mais poderia causar estupor. Nem mesmo a publicação, em 1938, do *Breve curso de história do PC (b) da URSS*, tentativa de narrar a história do partido à luz da sucessão de expurgos cometidos no decorrer dos anos. Muito menos o capítulo sobre materialismo dialético e materialismo histórico[20], suprassumo da vulgarização do pensamento marxista, capaz de criar fórmulas como a de que "o materialismo dialético é a teoria geral do partido marxista-leninista".[21]

BASES SOCIAIS, MENTALIDADE POLÍTICA E CONTRADIÇÕES DO TERROR

O desenvolvimento do terror, do Estado burocrático e do governo autocrático tem sido justificados pelas tensões decorrentes de uma industrialização acelerada, ao contrário do que aconteceu nos países da Europa Ocidental, onde a construção, passo a passo, de uma estrutura industrial, com a participação de uma burguesia forte não exigiram uma concentração de poder tão grande por parte dos governantes. Há mesmo quem afirme que tal situação tenha sido responsável pela formação de uma "matriz social" nova que, por sua vez, se tornou fonte de um "sistema estatal autoritário e onipresente".[22]

Propaganda oficial stalinista em que o ditador é reverenciado pelos soviéticos. Na realidade, sob seu comando, centenas de milhares de pessoas foram exterminadas.

A compreensão do terror stalinista requer, sem sombra de dúvidas, a investigação das suas bases sociais, a pesquisa daquilo que existe de "necessidade" nos processos históricos. Mas não podemos e não devemos esquecer que, acima da "determinação" de caráter socioeconômico, existem os atos de "liberdade" política, as ações voluntárias de indivíduos e grupos sociais capazes de agir e reagir sobre a força opressora das estruturas legadas por outros contextos. Nesse cenário, o terror stalinista deve ser analisado como uma opção dentre outras possíveis no campo político (ainda que limitada pelas circunstâncias materiais do momento) e não apenas como uma espécie de síntese de determinadas circunstâncias sociais[23], muito menos como um processo inevitável.

O terror stalinista foi uma opção política prenhe de certezas dogmáticas e saturada de maniqueísmos de toda espécie; que rechaçava as mediações, os matizes, as contradições e as tensões; que se utilizou fartamente de metáforas militares; que se alimentava da lógica da exclusão, na qual ou há consenso ou há condenação; que adorava as conclusões peremptórias, as simplificações e os fatalismos; uma opção, em suma, que reunia no seu bojo grande parte dos ingredientes necessários para uma concepção fanática da política.[24]

É preciso deixar claro que o stalinismo não foi obra de um homem só; nessa percepção reducionista, não há problemas de ordem alguma no automatismo assinalado na passagem do "culto à personalidade" de Stalin, para a "culpa da personalidade" de Stalin. Isso porque ambas as avaliações só aparentemente se contradizem, sendo na verdade as duas faces de uma única modalidade de compreensão histórica, marcada pela observação da movimentação das sociedades como fruto da ação imperiosa de "salvadores da pátria" e "bodes expiatórios" – a eterna luta maniqueísta do "Bem" contra o "Mal".

Diferentemente desse tipo de análise histórica, talvez seja mais apropriado entender o stalinismo como fruto de uma relação extremamente dinâmica, permeada de tensões, entre um grande líder político (Stalin) e amplas camadas sociais beneficiadas pela ação deste à frente do Estado soviético (uma miríade de "stalins"). Mais do que isso, o entendimento da dinâmica do stalinismo requer a explicitação dos vínculos existentes entre os interesses dos indivíduos comuns e os períodos mais sombrios do terror. Isso porque, como numa "guerra de todos contra todos"[25], um individualismo perverso emergiu da prática da delação:

numa completa inversão dos valores socialistas que se pretendia implantar, o ato de delatar um "inimigo do povo" passou a representar a possibilidade de obtenção de benesses materiais, melhoria da situação funcional e até mesmo de ascensão social.

Com isso, as relações individuais cotidianas no seio da sociedade soviética ganharam progressivamente feições doentias, seja no espaço público ou no privado. Um clima de conspiração asfixiante se infiltrou entre laços de amizade e até mesmo no interior dos núcleos familiares, no repetitivo dia a dia. O medo de ser delatado, como num "círculo vicioso", fazia com que as pessoas se antecipassem à delação do outro. Terror e medo se alimentaram reciprocamente, originando uma sociedade assentada na estranha dialética entre desconfiados e suspeitos.

De outra parte, é possível encarar o terror dos anos 30 não apenas pela evidente faceta destruidora, mas também por meio da nem sempre clara faceta construtiva. Um exemplo significativo pode ser encontrado na função positiva desempenhada pelo trabalho stalinista de transformação da teoria marxista, com as atualizações desenvolvidas por Lenin, num corpo extremamente simplificado de afirmações categóricas chamado, desde então, de "doutrina marxista-leninista".

Embora orquestrado pelo tirano, o stalinismo não foi obra de um só homem. Amplas camadas sociais foram beneficiadas pelo sistema que ele implantou.

O "marxismo-leninismo" não foi apenas a óbvia deformação reducionista do que era extremamente complexo em Marx e, de certa forma, até mesmo em Lenin. Foi também a forma encontrada por uma determinada fração bolchevique, liderada cada vez mais por Stalin, de traduzir um pensamento sofisticado e enquadrar uma realidade social fugidia para um contingente assustadoramente em ascensão de ex-*mujiques* (os camponeses pobres russos), que, impactados pelo processo de coletivização dos campos e pela imposição do I Plano Quinquenal, chegavam às cidades para obter nível superior e inscrever-se no Partido Comunista.

Trata-se, pois, de pensar Stalin, o stalinismo e o terror dos anos 30 como fenômenos históricos plenos de contradições; como uma trinca atravessada por uma relação de continuidade e ruptura com a Revolução de 1917, os ideais históricos do bolchevismo e toda a carga radical de generosidade e fanatismo sempre presentes nos movimentos políticos voltados para a revolução social. Repetida em outras experiências históricas de caráter ditatorial no decorrer do século XX, essa explosiva combinação revelará boa parte da disposição antidemocrática das vanguardas comunistas e da natureza antiliberal dos Estados comunistas criados à sua imagem e semelhança.

Notas

1 "Rapporto del compagno Stalin alla sessione plenaria del comitato centrale del PCUS (b), 3 marzo 1937" *in* MIELI, Renato. *Togliatti 1937*. Le responsabilità del leader del PCI nel terrore staliniano. Milano, Rizzoli, 1988, p.214.

2 "Rapporto Segreto di Krusciov al XX Congresso del PCUS. Mosca, 24 febbraio 1956" *in*, Renato Mieli *Togliatti 1937*. pp.181-5.

3 Massimo Salvadori. "A crítica marxista ao stalinismo" *In* Eric Hobsbawm (org.) *História do marxismo* (vol.7). O marxismo na época da Terceira Internacional: a URSS da construção do socialismo ao stalinismo. Rio de Janeiro: Paz e Terra, 1986, p.287.

4 Isaac Deutscher. *Stalin*. A história de uma tirania (2 tomos). Rio de Janeiro: Civilização Brasileira, 1970, pp. 319-20.

5 *Ibid.*, p.320.

6 Roi Medvedev. "O socialismo num só país" *In* Eric Hobsbawm (org.). *História do marxismo* (vol.7). pp.45-81.

7 Isaac Deutscher. *Stalin*. p.335.

[8] Nicolas Werth. "Um Estado contra o povo. Violência, repressão e terror na União Soviética" *In* Stéphane Courtois et alii. *O livro negro do comunismo.* Crimes, terror e repressão. Rio de Janeiro: Bertrand do Brasil/Biblioteca do Exército, 2000, p.232.

[9] Robert Conquest. *O grande terror.* Os expurgos stalinistas nos anos 30. Rio de Janeiro: Expressão e Cultura, 1970.

[10] Nicolas Werth. *Les procès de Moscou (1936-1938).* Bruxelles: Complexe, 1987.

[11] Nicolas Werth. "Um Estado contra o povo. Violência, repressão e terror na União Soviética" *In* Stéphane Courtois *et alii. O livro negro do comunismo.* pp.223-43.

[12] *Ibid.*, pp.240-1.

[13] Vittorio Strada. "Do 'realismo socialista' ao zdhanovismo" *In* Eric Hobsbawm (org.). *História do marxismo* (vol.9). O marxismo na época da Terceira Internacional: problemas da cultura e da ideologia. Rio de Janeiro: Paz e Terra, 1987, pp.156-9.

[14] *Ibid.*, p.239.

[15] "Dossiê n.24.260" *In* Nicolas Werth. "Um Estado contra o povo. Violência, repressão e terror na União Soviética" *In* Stéphane Courtois *et alii. O livro negro do comunismo.* pp.236-7.

[16] Josef Stalin. *Fundamentos do leninismo.* São Paulo: Global, s/d, pp.122-3.

[17] Josef Stalin. "Informe ante el XVII Congreso del Partido acerca de la actividad del C.C. del P.C. (b) de la URSS" *in Obras escogidas.* Tirana, 8¨nëntori, 1981, p.424.

[18] "Rapporto del compagno Stalin alla sessione plenaria del comitato centrale del PCUS (b), 3 marzo 1937" *in* Renato Mieli. *Togliatti 1937.* pp.216-7.

[19] "Rapporto Segreto di Krusciov al XX Congresso del PCUS. Mosca, 24 febbraio 1956" *In* Renato Mieli. *Togliatti 1937.* pp.184-5.

[20] Josef Stalin. *Materialismo dialético e materialismo histórico.* São Paulo: Global, 1978.

[21] Ibid., p.13.

[22] Mosche Lewin. "Para uma conceituação do stalinismo" *In* Eric Hobsbawm (org.) *História do marxismo* (vol.7). pp.203-40.

[23] *Ibid.*, p.239.

[24] Franz Márek. "Sobre a estrutura mental de Stalin" *In* Eric Hobsbawm (org.) *História do marxismo* (vol.7). pp.273-83.

[25] A expressão foi cunhada pelo filósofo britânico Thomas Hobbes, na obra *O Leviatã*, de 1651.

Bibliografia

CONQUEST, Robert. *O grande terror.* Os expurgos stalinistas nos anos 30. Rio de Janeiro, Expressão e Cultura, 1970.

COURTOIS, Stéphane *et alii. O livro negro do comunismo.* Crimes, terror e repressão. Rio de Janeiro, Bertrand Brasil/Biblioteca do Exército, 2000.

DEUTSCHER, Isaac. *Stalin.* A história de uma tirania (2 tomos). Rio de Janeiro, Civilização Brasileira, 1970.

HOOBLER, Doroty e Thomas. *Stálin.* São Paulo, Nova Cultural, 1987.

HOBSBAWM, Eric. *História do marxismo* (vol.7). O marxismo na época da Terceira Internacional: a URSS da construção do socialismo ao stalinismo. Rio de Janeiro, Paz e Terra, 1986.

___________. *História do marxismo* (vol.9). O marxismo na época da Terceira Internacional: problemas da cultura e da ideologia. Rio de Janeiro, Paz e Terra, 1987.

MIELI, Renato. *Togliatti 1937.* Le responsabilità del leader del PCI nel terrore staliniano. Milano, Rizzoli, 1988.

NETTO, José Paulo. *O que é stalinismo.* São Paulo, Brasiliense, 1981.

REIS FILHO, Daniel Aarão. *Uma revolução perdida.* A história do socialismo soviético. São Paulo, Fundação Perseu Abramo, 1997.

STALIN, Josef. *Fundamentos do leninismo.* São Paulo, Global, s/d.

___________. *Materialismo dialético e materialismo histórico.* São Paulo, Global, 1978.

___________. *Obras escogidas.* Tirana, 8 nëntori, 1981.

WERTH, Nicolas. *Le procès de Moscou (1936-1938).* Bruxelles, Complexe, 1987.

Ação Kamikase

Os homens-bomba japoneses na Segunda Guerra Mundial

Marco Mondaini

> Temos de apresentar ao Imperador
> um plano para alcançar a vitória [...]
> Se formos resolutos e se estivermos preparados
> para sacrificar vinte milhões de japoneses
> num esforço *kamikase*, a vitória será nossa!
> *Almirante Takajiro Ohnishi, agosto de 1945*[1]

Às 8h15min da manhã do dia 6 de agosto de 1945, a superfortaleza aérea norte-americana Enola Gay lançou sobre a cidade japonesa de Hiroshima a primeira bomba atômica. Três dias depois da primeira explosão nuclear, uma segunda bomba atômica foi despejada sobre Nagasaki. Os números são estarrecedores. Do primeiro impacto, resultaram de imediato entre setenta e oitenta mil mortos ou desaparecidos, setenta mil feridos e doze quilômetros quadrados de destruição. Do segundo estrondo, advieram entre trinta e cinco e quarenta mil mortos imediatos ou desaparecidos, quarenta mil feridos e quatro quilômetros e meio quadrados de destroços. Mesmo com a impressionante dimensão, tais números não conseguem retratar a totalidade da tragédia que viria a se completar com o "dia seguinte" do flagelo nuclear, em decorrência das doenças incuráveis causadas pela intensa radiação propagada.

Para se ter uma noção aproximada da potência destruidora imediata das duas bombas, basta comparar esses números com os do *raid* (incursão rápida de aviões em território inimigo) levado a cabo pelos norte-americanos sobre a cidade de Tóquio, cinco meses antes, em 9 de março daquele ano. Nesse ataque aéreo, para matar cerca de oitenta mil japoneses e ferir outros cem mil, foram necessários quase trezentos aviões e mais de mil e seiscentas toneladas de bombas.[2]

A visão horrenda que emergiu no rastro da dupla explosão nuclear precipitou a rendição incondicional dos japoneses, em 2 de setembro de 1945. A Segunda Guerra Mundial terminava sob a lembrança imediata do cogumelo atômico, da chuva negra e da silhueta dos corpos incinerados nas calçadas.

Ataque aéreo japonês à base naval norte-americana de Pearl Harbor em dezembro de 1941. As perdas sofridas pelos Estados Unidos nesse episódio-surpresa, ocorrido sem que houvesse uma declaração prévia de guerra, provocaram muitos ressentimentos e uma grande sede de vingança.

Para os Estados Unidos, o lançamento das duas bombas atômicas vinculava-se menos a considerações de ordem militar do que as de natureza política. Na verdade, o duplo bombardeio nuclear "foi levado a cabo com o propósito único de dar uma demonstração política de força dirigida mais aos aliados dos EUA, particularmente a União Soviética, do que ao Japão".[3] Este último encontrava-se praticamente aniquilado militarmente, enquanto os soviéticos demonstravam uma potencialidade cada vez mais expressiva.

Entretanto, boa parte da opinião pública internacional, e inclusive a dos Estados Unidos, considerou que os norte-americanos exageraram na dose. A vingança em relação aos episódios do dia 7 de dezembro de 1941 – chamado pelos estadunidenses de Dia da Infâmia – superou qualquer expectativa, por mais catastrófica que fosse. Nas primeiras horas daquele dia, trezentos e sessenta aviões japoneses, em duas vagas lançadas com quinze minutos de intervalo, escapando à detecção dos radares norte-americanos, haviam atacado a base da esquadra norte-americana no Oceano Pacífico, infligindo aos Estados Unidos a maior derrota de toda a sua história militar até então.

Enquanto as perdas nipônicas não passaram de trinta aviões e cinquenta homens, as dos norte-americanos chegaram a quase duzentos aviões, três mil e quinhentos homens mortos, feridos ou desaparecidos, e uma frota praticamente destruída.[4] A contrainformação japonesa impôs um grande nocaute aos estrategistas norte-americanos, deixando-os absolutamente estupefatos. Quem ousaria imaginar que um ataque planejado há mais de um ano seria deflagrado exatamente durante a estadia em solo estadunidense de um embaixador portando mensagens sinceramente pacifistas?[5] Os Estados Unidos nunca aceitaram o fato de o ataque ter sido realizado antes mesmo da declaração oficial de guerra, violando-se assim abertamente o primeiro artigo da Convenção de Haya, de outubro de 1907, e, mais ainda, no exato momento em que o embaixador japonês conversava com o secretário de Estado norte-americano.

Entre o ataque aéreo à base havaiana de Pearl Harbor e o lançamento das duas bombas atômicas em Hiroshima e Nagasaki, alguma coisa havia sido perdida em termos de humanidade no mundo. O caráter da guerra transformara-se e, junto com ele, o próprio espírito de determinados combatentes.

A guerra total

Ao contrário da Primeira Guerra Mundial (1914-1918), a Segunda Guerra Mundial caracterizou-se por ter sido uma "guerra total". Em primeiro lugar, todos os países do mundo estiveram envolvidos, direta ou indiretamente. Em segundo lugar, todas as populações foram atingidas pelos conflitos – combatentes e não combatentes, militares e civis.[6] Sem dúvida, três das principais características – "extensão no espaço, longa duração e intensidade crescente"[7] – já se encontravam presentes, de certa forma, na Primeira Guerra Mundial. Entretanto, as dimensões apresentam-se em escalas bastante diferenciadas entre si. Enquanto a Primeira Guerra Mundial nos traz à mente as trágicas lutas travadas nas trincheiras do continente europeu no decorrer de quatro anos, a Segunda Guerra Mundial é lembrada como um conflito que se estendeu do Oceano Atlântico ao Oceano Pacífico, por todos os continentes, com inúmeros bombardeios de populações civis indefesas, durante seis longos anos.[8]

Aviões norte-americanos lançando bombas na Segunda Guerra Mundial – uma "guerra total" que se estendeu do Atlântico ao Pacífico, atingindo todos os continentes.

O primeiro fator responsável pela transformação da Segunda Guerra Mundial numa "guerra total" está relacionado precisamente ao início do conflito entre EUA e Japão, no bojo do ataque a Pearl Harbor. A explosão da guerra entre os dois países vinculava-se a duas questões fundamentais. De um lado, a crescente ameaça que o avanço japonês sobre o sudeste asiático representava para os interesses geopolíticos norte-americanos. De outro, o fato de o Japão se aproximar cada vez mais da Alemanha, enquanto os EUA reafirmavam os laços com a Inglaterra.[9]

É preciso compreender que o Japão que avança sobre Pearl Harbor é o país que, em 1867-8, na Revolução Meiji, fez a clara opção por se transformar em um "Estado nacional centralizado, baseado na burocracia e no exército", superando as antigas estruturas fundiárias, assumindo a política monárquica constitucional e lançando-se como potência a se expandir pelo mundo. Em outras palavras, o Japão que se insere abruptamente na Segunda Guerra Mundial é um país que construiu sua modernização capitalista adotando uma forma política autoritária e fazendo uso da força das tradições milenares como instrumento de mobilização.[10]

A desconfiança mais imediata dos EUA em relação ao Japão remonta aos anos de 1932, com a conquista da Manchúria, e 1937, quando do início da Guerra Sino-Japonesa, aprofundando assim um desgaste que já vinha da Primeira Guerra Mundial. Desde então, os EUA começaram a observar com extrema preocupação a possibilidade de essa parte do planeta se fechar completamente aos interesses norte-americanos, em função de um possível controle japonês. Diante do fato consumado da invasão do território chinês pelas tropas japonesas, não restou aos EUA outra alternativa senão aplicar severa pressão econômica – via embargo de inúmeros produtos, entre os quais o petróleo – sobre as exportações para o Japão.

Não obstante tais embargos econômicos, aquilo que era apenas uma possibilidade transformou-se muito rapidamente em ameaça concreta após o ataque a Pearl Harbor. Em apenas seis meses de guerra no Oceano Pacífico, as forças militares japonesas já haviam alcançado o domínio sobre praticamente todo o sudeste asiático, continental e insular. Com um golpe fulminante, o Japão impôs seu poderio sobre uma região dominada pelo imperialismo inglês e francês.[11]

Para legitimar essa estonteante ofensiva, buscou-se apresentar o Japão como um país densamente povoado, com os habitantes vivendo num território muito pequeno; um país vítima de um cerco de natureza econômica, política e militar levado a cabo pelas nações aliadas. Na verdade, ao lado desse discurso, não se deve esquecer o fato de os japoneses terem percebido o início da guerra na Europa como o momento propício para concretizar o antigo sonho de dominação do Extremo Oriente, consequência natural de um forte sentimento de superioridade racial.

Em dezembro de 1941, os dois conflitos separados tornam-se um só. A luta entre as democracias liberais ocidentais e a União Soviética contra a Alemanha nazista e a Itália fascista amplia-se significativamente com a incorporação da disputa entre japoneses e norte-americanos. O mundo divide-se em dois blocos. De uma parte, os países do Eixo (Alemanha, Itália e Japão); de outra parte, os países aliados (Inglaterra, Estados Unidos e União Soviética).

Iniciada na madrugada de 1º de setembro de 1939, com a invasão da Polônia pela Alemanha, a Segunda Guerra Mundial teve em suas origens três ordens de questões. Em primeiro lugar, a divisão do mundo, estabelecida ao término da Primeira Guerra Mundial, em dois campos:

- os vencedores, liderados pela França – "potências satisfeitas, empenhadas na aplicação literal das cláusulas dos tratados";
- os perdedores, capitaneados pela Alemanha – países "que desejavam uma revisão parcial ou total dos tratados".

Em segundo lugar, no plano econômico, a Grande Depressão em que foi jogado o mundo capitalista com a quebra da bolsa de valores de Nova York, em outubro de 1929. Em terceiro lugar, condicionada pelos dois fatores acima, a chegada ao poder por vias legais do fascismo na Itália e do nazismo na Alemanha, com um projeto fortemente nacionalista e autoritário – ao mesmo tempo, antiliberal, antidemocrático e antissocialista.[12]

Com o ataque desferido pelos alemães, não restou à Inglaterra e à França outra saída a não ser a declaração de guerra à Alemanha. Depois disso – e antes de a guerra ter se tornado total em 7 de dezembro de 1941, com o ataque japonês a Pearl Harbor –, dois momentos marcaram profundamente os rumos do conflito: em 10 de maio de 1940, o início da grande ofensiva alemã sobre o Ocidente; em 23 de junho de 1941, o deslanchar do avanço alemão sobre a União Soviética. Tanto na primeira situação quanto na segunda, as forças alemãs demonstraram superioridade com a estonteante *blitzkrieg* (guerra relâmpago).[13] Até o início de 1943, as perspectivas apresentavam-se bastante sombrias para os países aliados. A impressão palpável era de que as tropas do Eixo eram imbatíveis, na terra, no mar e no ar; e a hipótese da construção de um império mundial nazifascista tornava-se cada vez mais provável.

A atmosfera começou a tornar-se menos sufocante com a realização de três batalhas, a partir da segunda metade de 1942. Os ventos começaram a soprar em outra direção, quando as forças do Eixo foram derrotadas em três diferentes cenários. Em junho, os japoneses são batidos pelos norte-americanos na Ilha de Midway, no Oceano Pacífico, durante a batalha naval que marcou o fim do avanço militar nipônico. Em outubro, os temíveis Afrika Corps começam a ser expulsos do Oriente Médio pelos ingleses, com a batalha de El Alamein, no Egito, quebrando a invencibilidade do general alemão Rommel. Por fim, em fevereiro de 1943, após três meses de cruentos combates, o exército soviético derrota as forças nazistas na batalha de Stalingrado. Era a virada da guerra.[14]

Pilotos japoneses na expectativa da batalha. Até o início de 1943, as forças do Eixo – das quais o Japão fazia parte – pareciam destinadas a vencer o conflito mundial.

Para os japoneses, depois da batalha de Midway e, particularmente, da batalha de Guadalcanal, em fevereiro de 1943, a guerra passou a representar cada vez mais um esforço de defesa, constante e aflitiva. Sob o comando do general MacArthur, as tropas norte-americanas começaram a recuperar, uma por uma, todas as ilhas do Oceano Pacífico, obrigando os japoneses a retrocederem em direção ao diminuto território pátrio.

Durante cerca de vinte meses, as forças norte-americanas avançaram, ilha por ilha, palmo a palmo, rumo à preparação do ato final da marcha sobre Tóquio. Foi então que, no segundo semestre de 1944, numa última reação desesperada, os comandantes militares japoneses apelaram para uma tática suicida, capaz de explicitar o fio extremamente tênue que separa o heroísmo do fanatismo.

A tática suicida do "vento divino"

Em outubro de 1944, por iniciativa do almirante Takajiro Ohnishi, o alto comando da Marinha Imperial japonesa aprovou o uso da tática de mergulho de choque contra os alvos da frota naval norte-americana. Para Ohnishi, os parcos efetivos das forças japonesas deveriam ser utilizados com eficiência máxima, isto é, organizados em unidades suicidas: os aviadores deveriam lançar caças carregados de bombas diretamente contra os navios inimigos, particularmente contra o corpo dos porta-aviões norte-americanos.

Utilizada de maneira planejada e sistemática até o momento da dupla explosão atômica de Hiroshima e Nagasaki, essa tática suicida revelou uma nova modalidade de ação militar: o ataque *kamikase*.

O termo kamikase tem origem numa antiga lenda japonesa. Nela, é narrado como o "vento divino" (kamikase) foi enviado pela deusa do sol a fim de destruir a grandiosa esquadra liderada pelo conquistador mongol Kublai Khan, que pretendia invadir o Japão, em agosto de 1281. A intervenção divina kamikase teria resultado numa violenta tempestade, que dispersou a esquadra mongol. Mais de seis séculos depois da primeira intervenção divina kamikase, os japoneses aguardavam ansiosos a reaparição do "vento divino", enviado para derrotar o novo inimigo que se encontrava às portas do Japão.[15]

A adesão dos pilotos japoneses às missões kamikases deu-se invariavelmente de maneira voluntária. Desde a exposição inicial, em outubro de 1944, a proposta do almirante Ohnishi sempre contou com forte simpatia dos pilotos – sobretudo dos mais jovens – atraídos pela honra de morrerem em combate, na defesa da pátria e do imperador. Nenhuma benesse material poderia superar a suprema honraria de oferecer a própria vida em troca da vitória do seu país na guerra. Por meio desse ato, o piloto era elevado moralmente não apenas em termos nacionais, mas também no interior da família e da comunidade a que pertencia.

O grande número de voluntários chegou mesmo a forçar os comandantes nipônicos a instituírem critérios de seleção, já que a restrição numérica de aviões impunha-se como um grave problema, passando a representar um obstáculo cada vez mais preocupante para a sobrevivência dos japoneses na guerra. Por um desses critérios, aos pilotos mais habilidosos era negada a possibilidade de atuar como suicida, cabendo-lhe no máximo a escolta da missão, devendo retornar à base para narrar o ataque e discutir os erros cometidos na ação, a fim de que o método fosse constantemente aperfeiçoado.

Aviadores kamikases organizavam-se em unidades formadas por cinco aviões: dois para a escolta e três com a função de se jogar contra o alvo. Pilotando os famosos – e já então obsoletos – caças Zero (Mitsubishi A6M *reisen*), caças-padrão das forças armadas japonesas durante toda a Segunda Guerra

Pilotos japoneses que se apresentaram voluntariamente para cumprir a missão suicida saudam o comandante antes de partirem para o voo sem volta

Mundial, os kamikases utilizavam dois métodos para abordar o objetivo. No primeiro, a aproximação era feita do alto, em torno de seis mil metros de altura, depois se iniciava um mergulho prolongado, não muito acentuado, na direção da meta. No segundo, a trajetória seguia o nível do mar, elevando-se trezentos metros quando da visualização do alvo, até o momento do mergulho, num ângulo de 45 graus. [16]

Pensada para retardar o desembarque norte-americano no Japão, a resistência suicida não se limitou às ações dos aviadores. Duas outras formas menos conhecidas também foram empregadas: *kaiten*, torpedos tripulados, e *okha*, bombas pilotadas. No primeiro método, kamikases guiavam sob os mares uma espécie de minissubmarino até se chocarem contra o casco das embarcações inimigas. No segundo, dirigiam artefatos explosivos, lançados pelos bombardeiros, até atingirem o alvo. Em ambos os casos, todos explodiam juntos: piloto, projétil e navio adversário.[17]

Ao término da guerra, completamente extenuados, os japoneses contabilizaram nas operações kamikases o emprego de mais de mil e duzentos aviões, quase trezentas bombas pilotadas okha e cerca de quarenta navios aliados atingidos por torpedos tripulados kaiten.[18]

É preciso não esquecer que, para além das ações tipicamente kamikases, durante as várias fases da guerra, foram extremamente comuns ataques empreendidos de peito aberto por soldados japoneses contra tropas inimigas, com ou sem uma carga de explosivos amarrada à cintura, antecipando em várias décadas a conhecida figura do homem-bomba.

Navio aliado atacado por kamikases, sujeitos de uma nova ação militar que provocou inúmeras perdas humanas.

Herói ou fanático?

Desde a primeira ação aérea kamikase, em 25 de outubro de 1944, contra a esquadra norte-americana estacionada nas Filipinas, foram construídas duas imagens diferentes dos soldados que se atiravam como bombas sobre os alvos inimigos. A primeira, pela perspectiva dos aliados, em especial dos norte-americanos, identificava nesses soldados a presença de um sentimento irracional desesperado. Às vésperas de invadir o território japonês, o Alto Comando dos EUA revelou grande preocupação com a possibilidade da resistência obstinada dos suicidas alcançar níveis intoleráveis, em função dos milhões de japoneses dispostos a dar a vida pelo "Império do Sol Nascente". Por fim, optou-se por substituir a invasão pelo lançamento das duas bombas atômicas.

A segunda imagem construída, por intermédio da visão nipônica, procurou desvincular a prática kamikase do ato suicida. Conscientes do que faziam, esses soldados teriam se sacrificado por uma causa nobre: a defesa da pátria assediada pelo inimigo. Então, um forte sentimento altruísta teria guiado a ação kamikase. Nas palavras de Saburo Sakai, um dos maiores pilotos de guerra do Japão, ferido quase mortalmente numa batalha em Guadalcanal, em agosto de 1942:

> Aqueles homens tinham fé. Acreditavam no Japão, lutando por ele e entregando em holocausto a própria vida. Consideravam que valia a pena: uma vida em troca, talvez, de centenas ou mesmo milhares de outras.[19]

Avião pilotado por kamikase durante o "mergulho da morte" em favor da sobrevivência do "Império do Sol Nascente".

Talvez não seja absurda a hipótese de que as duas imagens são verdadeiras, representando faces da mesma moeda: seriam míticos combatentes que ofereceram a vida em troca da vitória de uma causa. Ora, desde a mais remota antiguidade, o "homem que morre por uma causa" sempre esteve envolvido por um forte sentimento de virtude, tornando-se, em muitas situações históricas, o exemplo a ser seguido por todos os membros da comunidade ou da sociedade. Os que agissem assim seriam "homens de verdade", plenos de qualidades positivas: corajosos, desprendidos, abnegados, destemidos, intrépidos, bravos etc. Kamikases japoneses não fogem à regra. Durante um curto período da Segunda Guerra Mundial, entre outubro de 1944 e agosto de 1945, eles deram a vida por uma causa: a defesa do Império japonês.

O mesmo fizeram soldados soviéticos na defesa de Stalingrado, sitiada pelos alemães; soldados norte-americanos e ingleses, na conquista da Normandia; e todos os militantes das Resistências nos mais variados países ocupados pelas forças nazistas e fascistas. Isso, para nos limitarmos a alguns exemplos mais célebres ocorridos durante a Segunda Guerra Mundial. No entanto, uma característica marcante dos kamikases é o fato de que estes entravam numa batalha cientes de não retornar, enquanto os outros combatentes se alimentavam da esperança de sobreviver, por mais adversas que fossem as condições, e mais remotas as perspectivas de vitória.

Dessa forma, grande parte da distinção entre "fanático suicida" e "herói altruísta" encontra-se, na verdade, condicionada por quem emite o juízo; ou seja, é mais razoável encarar o inimigo como fanático e o compatriota como herói. Afinal de contas, como afirmou o filósofo francês Jean-Paul Sartre: "o inferno são os outros".

Guerreiros do Imperador

Mas, excetuando a universal valorização do comportamento do "bravo guerreiro", dos indivíduos que dão a vida por uma causa nobre, quais seriam as razões da ação dos kamikases na Segunda Guerra Mundial?

Em primeiro lugar, a força de uma série de tradições herdadas de um Japão que não existe mais desde a segunda metade do século xix. À frente de todas essas tradições, encontra-se certamente aquela vinculada aos samurais: classe de guerreiros na organização feudal japonesa, que tinham no *xogum* o seu dirigente. Antes de partirem para a derradeira missão, os pilotos kamikases nunca se esqueciam de se fazer fotografar, devidamente equipados e ostentando a espada samurai, símbolo supremo do guerreiro.

Tais pilotos foram rapidamente identificados à saga dos samurais. Nas cerimônias de despedida, goles de saquê – bebida japonesa a base de arroz fermentado – eram entremeados por gritos de *banzai* – expressão de alegria e boa sorte, urrada por ocasião dos ataques suicidas – e por promessas de reencontro próximo em *yasukuni*: templo em que as almas dos bravos mortos em combate se reúnem aos deuses. A morte em combate (*senshi*) representava a recompensa final de uma missão sagrada e gloriosa devidamente dramatizada no instante em que o piloto kamikase amarrava à testa um pano com a insígnia (*hachimaki*) identificando-o como um homem que iria morrer. Porém, a morte não era encarada como sacrifício, pois se assentava plenamente no código *bushido* dos samurais: "faça ou morra; antes a morte que a desonra".

Em segundo lugar, encontra-se o caráter marcadamente autoritário das relações estabelecidas no Japão entre governantes e governados, líderes e liderados, a partir da Revolução Meiji, em 1867-8. Nessa data, o Japão

Guerreiros samurais em luta. Valores e façanhas de séculos passados foram uma referência viva para os kamikases na Segunda Guerra Mundial.

"Faça ou morra; antes a morte do que a desonra": lema presente no código dos samurais e nas mentes dos pilotos suicidas a serviço da pátria e do imperador.

faz a "revolução burguesa", tornando-se um Estado nacional centralizado e aberto ao desenvolvimento capitalista, por meio de uma "modernização conservadora". Nesse processo, os elementos novos da modernidade capitalista se afirmam sem que os elementos velhos da Idade Média feudal sejam eliminados. Pelo contrário, preservados, esses elementos "atrasados" limitam avanços da modernidade burguesa, como uma bola de chumbo amarrada aos pés de um prisioneiro. Na "modernização conservadora", as decisões referentes às transformações que devem ser implementadas são tomadas num movimento de cima para baixo – das elites políticas e econômicas para o resto da sociedade – de maneira extremamente controlada, numa "revolução pelo alto" que produz e reproduz incessantemente a necessidade de respeito pelas hierarquias e uma concepção extremada da política autoritária.[20]

Ao se inclinarem na direção do palácio imperial durante as orações, os japoneses apenas reafirmavam cotidianamente o respeito às hierarquias, incrustado na história recente, pelo arraigado hábito de subserviência cega ao imperador. Por ele, a morte era transformada em esperança. E, afinal de contas, por que a morte deve ser temida se, de acordo com os ensinamentos contidos no Édito Imperial, "a morte é mais leve que uma pluma, mas o dever é mais pesado que uma montanha". Nos treinamentos militares, jovens soldados japoneses eram doutrinados a pensar que ao morrer por Hirohito – imperador do Japão à época –, começava-se a viver na eternidade. Diante de uma derrota iminente, comandantes e soldados praticavam o *hara-kiri* – tradicional código samurai de atravessar uma espada no abdômen – de frente para o palácio imperial, num ato que conseguia mesclar a força da tradição com a consciência da submissão.

Por fim, em terceiro lugar, citamos o fato responsável pelo desencadeamento dessa dupla herança histórica: a consciência de que a derrota na guerra se aproximava a passos largos. Fundidos no caldeirão da história, em meio ao maior conflito bélico que a humanidade já havia presenciado, esses três elementos originaram entre os japoneses a mentalidade propícia a atos extremos: de extremo heroísmo e/ou de extremo fanatismo.

Em 15 de agosto de 1945, logo após o imperador Hirohito ter comunicado às potências aliadas a intenção de se render, o almirante Ohnishi organizou a última missão kamikase, praticando, em seguida, o tradicional *hara-kiri*. Os vinte e três pilotos designados foram acompanhados por um oficial de alta patente, o almirante Ugaki. Antes de partir ao encontro da morte, o almirante deixou uma mensagem de despedida. Na carta, elogios aos jovens kamikases se misturavam de modo peculiar às promessas de fidelidade eterna ao imperador, numa simbiose entre gratidão aos subordinados e ao subordinante, emoldurada pelo espírito de autossacrifício:

> Vou partir para efetuar um ataque em Okinawa, onde meus homens cairão do céu como as flores da cerejeira. Ali me precipitarei contra uma nave inimiga e a destruirei com o verdadeiro espírito do *bushido*, com fé inabalável na eternidade do Japão Imperial.[21]

O almirante Ohnishi, maior idealizador da ação kamikase, deu o mesmo tom à própria carta de despedida:

> Desejo expressar minha profunda admiração pelas almas dos pilotos kamikases [...] Com minha morte quero pagar por não haver conseguido a vitória [...] Vocês devem obedecer às ordens do Imperador com absoluta dedicação. [...] Vocês são a melhor parte do Japão.[22]

Notas

[1] Citado em: A. J. Baker. *Kamikases*. Rio de Janeiro: Renes, 1975, p.9.

[2] R. de Belot. *A guerra aeronaval no Pacífico* (1941-1945). Rio de Janeiro: Record, s/d.

[3] Ernest Mandel. *O significado da Segunda Guerra Mundial*. São Paulo: Ática, 1989, p.158.

[4] Op. cit. pp.55-66.

[5] Marc Ferro. *História da Segunda Guerra Mundial*. São Paulo: Ática, 1995, p.85.

[6] Antonio Pedro. *A Segunda Guerra Mundial*. São Paulo/Campinas: Atual/Unicamp, p.66.

[7] René Rémond. *O século* XX De 1914 aos nossos dias. São Paulo: Cultrix, 2001, p.123.

[8] *Ibid.*, pp.123-7.

[9] Antonio Pedro. *A Segunda Guerra Mundial*. p.29.

[10] Antonio Edmilson Martins Rodrigues. "As revoluções burguesas" *In* Daniel Aarão Reis Filho (org.). *O século* XX (vol.1). O tempo das certezas. Da formação do capitalismo à Primeira Grande Guerra. Rio de Janeiro, Civilização Brasileira, 2000, pp.145-7.

[11] Eric Hobsbawm. *Era dos extremos*. O breve século XX (1914-1991). São Paulo: Companhia das Letras, 1995, pp.47-8.

[12] René Rémond. *O século* XX. pp.107-10.

[13] Williams Gonçalves. "A Segunda Guerra Mundial" *In* Daniel Aarão Reis Filho (org.). *O século* XX. O tempo das crises. Revoluções, fascismos e guerras. Rio de Janeiro: Civilização Brasileira, 2000, pp.167-84.

[14] *Ibid.*, pp.184-6.

[15] A. J. Baker. *Kamikases*. p.67.

[16] *Ibid.*, pp.90-2.

[17] *Ibid.*, p.74.

[18] *Ibid.*, p.159.

[19] Saburo Sakai. *Kamikase, piloto suicida*. São Paulo: Ibrasa, 1975, pp.198-9.

[20] Os conceitos de "modernização conservadora" e "revolução pelo alto" são do sociólogo norte-americano Barrington Moore Jr. Vide: *As origens sociais da ditadura e da democracia*. Senhores e camponeses na construção do mundo moderno. São Paulo: Martins Fontes, 1983.

[21] Citado em: Adolfo Luna Neto. "A conquista de Iwojima e Okinawa. Os pilotos suicidas atacam" *in A Segunda Guerra mundial* (http://adluna.sites.uol.com.br/400/499-21.htm)

[22] *Ibid.*

Bibliografia

BARKER, A. J. *Kamikases*. Rio de Janeiro: Renes, 1975.

BELOT, R. de. *A guerra aeronaval no Pacífico (1941-1945)*. Rio de Janeiro: Record, s/d.

FERRO, Marc. *História da Segunda Guerra Mundial*. São Paulo: Ática, 1995.

HERRIDGE, Charles. *Segunda Guerra Mundial. História fotográfica do grande conflito*. São Paulo: Círculo do Livro, s/d.

HOBSBAWM, Eric. *Era dos extremos. O breve século XX (1914-1991)*. São Paulo: Companhia das Letras, 1995.

MANDEL, Ernest. *O significado da Segunda Guerra Mundial*. São Paulo: Ática, 1989.

PEDRO, Antonio. *A Segunda Guerra Mundial*. São Paulo/Campinas: Atual/Unicamp, 1986.

REIS FILHO, Daniel Aarão (org.). *O século XX* (vol.2). *O tempo das crises. Revoluções, fascismos e guerras*. Rio de Janeiro: Civilização Brasileira, 2000.

__________. *O século XX* (vol.1). *O tempo das certezas. Da formação do capitalismo à Primeira Grande Guerra*. Rio de Janeiro: Civilização Brasileira, 2000.

RÉMOND, René. *O século XX. De 1914 aos nossos dias*. São Paulo: Cultrix, 2001.

SAKAI, Saburo. *Kamikase. Piloto suicida*. São Paulo: Ibrasa, 1975.

MACARTHISMO

INTOLERÂNCIA E PERSEGUIÇÃO NO ANTICOMUNISMO NORTE-AMERICANO

Marco Mondaini

Robert Stripling:
O senhor se recusaria a atuar num filme
cujo elenco também contasse com a presença
de uma pessoa que considerasse comunista?
Robert Taylor:
Mas sem dúvida alguma, e não precisaria sequer
ter certeza de que era comunista. Pode parecer
preconceito, contudo, no caso de eu suspeitar
de que alguém com quem vá trabalhar seja comunista,
seria o caso de "ou ele ou eu", já que a vida é breve demais
para que eu a desperdice com gente que me irrita
tanto quanto esses "camaradas" comunistas.
Washington, EUA, 1947[1]

Os atentados terroristas levados a cabo contra Nova York e Washington, em 11 de setembro de 2001, ressuscitaram um clima que se imaginava enterrado há quase meio século nos Estados Unidos da América. À brutalidade extrema das ações patrocinadas pela organização terrorista Al Qaeda, seguiu-se uma impressionante onda de histeria, que ganhou impulso ainda maior com o início da guerra movida pelos EUA contra o Iraque, em março de 2003.

Nas universidades e nos meios de comunicação estadunidenses, começaram a circular listas negras contendo nomes de professores e atores considerados antiamericanos. Em comum, esses docentes universitários e estrelas da televisão e cinema teriam posições críticas em relação à guerra, ao envio de tropas ao Iraque e à política externa implementada pelo presidente republicano George W. Bush. Organizadas por jovens estudantes conservadores – devidamente incentivados por organizações conservadoras de caráter nacionalista – e por importantes órgãos do chamado *mass media*, tais listas procuraram reproduzir no ambiente acadêmico, mais restrito, nos meios de comunicação de massa, muito mais amplos, aquilo que se passava em largos setores da sociedade norte-americana: o sentimento de repulsa frente a todo e qualquer tipo de pensamento situado mais à esquerda do espectro político-ideológico, denominado radical e/ou liberal em solo norte-americano.

Em poucas palavras, em nome do tradicional discurso de defesa do "sonho de uma América livre", disseminou-se nos *campi* universitários norte-americanos e em Hollywood o velho clima de "caça às bruxas" já vivido na passagem dos anos 40 para os anos 50 do século XX.

As analogias não tardaram a subir à tona. Muito rapidamente, percebeu-se a presença de uma atmosfera já vivida em solo norte-americano, nos tempos mais sombrios da Guerra Fria, quando inúmeras listas negras pululavam nos quatro cantos do país denunciando a existência de comunistas e simpatizantes do comunismo no seio da sociedade e do próprio Estado norte-americano.

Na época, um senador republicano do estado de Wisconsin, chamado Joseph Raymond McCarthy, encabeçou a maior onda de perseguição política já vivida nos Estados Unidos. Respirava-se intolerância e vivia-se intensamente a luta do bem contra o mal. Era o fanatismo do macarthismo.

Joseph McCarthy, senador republicano, liderou a onda de perseguições nos Estado Unidos contra comunistas e supostos simpatizantes do comunismo na chamada *Red Scare-era*, a Era do pânico vermelho.

Da guerra quente à guerra fria

Em termos conceituais, a Guerra Fria pode ser definida como o estado das relações internacionais entre as duas grandes potências mundiais saídas vitoriosas da Segunda Guerra Mundial (EUA e URSS), durante a primeira fase da era nuclear. A descoberta e posterior desenvolvimento dos armamentos termonucleares acabou por dissuadir os dois grandes grupos liderados pelas duas grandes potências de desencadear mais uma guerra total, já que semelhante conflito teria grandes possibilidades de acarretar a destruição do planeta.

Assim, a Guerra Fria resultou num conflito mundial aberto em função da imposição de uma nova forma de paz, a saber, "a paz pelo medo". A "paz pelo medo", muito mais que um utópico sentimento de respeito pelo outro, acarretou pragmaticamente o equilíbrio determinado pela estabilidade da corrida armamentista na proliferação das forças nucleares nacionais. Em poucas palavras, "a potência das armas nucleares impôs a moderação"[2].

A premissa básica da Guerra Fria fundamenta-se na suposição surgida com o término da Segunda Guerra Mundial, de que o poderio nuclear dos Estados Unidos da América e da União das Repúblicas Socialistas Soviéticas era de tamanha ordem que, em caso de choque frontal entre as duas nações, o resultado inevitável seria a destruição do planeta. Com isso, decidiu-se, entre outras coisas, que:

- a diplomacia deveria ser reforçada;
- nas situações em que a diplomacia não alcançasse os resultados aguardados, os conflitos armados seriam travados fora do cenário ocidental;
- o mundo precisaria ser dividido em duas grandes áreas de influência.[3]

Essas linhas gerais definidoras da lógica de funcionamento da Guerra Fria, porém, começariam a ser aplicadas de forma bastante distanciada de um clima de suposta cordialidade. Muito pelo contrário, o início público da Guerra Fria deu-se em 5 de março de 1946, com o famoso discurso do ex-chanceler britânico Winston Churchill, na cidade norte-americana de Fulton, no Missouri, quando, junto ao novo presidente dos EUA, Harry Truman (empossado após a morte de Franklin Delano Roosevelt, em 1945), afirmou em tom ameaçador:

> Uma sombra desceu sobre o cenário até há pouco iluminado pelas vitórias aliadas [...]
> Uma cortina de ferro desceu sobre o continente [...]
> Acautelai-vos, eu digo, porque o tempo pode ser curto.

Uma verdadeira cascata de discursos ameaçadores seguiriam o alerta inicial do velho político inglês. O conselheiro da embaixada norte-americana na União Soviética, George Kennan, daria prosseguimento à ameaça inicial afirmando que "a pressão soviética contra as livres instituições do mundo ocidental é algo que pode ser contido".

Em 12 de março de 1947, o presidente Truman, dando prosseguimento à escalada de tensão no mundo, afirmou aos congressistas estadunidenses que

> no presente momento, praticamente todas as nações do mundo devem escolher entre formas de vida alternativas [...]
> Uma forma de vida é baseada na vontade da maioria e distingue-se por instituições livres [...]
> Uma segunda forma de vida é baseada na vontade de uma minoria, imposta pela força à maioria.

Com esse discurso fundador da Doutrina Truman, estava declarado o início da Guerra Fria, entendida como um conflito sistêmico entre dois tipos de sociedade inconciliáveis, divididas em dois blocos antagônicos. Naquele momento, o medo de que a Grécia e a Turquia caíssem nas mãos dos comunistas deu o tom das palavras do presidente norte-americano.

No seu bojo, advieram dois complementos essenciais para a perfeita realização da doutrina a ser seguida pelos EUA: de um lado, um plano de ajuda econômica aos países europeus aliados arruinados pela guerra (o plano Marshall, em junho de 1947); de outro lado, a organização de uma estrutura militar supranacional que reunisse as forças armadas desses mesmos países numa mesma organização bélica de caráter orgânico (a OTAN, em abril de 1949).[4]

A reação do mundo socialista liderado pelos soviéticos não tardou a se fazer presente. Em 1947, os partidos comunistas no poder, mais os PCs da Itália e

Tropas da OTAN na Turquia. A Organização do Tratado do Atlântico Norte – criada em 4 de abril de 1949 – atuou como peça fundamental, ao lado de instituições econômicas e estruturas doutrinárias, no combate ao comunismo.

França, fundam o Kominform, Agência de Informação Comunista; em 1949, é criado o COMECON, Conselho de Assistência Mútua Econômica; em 1955, nasce o Pacto de Varsóvia, aliança militar entre os países do Leste Europeu e a URSS.[5] A cada estrutura de caráter doutrinário, econômico e militar criada pelos norte-americanos, nascia uma patrocinada pelos soviéticos. A disputa estava aberta e não havia tempo a perder para nenhuma das duas partes.

As cartas estavam lançadas, só faltando a primeira ocasião para que as forças fossem medidas. Ela se deu, a partir de junho de 1950, com a eclosão da Guerra da Coreia, demonstrando claramente uma das grandes características da Guerra Fria: a transferência dos conflitos armados entre EUA e URSS para a periferia do mundo. Até 1953, comunistas e capitalistas se enfrentarão numa das batalhas mais sangrentas que se tem notícia na história do Oriente. Somadas as perdas militares dos soldados das duas Coreias, dos americanos e dos outros aliados, da ONU, às baixas fatais na população civil, os números chegam à casa dos três milhões e meio de mortos, num conflito que levou o mundo muito próximo de uma guerra nuclear.

Essa crescente atmosfera de "luta do Bem contra o Mal" acabará se constituindo no solo propício para o advento de uma feroz perseguição a tudo aquilo que representasse o dissenso dentro da sociedade norte-americana. Os tempos estavam grávidos de fanatismo político-ideológico.

Tio Sam caça as próprias bruxas

A "caça às bruxas" empreendida nos Estados Unidos, durante a Guerra Fria, teve início em maio de 1947, quando o recém reativado Comitê de Atividades Antiamericanas do Congresso Norte-Americano, criado em 1938 a fim de investigar organizações políticas fascistas, começa a se preocupar com a suposta infiltração de agentes comunistas na indústria cinematográfica: segundo o Comitê, o perigo vermelho rondava Hollywood.

Artistas, roteiristas e diretores foram convocados a responder se eram ou já tinham sido comunistas em alguma fase da vida. Naquele período, caso o dramaturgo alemão Bertolt Brecht não tivesse escapado para a Suíça, teria sido condenado a penas entre quatro e dez meses de prisão, como ocorreu a tantos outros hollywoodianos. A reação de atores como Humphrey Bogart e Lauren Bacall foi inútil diante da união que se esboçava entre os governantes, em Washington, e os executivos dos grandes estúdios cinematográficos, em Nova York.

O que foi feito em Hollywood não passou, porém, de uma preliminar daquilo que viria a acontecer a partir de 1950. Dando-se conta do extraordinário potencial existente por trás da retórica anticomunista, o senador republicano McCarthy iniciou a que seria a mais terrível onda de fanatismo político já vivida nos EUA. Pensando na reeleição para 1952, McCarthy dá a largada para a "caça às bruxas" em 9 de fevereiro de 1950, no Clube das Mulheres Republicanas, em Virgínia, afirmando ter em mãos "uma lista de duzentas e cinco pessoas que trabalham para o governo e que são militantes ou simpatizantes do Partido Comunista". Foi o impulso que faltava para que uma sociedade, apavorada com as notícias do avanço implacável dos soviéticos, fizesse da denúncia uma prática cotidiana.

Por outro lado, nessa época o exercício de qualquer atividade de caráter acadêmico-intelectual era tratado como um sinônimo de engajamento na causa comunista. Todo homem de ideias deveria suportar o apelido de *egg-head* (cabeça de ovo), maneira nem um pouco agradável de ser identificado, convenhamos, mas que, acima de tudo, é reveladora do profundo sentimento anti-intelectual presente no cidadão médio norte-americano.

Junto do frequentemente grosseiro McCarthy, desponta um jovem político republicano, transformado muito rapidamente em herói nacional em função da perseguição a um ex-membro do governo Roosevelt, Alger Hiss, acusado de ter feito parte dos quadros do partido comunista nos anos 30 e de ter-se apropriado, com finalidades subversivas, de documentos secretos do Departamento de Estado. Por essas razões, que depois se revelaram inverídicas, Hiss passou quase quatro anos preso. Com o Caso Hiss, inicia-se o período de maior atividade dos comitês de investigação de atividades antiamericanas.

O nome do jovem Torquemada republicano tornar-se-ia conhecido mundialmente nos anos 70, por se assemelhar em vilania ao antigo inquisidor. Na maturidade, esse mesmo homem seria reeleito presidente dos EUA, mas obrigado a renunciar, em 1974, devido à descoberta de grampos instalados, a seu mando, no escritório do Partido Democrata, no edifício Watergate, em Washington. Para fugir do humilhante processo de *impeachment*, o ex-garoto prodígio do macarthismo renunciaria vergonhosamente. Seu nome: Richard Nixon.

A respeito dos duzentos e cinco comunistas denunciados por McCarthy, nada de concreto foi descoberto, mas, por todo um quinquênio, a vida social e política norte-americana passou a navegar num mar da mais extrema histeria, com não poucas ondas de mau caráter.

Foram muitos os exemplos daqueles que trocaram a sua carreira de sucesso (no cinema em Hollywood e/ou na política em Washington) pela destruição da carreira do outro, através da delação. A lista não é pequena, incluindo John Wayne (o *cowboy*), Ronald Reagan (o medíocre ator e futuro presidente da República), Walt Disney (o criador de Mickey Mouse), Robert Taylor e Gary Cooper (dupla de galãs que faziam as mulheres delirar), entre outras menos notórias "testemunhas amigáveis".

Mas um nome se destaca nessa lista pelo refinamento da sua atividade delatora: o do diretor de cinema Elia Kazan. Filho de imigrantes gregos que realizaram o "sonho americano", Kazan pertenceu ao partido comunista entre 1934 e 1936. Iniciada a "caça às bruxas macarthista", o ex-camarada Kazan não titubeou diante da oferta feita pelos chefões da 20th Century Fox – a delação dos ex-companheiros do movimento comunista é a nova senha para a abertura das portas dos estúdios de filmagem. Atraído pelo canto da sereia capitalista, Kazan entregou algo em torno de dez integran-

Elia Kazan destacou-se como delator na época do macarthismo. Sem escrúpulos, denunciou ex-companheiros em troca de uma carreira promissora como diretor de cinema.

tes do The Group Theater, todos pertencentes ao partido comunista. Não satisfeito com a prática da delação, Kazan foi responsável pela própria glamourização da figura do delator. Em 1954, no filme *Sindicato dos Ladrões*, Kazan transforma um dedo-duro – interpretado genialmente por Marlon Brando – em um grande herói das lutas portuárias. A obra está completa. O alcaguete transformou-se em homem de virtude. O macarthismo acabou nos anos 50, mas o juízo sobre Kazan parece não ter sido muito afetado, pois pouco antes de morrer, em setembro de 2003, a Academia de Artes de Hollywood premiou Kazan com um Oscar especial pelo conjunto da obra. Um prêmio ao gênio da delação.

No campo dos delatados, que tiveram suas carreiras abruptamente interrompidas, encontram-se presentes não poucas celebridades da arte e cultura norte-americana: o dramaturgo Arthur Miller, o cineasta Orson Welles, o universal Charles Chaplin, o escritor Dashiell Hammett, o músico Paul Robeson, o compositor Aaron Copland, o jornalista James Reston, o poeta Langston Huges, a dramaturga Lillian Helmann, ente outros cerca de quinhentos intimados a depor perante o fanático McCarthy e seus asseclas.

Muitos desses, como o casal Hammett/Helmann, recusaram-se a dar nomes às autoridades inquisitoriais, pagando muito caro por terem enfrentado de peito aberto a sanha macarthista. Hammett, já doente, foi condenado e preso por um ano sem direito à fiança, menos por ser comunista do que por ter-se negado a fornecer uma lista com os nomes daqueles que haviam contribuído para o fundo do Congresso dos Direitos Civis, do qual era dirigente. Ao sair da prisão, depois de um ano, havia perdido todo o seu dinheiro para o fisco norte-americano. Helmann, por sua vez, depois de enfrentar os inquisidores dizendo que não recorreria à Quinta emenda – privilégio constitucional frequentemente utilizado pelos perseguidos do macarthismo, por meio do qual era permitido aos depoentes não responderem às perguntas sobre opiniões e atividades de natureza político-ideológica que implicassem autoincriminação contanto que pudesse falar apenas sobre suas atividades e as de mais ninguém, teve que enfrentar a dura realidade de fazer parte das "listas negras" macarthistas. Boicotada pelos empregadores, viu seus rendimentos anuais despencarem dos cento e quarenta mil dólares para a casa dos dez mil. Foi o preço pago pela preservação da honestidade.[6]

Enquanto vários artistas eram prejudicados e perseguidos por sua recusa em colaborar com a "caça às bruxas" macarthista, o galã Robert Taylor cooperava abertamente com o Comitê de Atividades Antiamericanas comprometendo a carreira e a segurança de seus colegas.

O ator Robert Taylor não teria o mesmo tipo de comportamento. Intimado a depor, em 1947, devido a participação como astro no filme *Canção da Rússia*, de 1944, o galã de Hollywood deu uma verdadeira aula de delação. Depois do término da aliança com os soviéticos na Segunda Guerra Mundial, o filme passou a ser visto pelas autoridades estadunidenses como contendo evidentes mensagens de caráter subversivo, responsáveis pela montagem de uma tragicomédia difícil de ser superada. O fato de apresentar cenas com russos sorrindo não deixava margens a dúvidas, na abalizada opinião da perita em filmes Ayn Rand, já que "mostrar essa gente sorrindo é um golpe padrão de propaganda comunista". A situação se complicava ainda mais para Taylor, pois seu personagem cumprimentava um agricultor russo numa das sequências do filme. Diante de uma comissão formada por Rand, Nixon e o presidente da comissão, Parnell Thomas, o ator realiza um ato de contrição, dizendo-se profundamente arrependido. Como se não bastasse isso, o galã confessa ter "ouvido dizer que Howard da Silva, Karen Morley e Lester Cole [são] comunistas"[7].

Manipulação do medo

Talvez não seja absurdo afirmar que a perseguição macarthista apresentou ao mundo uma forma original de "caça às bruxas". Na sua realização prática, o fanatismo macarthista tinha algo próprio à indústria do entretenimento norte-americana. Quando os suspeitos de terem praticado atividades antiamericanas apresentavam-se para prestar depoimento à Comissão de Assuntos Antiamericanos, um grandioso espetáculo começava a ser encenado, numa espécie de mistura entre Hollywood e Broadway. As sessões de "cinema e teatro" iniciavam-se com a elaboração das infames "listas negras". Durante os ensaios secretos, os atores que demonstravam uma grande capacidade de articulação, defendendo-se habilmente diante das ações intimi-dadoras, eram dispensados do elenco. Apenas aqueles que se mostravam confusos e inseguros eram convocados a tomar parte da representação, testemunhando em público. Abertas as cortinas, o espetáculo das audiências públicas continuava com um cenário cercado de câmeras, no qual o indiciado era obrigado a retratar-se perante a nação pelos erros praticados.

No período em questão, a própria legalidade do sistema jurídico norte-americano foi afrontada por uma série de farsas processuais. A execução

Julius e Ethel Rosemberg. Acusados de revelar o segredo da bomba atômica aos soviéticos, foram executados na cadeira elétrica.

na cadeira elétrica do casal de físicos nucleares Julius e Ethel Rosenberg, em junho de 1953, sob a acusação de terem passado o segredo da bomba atômica aos soviéticos, talvez seja o maior exemplo da força com que as teorias conspiratórias macarthistas penetraram na estrutura institucional estadunidense. O fato de ter sido escolhido para presidir o processo um juiz que havia se comprometido em aplicar a pena de morte caso os Rosenberg fossem condenados, já diz muito sobre os rumos tomados à época pelo poder judiciário dos EUA.

Com as "listas negras" macarthistas, o princípio constitucional de que "todos são inocentes até que se prove o contrário" é ruidosamente transformado no inverso. Ao ser incluído em uma dessas múltiplas listas produzidas no período, o indivíduo era tratado como desleal em relação à nação norte-americana até que fosse provada a sua lealdade. Ademais, desde a invenção das "listas negras", em 1947, pelo presidente Truman junto com o procurador-geral Tom Clark e J. Edgar Hoover, chefão do Federal Bureau of Investigation – FBI, ter o nome incluído numa delas representava a impossibilidade de ser empregado, seja no setor público ou no privado.

Porém, o contexto internacional que serviu de base para a cruzada anticomunista macarthista não deve ser minimizado no que diz respeito à expansão das forças comunistas mundo afora: em outubro de 1949, os comunistas liderados por Mao Tsé-tung empurraram os nacionalistas capitaneados por Chiang Kai-shek para Formosa; em junho de 1950, as tropas comunistas da Coreia do Norte cruzaram a linha do paralelo 38, que separava as duas Coreias, dando início à Guerra da Coreia. Isso tudo, no exato momento em que a União Soviética detonava a sua primeira bomba atômica, quebrando o monopólio norte-americano.

Bruxas "antiamericanas"

À medida que esse panorama inicial da Guerra Fria foi superado e que as "bruxas antiamericanas" a serem caçadas começaram a rarear em Hollywood, o senador McCarthy tomou a decisão de avançar sobre as próprias estruturas do Estado norte-americano.

O erro fatal cometido pelo senador McCarthy aconteceu exatamente quando este procurou dar mais uma volta no parafuso da histeria anticomunista escolhendo como alvo o próprio exército norte-americano. Entre outubro de 1953 e junho de 1954, o senador republicano travou aquela que seria a sua última batalha, tentando provar que nem mesmo as forças armadas dos Estados Unidos teriam ficado imunes à infiltração de agentes soviéticos, tendo se tornado uma instituição desleal. Nesse exato momento, a preocupação com a possibilidade do fanatismo de McCarthy se voltar contra os próprios republicanos passa a se espalhar por entre as esferas do partido.

As inúmeras vitórias obtidas nos últimos anos – o afastamento do físico norte-americano Robert Oppenheimer do posto de consultor especial da Comissão de Energia Atômica, em 1951, e a imposição da ilegalidade ao Partido Comunista Americano, em 1948, por exemplo – parecem ter entorpecido completamente a consciência do senador republicano, levando-o a subestimar a força das bruxas a serem caçadas.

A enorme popularidade que gozava no período parece ter levado McCarthy a ignorar a importância simbólica do exército num país tão vinculado ao mito da guerra justa. Um país que, naquele exato momento, tinha um herói de guerra como presidente – o general Dwight Eisenhower –, eleito pelo Partido Republicano, em 1953, para suceder o democrata Truman.

Militares presentes em um dos interrogatórios de McCarthy (à direita). A tentativa do senador de enlamear oficiais do exército provocou o descrédito de suas próprias atividades.

Assim, quando McCarthy definiu o general Ralph Zwicker como um homem sem capacidade para usar o uniforme do exército norte-americano – em virtude do fato de ter-se negado a fornecer informações sobre um dentista do exército investigado por suspeita de fazer parte dos quadros do Partido Comunista – ele atingiu diretamente a honra de todos aqueles que, como Eisenhower e Zwicker, eram heróis de guerra. Não satisfeito com isso, o senador republicano desafiou até mesmo figuras do mais elevado escalão das forças armadas norte-americanas, como o general George Marshall. Fora a gota d'água que faltava para a virada de mesa. Com a intervenção decisiva do presidente Eisenhower e do general MacArthur, é articulada a retirada de McCarthy da presidência da Subcomissão Permanente de Investigação do Senado.

A transmissão ao vivo dos depoimentos de altos oficiais acusados de atividades antiamericanas, durante mais de um mês, fez com que o feitiço virasse contra o feiticeiro. Ao final, McCarthy foi acusado de ter cometido uma enorme crueldade. Em 2 de dezembro de 1954, o mesmo Senado que havia sido por ele hipnotizado moveu uma moção de condenação contra o senador republicano por conduta contrária às tradições do Senado. Era o fim do macarthismo.[8]

O antiliberalismo e a "América livre"

No fim das contas, é possível perceber no "anticomunismo apocalíptico" macarthista uma série de utilidades, dentro dos anos mais quentes da Guerra Fria. Em primeiro lugar, para o governo, ele representava a possibilidade de criar um inimigo externo, com tentáculos internos, que viabilizasse a ruptura completa com a tradicional postura isolacionista adotada pelos EUA ao longo da história, num momento em que o país deveria assumir o quanto antes as responsabilidades pela liderança mundial pós-guerra. Em segundo lugar, para a sociedade, assinalava o preenchimento do ego do cidadão médio, edificado sobre o espírito do individualismo possessivo e completamente avesso a qualquer coisa que cheirasse a coletivismo. Em terceiro lugar, para políticos oportunistas da estirpe de McCarthy, significava um excepcional instrumento de propaganda política com finalidades eleitorais.[9]

Com isso, talvez fique claro que esse período de "caça às bruxas" vivido nos EUA, na passagem dos anos 40 para os anos 50, foi muito mais que a obra de um único homem. O macarthismo teve início antes de McCarthy e continuou residualmente sem ele por vários anos. Representou, na verdade, uma boa parte dos desejos da própria sociedade norte-americana, que via nas fanáticas ações do senador republicano um instrumento bastante razoável de mostrar-se ao mundo – e a si mesma – como um corpo organicamente integrado rumo à liderança do planeta.

Olhando a experiência macarthista, é inevitável recordar os pensadores em grande parte responsáveis pela formação nos Estados Unidos de um país de sólidas raízes liberais, na linha da forte tradição anglo-saxônica de defesa das liberdades e garantias individuais, diante do avanço arbitrário do poder estatal.

Da mesma maneira que se questiona como a Alemanha pôde dar ao mundo a besta hitlerista depois de ter dado o gênio de Goethe, é viável indagar como foi possível que os EUA oferecessem, de um lado, o fanatismo político macarthista e, de outro lado, a sólida oposição a toda e qualquer forma de "tirania da maioria". Oposição oferecida pelos pensadores federalistas Alexander Hamilton, James Madison e John Jay[10], que contribuíram decisivamente para a elaboração da Constituição norte-americana de 1787, em substituição aos artigos da Confederação, estabelecidos em 1781, logo após a Independência,

O genial Charles Chaplin foi uma das vítimas da sanha inquisitorial dos anticomunistas norte-americanos.

em 1776. Na mesma via aberta pelo filósofo inglês John Locke, no século XVII, e posteriormente desenvolvida pelo filósofo francês Alexis de Tocqueville, no século XIX, os "federalistas" norte-americanos denunciaram, no século XVIII, os sérios riscos de uma maioria eventual deslizar rumo à formação de um poder tirânico, passando por cima dos direitos das minorias.

Passados cento e cinquenta anos dessa valiosa pregação liberal, a sociedade norte-americana se revelaria dominada por um imaginário radicalmente antiliberal, no decorrer da primeira metade da década de 1950, num estranho movimento dialético capaz de transformar a perseguição fanática às minorias em combustível da luta por uma "América livre".

Notas

1 Citado em: Garry Wills. "Introdução" *In:* Lilian Hellman. *A caça às bruxas*. Rio de Janeiro: Francisco Alves, 1981, p.3.

2 Claude Delmas. *Armamentos nucleares e Guerra Fria*. São Paulo: Perspectiva, 1979, p.99.

3 Edgard Luiz de Barros. *A Guerra Fria*. São Paulo/Campinas: Atual/Unicamp, 1985, p.5.

4 *Ibid.* pp.4-26.

5 Paulo Vizentini. "A Guerra Fria" *In:* Daniel Aarão Reis Filho (org.). *O século XX*. O tempo das crises. Revoluções, fascismos e guerras. Rio de Janeiro: Civilização Brasileira, 2000, pp.195-225.

6 Lilian Hellman. *A caça às bruxas*. Rio de Janeiro: Francisco Alves, 1981.

7 Garrry Wills. "Introdução" *In ibid.*, pp.1-21.

8 Op. cit. *A guerra fria*. pp.56-65.

9 Eric Hobsbawm *Era dos extremos*. O breve século XX (1914-1991). São Paulo: Companhia das Letras, 1995, p.232.

10 Fernando Papaterra Limongi. "O Federalista: remédios republicanos para males republicanos" *in* Francisco Weffort (org.). *Os clássicos da política* (vol.1). São Paulo: Ática, 1991, pp.243-55.

Bibliografia

BARROS, Edgard Luiz de. *A guerra fria*. São Paulo/Campinas: Atual/Unicamp, 1985.

BLACKBURN, Robin (org.). *Depois da queda*. O fracasso do comunismo e o futuro do socialismo. Rio de Janeiro: Paz e Terra, 1992.

DELMAS, Claude. *Armamentos nucleares e Guerra Fria*. São Paulo: Perspectiva, 1979.

FENELON, Déa. *A Guerra Fria*. São Paulo: Brasiliense, 1983.
FREELAND, Richard. *The Truman Doctrine and the origins of McCarthism*. New York: Schocken Books, 1976.
HELLMAN, Lilian. *A caça às bruxas*. Rio de Janeiro: Francisco Alves, 1981.
HOBSBAWM, Eric. *A Era dos extremos*. O breve século xx (1914-1991). São Paulo: Companhia das Letras, 1995.
REIS FILHO, Daniel Aarão (org.). *O século xx* (vol.2). O tempo das crises. Revoluções, fascismos e guerras. Rio de Janeiro: Civilização Brasileira, 2000.
RÉMOND, René. *O século xx*. De 1914 aos nossos dias. São Paulo: Cultrix, 2001.
THOMPSON, Edward (e outros). *Exterminismo e Guerra Fria*. São Paulo: Brasiliense, 1985.
WEFFORT, Francisco (org.). *Os clássicos da política* (vol.1). São Paulo: Ática, 1991.

Revolução Cultural Maoista

Radicalismo e violência no comunismo chinês

Marco Mondaini

> Os soldados do Exército de Libertação
> juram ao Partido: tomar como exemplo
> o camarada Lei Fêng, estudar as obras do Presidente
> Mao, escutar as palavras do Presidente Mao,
> atuar de acordo com as diretrizes do Presidente
> Mao, ser bons soldados do Presidente Mao.
> *Da adaptação em quadrinhos da peça teatral Lei Fêng, 1965*[1]

Em 5 de fevereiro de 1972, o filósofo francês Michel Foucault travou um debate com militantes maoistas franceses. Num determinado momento da discussão, quando questionado sobre o que entendia pela expressão "ideologia do proletariado", Victor, um dos militantes maoistas, afirmou categoricamente: "Por ideologia do proletariado eu entendo o pensamento de Mao Tsé-tung"[2]. Para o maoista francês, a China comunista era um exemplo a ser seguido em função dos atos justos praticados pelas massas camponesas após séculos de opressão, já que na terra de Mao "as execuções de inimigos do povo se multiplicam e podemos dizer que são atos de justiça popular".[3]

Na sua crueza, as palavras de Victor são reveladoras da impressionante capacidade de atração exercida pelas ideias de Mao Tsé-tung sobre uma parcela significativa da intelectualidade de esquerda – notadamente constituída de jovens – nos países ocidentais, no decorrer dos anos 1960 e 1970. Essa força centrípeta radicava-se numa imagem idílica daquilo que acontecia em solo chinês, sob a liderança de Mao. Para esses intelectuais, em grande parte responsáveis pela formação de uma "Nova Esquerda" nos países capitalistas desenvolvidos, as ideias e ações implementadas por Mao representavam um sopro de renovação sobre uma esquerda arcaica inspirada pelo comunismo burocrático de matriz soviética.

A China de Mao, a China da Grande Revolução Cultural Proletária, foi para muitos dos que se rebelaram em 1968, dentro e fora da França, uma influência decisiva. Afinal de contas, os ventos que vinham do Oriente eram percebidos como carregados de ideais radicalmente libertários e igualitários. No imaginário, a Revolução Cultural se apresentava como um movimento de combate ao domínio exercido pelas burocracias dos partidos comunistas nos países do "socialismo real", uma ação em defesa da atitude espontânea das massas, pautada pelo igualitarismo social e pelo exercício direto da democracia contra a tradicional divisão entre trabalho intelectual e trabalho manual, entre campo e cidade. Para uma juventude que buscava colocar "a imaginação no poder", imaginar aquilo que se passava na China como a realização concreta do projeto de "ver o último capitalista enforcado nas tripas do último burocrata" representava a própria síntese do espírito crítico encarnado numa geração que fazia da rebeldia o seu modo de viver.

Para essa geração, os questionamentos nunca podiam ser evitados. Não se estaria vivendo um tempo novo o suficiente para colocar um país do atrasado Terceiro Mundo no posto de vanguarda das transformações a serem implementadas no avançado Primeiro Mundo? Não seria possível imaginar o maoismo e a China da Revolução Cultural como novos modelos de pensamento e sociedade, numa era que se iniciava com a crise dos paradigmas seguidos até então?

Entretanto, no afã de buscar um novo modelo que significasse a possibilidade de crítica a capitalistas e burocratas, não teria a chamada "geração de 68" feito mau uso do famoso *slogan*: "ser realista, pensando o impossível"? A desenfreada vontade de transformação não os teria levado a ver na realidade vivida na experiência da Revolução Cultural uma liberdade impossível? Não estaria essa construção imaginária invertendo fantasticamente o real? Não constituiria essa inversão, por sua vez, a passagem sutil do campo da livre imaginação para o da vivência fanática da política?

Diferentemente daquilo com que sonhavam os rebeldes de 1968, não tardou para que entre as imagens libertárias construídas ao redor da Revolução Cultural, no decorrer dos anos 1960 e 1970, emergissem fortes traços liberticidas, revelando a falta de sintonia entre os "desejos dos espectadores ocidentais" e a "realidade dos atores orientais".[4]

Culto à personalidade de Mao, negação do trabalho intelectual, "reeducação" no campo e rompimento com a civilização ocidental foram subprodutos da Revolução Cultural.

Tensão entre partido e exército

O desencadeamento da Grande Revolução Cultural Proletária, em meados dos anos 1960, encontra-se associado a dois grandes fracassos ocorridos na década anterior, responsáveis por uma significativa aceleração do questionamento à forte liderança de Mao Tsé-tung na direção do Partido Comunista Chinês, liderança incontestável desde pelo menos o início dos anos 1940, quando Mao passou a ser apresentado como comandante e teórico da Revolução Chinesa.

O primeiro fracasso ocorreu em 1957, com o movimento das Cem Flores. Incentivado pelos dirigentes do Partido Comunista Chinês, um grupo tentou promover um clima de liberdade favorável às críticas em relação à forma como o socialismo era praticado na China, sobretudo após a experiência centralizadora do I Plano Quinquenal (1953-1957). Porém, a inusitada perda de controle sobre os rumos dos debates fez com que o movimento fosse reprimido rapidamente, com a prisão dos líderes mais destacados.

Em 1959 houve outro revés, representado pelo insucesso do Grande Salto para a Frente. Implementado em substituição ao I Plano Quinquenal, a estratégia tinha por objetivo deslocar para o campo a ênfase dada às cidades. Para tanto, foram organizadas comunas populares, baseadas em princípios coletivistas e num amplo esforço de mobilização dos camponeses. Os resultados do Grande Salto fizeram-se sentir com a mesma velocidade em que a estratégia foi implementada: em pouco tempo, os campos foram assolados pela fome e as cidades, pelo desemprego. Ambas as derrotas foram devidamente atribuídas ao arquiteto dos projetos, Mao Tsé-tung, líder maior do processo revolucionário que resultara na formação da República Popular da China, em outubro de 1949.

Antes disso, no decorrer de duas décadas, a imagem de Mao esteve associada de modo indelével à própria Revolução Chinesa, particularmente devido à sua participação ativa em três episódios emblemáticos. O primeiro ocorreu no período entre 1927 e 1937, quando o Kuomintang, partido político liderado por Chiang Kai-shek, assumiu o poder. Rompendo as ótimas relações que mantinham com os comunistas desde a fundação, por Sun Yat-sen, o Kuomintang passou a perseguir violentamente os militantes do PCC, que foram obrigados a migrar para o extremo norte do território chinês, num movimento conhecido como a Longa Marcha. Liderados por Mao Tsé-tung, cerca de cem mil comunistas chineses caminharam durante um ano e meio, entre 1934 e 1935, percorrendo algo em torno de dez mil quilômetros.

No período de 1937 e 1945, a figura de Mao destaca-se mais uma vez, devido à aliança feita com Kuomintang tendo em vista a expulsão de um inimigo comum: os japoneses. Durante a Segunda Guerra Mundial, o Japão aproveitou para invadir a China, impingindo inúmeras agressões contra os chineses; em resposta, nacionalistas e comunistas se uniram numa frente para combater o invasor. Superado o problema, entre 1945, final da Segunda Guerra, e 1949, na formação da República Popular da China, os dois partidos voltaram a se enfrentar na luta pelo controle político do imenso Estado chinês.

Graças a uma estratégia inovadora, os comunistas saíram vitoriosos desta vez. O plano consistia em pensar a revolução como uma guerra popular de longa duração, em que exércitos guerrilheiros cercavam as cidades, vindos do campo. Por ser fundamentado na força de que os camponeses dispunham na sociedade, o processo revolucionário não pôde relegar o compromisso firmado com um amplo programa de reforma agrária.

Assim, os anos 1960 iniciam-se enfatizando duas tendências no interior do comunismo chinês, representadas por dois dos dirigentes máximos: Mao Tsé-tung e Liu Shao-qi. Tal divisão começou a se cristalizar ao longo do VII Congresso do PCC, em setembro de 1956, quando Liu Shao-qi assumiu a direção do partido como representante de uma facção bastante crítica em relação ao maoismo, liderada à época pelo então Ministro da Defesa, o marechal Peng De-huai, tradicional adversário de Mao dentro do PCC.

Antecedentes da Revolução Cultural

A situação não era tão simples quanto poderia parecer de início, e pode ser ilustrada com perfeição se levarmos em conta algumas mudanças, fundamentais para o bom entendimento dos fatos que precederam a Revolução Cultural. Devemos observar que, ao mesmo tempo em que Mao fazia uma autocrítica quanto aos dois fracassos anteriores, enquanto os descontentes do partido elevavam o tom das críticas, Peng De-huai[5] era substituído no Ministério da Defesa por Lin Biao, grande aliado de Mao Tsé-tung.

Nesse ínterim, Liu Shao-qi assume a presidência da República, ocupando o cargo vago devido à renúncia do próprio Mao. O primeiro ministro Chou En-lai, outra liderança histórica do PCC, procurou atenuar as discordâncias internas por meio da acomodação das diferentes tendências, articulação que trazia em si a semente de futuros abalos terríveis. A partir desse momento, a disputa pelo poder entre Mao e Liu assumiu novos contornos, transformando-se progressivamente numa luta política que opunha duas esferas distintas: o Partido Comunista Chinês e o Exército Popular de Libertação. De um lado, Liu e a força que possuía dentro do partido, tendo como aliado inclusive Deng Xiaoping, secretário do comitê-central do PCC; de outro, Mao e seus aliados dentro do exército, comandados por Lin Biao, o próprio Ministro da Defesa.

No entanto, entre 1960 e 1965, essa disputa será razoavelmente silenciosa, com raros lances de clamor público, limitando-se em grande parte a uma luta nos bastidores, na qual a tônica é a avaliação da potência do oponente: um jogo de xadrez em que as peças são movidas com prudência a fim de que os acontecimentos não sejam precipitados. Mediante um típico processo de acúmulo de forças, os contendores aguardavam o momento propício para avançarem uns sobre os outros.

Essa trégua quinquenal assinala de fato um embate – típico dos países comunistas –, no qual as posições do comando partidário frequentemente se confundem com as da direção estatal. Em outras palavras: as lideranças do partido comunista são sempre chefes de Estado e de Governo. Assim, a luta entre Mao e Liu representa uma autêntica disputa pelo monopólio do poder na China comunista, uma batalha que implicava trajetórias diferenciadas para o futuro da sociedade chinesa. De um lado, Liu Shao-qi e Deng Xiaoping apontavam para o desenvolvimento econômico por meio de planos centralizados e verticais, impostos "de cima para baixo", num estilo muito próximo do que já era implementado pelos soviéticos, com ênfase na aceleração industrial. De outro, Mao Tsé-tung e Lin Biao enfatizavam as iniciativas igualitárias e coletivistas, assentadas no mais amplo esforço de mobilização das massas, procurando dar forma a um modelo mais adaptável à realidade terceiro-mundista, com prioridade para o impulso agrícola.[6]

O equilíbrio começou a ser rompido no início da segunda metade dos anos 1960, quando Mao Tsé-tung e Lin Biao trouxeram para o campo da política uma discussão iniciada no plano artístico-cultural. O combate ao que passou a ser chamado de "quatro velharias" (velhas ideias, velha cultura, velhos costumes, velhos hábitos), responsável pelo absurdo ato da queima dos cenários e do guarda-roupa da mais que tradicional Ópera de Pequim, passou a ser utilizado para outras infames finalidades.

Numa clara demonstração de que a disputa entre Mao/Lin, Liu/Deng começava a ser decidida em prol de Mao e Lin, o comitê central do PCC, em maio de 1966, alertou para a necessidade de se desmascarar os representantes das "quatro velharias" dentro do partido, isto é, "os agentes da burguesia infiltrados no seu interior". Para tanto, conclamaram a realização da Grande Revolução Cultural Proletária, um movimento que fosse capaz de ajustar as "superestruturas político-ideológicas" do país ao caráter socialista da "infraestrutura socioeconômica".

Um ano antes, por iniciativa do departamento político do EPL – exército guerrilheiro, transformado em Forças Armadas oficiais do Estado chinês desde a vitória dos comunistas, em 1949 –, um pequeno volume de bolso contendo as "citações do presidente Mao" já tinha começado a ser distribuído entre os soldados, para que carregassem sempre nas mochilas. A partir do segundo semestre de 1966, a iniciativa de Lin Biao foi adotada por milhões de estudantes, não alistados no exército, durante manifestações políticas. Encadernado de vermelho, talvez tenha sido esse o livro de bolso mais famoso da história.

Entre 1966 e 1968, todos os cantos da China se viram tomados por multidões de jovens agitando em punho o Livrinho Vermelho, que, numa das passagens, afirmava:

> A revolução não é o convite para um jantar, a composição duma obra literária, a pintura dum quadro ou a confecção de um bordado; ela não pode ser assim tão refinada, tão branda, tão afável e cortês, comedida e generosa. A revolução é uma insurreição, é um ato de violência pelo qual uma classe derruba a outra.[7]

Guardas Vermelhos agitam o livro de bolso com as citações do líder Mao durante passeata.

Era o sinal. Um novo tempo de "caça às bruxas" iniciava-se, com todas as precondições necessárias para a explosão desenfreada de fanatismo.

No plano internacional mais ampliado, uma novidade subia à tona gerando fortes tensões no interior do sistema comunista. À Guerra Fria entre países capitalistas e países comunistas foi adicionado um novo ingrediente, vital para a compreensão da dinâmica da Revolução Cultural na China. Desde o XX Congresso do Partido Comunista da União Soviética, em 1956, as divergências entre comunistas soviéticos e comunistas chineses cresciam progressivamente, desaguando em momentos de agudo dissenso no decorrer dos anos 1960, quando chegaram a ocorrer choques armados na fronteira dos dois países.

Explicitado como uma batalha ideológica em torno das novas posições assumidas pelos comunistas soviéticos, sob a liderança de Nikita Kruschev, o conflito sino-soviético representou a disposição dos comunistas chineses de ocupar maior espaço dentro do mundo comunista, numa espécie de Guerra Fria intracomunista, capaz de gerar farta munição para a propaganda maoista nos tempos mais sombrios da Revolução Cultural.[8]

União entre o "Grande Timoneiro" e os Guardas Vermelhos

Da mesma forma que a história da Revolução Cultural não pode ser reduzida ao desenrolar de um conflito de facções no interior do Partido

Comunista Chinês, é inviável imaginar o seu desencadeamento fora dos quadros das vicissitudes desse conflito. Sem dúvida, ela representou algo muito diferente para as instâncias dirigentes do PCC e do EPL, de um lado, e para jovens estudantes e soldados, de outro lado; ou mesmo para os rebeldes do 68 francês, tendo tido assim múltiplas possibilidades de apropriação, como acontece com todos os fenômenos históricos. No entanto, à medida em que lançamos o olhar sobre o conjunto dos acontecimentos, cada vez mais distantes do clima ideológico da época, mais nos damos conta de como as idas e vindas da Revolução Cultural foram condicionadas pelas modalidades tradicionais de resolução das disputas políticas nos países do chamado "socialismo real".

Dessa forma, em seu raciocínio político, Mao percebia a necessidade de ir além do Exército Popular de Libertação a fim de aniquilar seus adversários políticos, restaurando assim sua liderança à frente do partido e do Estado. Uma nova base de sustentação deveria ser construída para eliminar os responsáveis pelo declínio do seu poder político e tal força foi brilhantemente encontrada na "juventude escolarizada das zonas urbanas". Coube a esse gigantesco contingente de jovens urbanos a infeliz tarefa de realizar o projeto de reafirmação do poder maoista, por meio da perseguição fanática aos novos "inimigos do povo" – ou, para usar a denominação folclórica chinesa para todas as "forças ocultas" do mundo – aos "demônios e monstros" da época: burocratas do partido, funcionários do Estado, dirigentes de fábricas, intelectuais, professores etc., todos acusados de terem cometido "desvios burgueses". Organizados aos milhões, esses jovens urbanos selaram uma aliança férrea com Mao, entre 1966 e 1968: a união entre os Guardas Vermelhos e o "Grande Timoneiro".

Feita de maneira sincera ou apenas como instrumento de empulhação, a opção pela perseguição de algumas categorias específicas encontra-se intimamente vinculada à crítica à tradicional divisão entre "trabalho manual" e "trabalho intelectual", feita em nome de uma estrutura social niveladora. Professores, intelectuais e burocratas – bodes expiatórios preferenciais da Revolução Cultural – foram acusados de incidir no grave desvio de privilegiar o segundo em prejuízo do primeiro, reproduzindo uma concepção "hierárquica e iníqua" de sociedade, exatamente aquela a ser destruída pelo processo revolucionário comunista. Ao insistirem em dar sobrevida a tais desvios elitistas, essas categorias estariam patrocinando o ressurgimento daquilo que se pensava exterminado desde o ano zero da Revolução Chinesa, em 1949. Portanto, não passavam de revisionistas da camarilha de Kruschev.

Foram os Guardas Vermelhos os responsáveis pela tarefa de destruir tudo que fosse relacionado à "velha China" ou aos "costumes ocidentais", incluindo-se aí naturalmente os principais culpados pelo retorno das "quatro velharias": os adversários de Mao existentes no seio da intelectualidade chinesa e da burocracia do partido e do Estado. Com a intermediação dos Guardas Vermelhos, fez-se "a ruptura definitiva de solidariedades que datam, em alguns casos, dos tempos da Longa Marcha". No decorrer do triênio da Revolução Cultural, 60% dos quadros comunistas foram expulsos dos cargos. Um dos melhores exemplos dessa fanática caça aos inimigos de Mao foi o do presidente da República Liu Shao-qi: depois de considerado suficientemente isolado, morreu louco na prisão, em 1969, em função das torturas sofridas.[9] Mais uma vez os revolucionários foram devorados pela revolução.

A violência da Revolução Cultural manifestou-se em dois níveis primordiais. Por um lado, foi orquestrada pelo centro político rigidamente controlado por dirigentes fiéis a Mao Tsé-tung. Presidido pelo astuto premiê Chou En-lai, esse núcleo de investigações, o Grupo de Exame Central de Casos, teve como função principal "provar a correção das acusações aos 'direitistas' (incluindo

Em sua luta contra as "quatro velharias" – velhas ideias, velhas culturas, velhos costumes, velhos hábitos – os Guardas Vermelhos destruíam prédios, objetos de arte e templos.

Homem humilhado publicamente. O chapéu pontudo lembra os que eram colocados nos "detestados proprietários" em comícios semelhantes durante a reforma agrária (1946-1950).

espiões de Formosa, do Kuomintang ou pessoas 'tipo Kruschev')," fazendo uso dos mais variados recursos: "tortura, privação de sono, interrogatórios vinte e quatro horas por dia, suspensão de alimentos e muitos tipos de pressão mental e física". Nesse primeiro nível, 1.262 "casos principais" foram investigados, além de um número desconhecido de "casos relacionados de transgressores". Aqui, os alvos preferenciais foram destacados revolucionários, bastante reverenciados anteriormente.[10]

Noutro lado, a perseguição "corria por seus próprios canais numa direção apenas vagamente designada" na busca de "direitistas" ou "remanescentes feudais", "pessoas em cargos de autoridades que tomam a estrada capitalista". Os números dessa violência sem coordenação direta só podem ser contados em milhões. No seu rastro, estão presentes assassinatos, suicídios, mutilações físicas e mentais, além de uma soma interminável de humilhações sofridas.[11]

Apesar de situada em dois níveis diferenciados, a violência imposta pela Revolução Cultural, assim como a própria lógica de funcionamento, não pode ser compreendida de maneira estanque. Muito pelo contrário, os dois níveis se alimentaram reciprocamente. Um sombrio exemplo da articulação existente entre eles pode ser encontrado no "empréstimo" dos prisioneiros políticos aos Guardas Vermelhos para as gigantescas manifestações de humilhação pública implementadas no período. Depois dos espetáculos de humilhação – frequentemente acompanhados de sessões de espancamento e de linchamento –, os prisioneiros eram devolvidos outra vez à "proteção" do Estado.

Nesse contexto, a ação dos Guardas Vermelhos deve ser entendida como um ato de rebelião das bases contra a cúpula do regime; uma rebelião, entretanto, manobrada por parcelas dessa mesma cúpula. Isso fica evidente quando relembramos que, na mesma reunião em que o Comitê Central do PCC alertava para a necessidade de perseguição aos "agentes da burguesia infiltrados no partido", era criado o Grupo Central da Revolução Cultural, órgão que substituiu na prática, até 1968, o Comitê Central e o bureau político do partido como instância decisória máxima, procurando dar o tom da rebelião dos Guardas Vermelhos.

Os repugnantes atos de violência praticados pelos Guardas Vermelhos foram instigados pelo Grupo da Revolução Cultural até o exato momento em que eles próprios começaram a correr o risco de serem tragados pela ira da juventude fanática. Assim, não é possível compreender a fúria dos Guardas Vermelhos fora das maquinações de Mao, Lin Biao, do Grupo da Revolução Cultural – com Chiang Ching, a Madame Mao, à frente – e da aceitação ativa ou passiva das instâncias dirigentes do partido e do exército. A eles cabe uma boa parcela da responsabilidade histórica pelas ignominiosas cenas vistas no período. Da forma mais humilhante, inúmeros patriarcas da Revolução Chinesa foram levados a julgamentos públicos, em que apareciam ajoelhados, de mãos atadas às costas, trazendo ao pescoço enormes cartazes de madeira nos quais seus próprios nomes apareciam riscados. Atrás dos prisioneiros, um bando de Guardas Vermelhos gritavam xingamentos e louvações a Mao enquanto praticavam agressões físicas. Tal espetáculo tinha lugar tão logo tivessem sido devidamente preparados os dossiês difamatórios[12], notórias peças de acusação maoistas.

Ao lado da elaboração dos dossiês difamatórios para os inimigos, deu-se a construção do gigantesco culto à personalidade de Mao. Junto aos punhos erguidos com o Livro Vermelho das citações do presidente Mao, abundavam cartazes tendo o rosto do líder como sol radiante, iluminando a marcha em miniatura dos Guardas Vermelhos. Em várias publicações oficiais chinesas, lia-se que, no momento em que as crianças começavam a falar, não se ouvia "papai e mamãe", mas sim "viva o presidente Mao". Assim como existiam as "quatro velharias" a combater, havia as "quatro denominações" de Mao a louvar: "grande mestre,

Guardas Vermelhos em desfile pelas ruas de Pequim com uma de suas vítimas. Atos de humilhação e violência foram as marcas registradas da Revolução Cultural.

grande (supremo) comandante, grande líder e grande timoneiro”. Quando Lei Fêng – soldado convertido em mártir depois de um acidente fatal, que chegou a ter a suposta história encenada como peça teatral – recebeu do instrutor no EPL o Livro Vermelho, teria feito quatro promessas a si mesmo, escrevendo-as na capa do livro: “a cada dia estudar os escritos do presidente Mao; seguir as diretrizes do presidente Mao; escutar as palavras do presidente Mao; ser um bom soldado do presidente Mao”[13].

Da mesma forma que os dossiês difamatórios e o culto à personalidade de Mao, a própria explosão da Revolução Cultural é proveniente “de cima”. É do comitê central do Partido Comunista Chinês, no início do segundo semestre de 1966, que parte a “ordem” para o início da mobilização de massa, por meio da divulgação dos dezesseis pontos a serem seguidos pela sociedade chinesa: a “carta de princípios da Revolução Cultural”. Os objetivos preveem o combate aos dirigentes partidários engajados na restauração do capitalismo e aos acadêmicos renomados, reconhecidos pelo autoritarismo e elitismo. A luta deveria se dar por meio da mobilização das massas, da educação pela ação, responsável pela formação de um novo

O culto à imagem de Mao chegou ao ponto de equipará-lo aos ícones religiosos. Não se realizavam manifestações públicas sem que cartazes com seu rosto estivessem presentes.

ensino e de uma nova cultura, promovendo, inclusive, a produção agrícola e a industrial. Aos elementos desviantes foi reservada a possibilidade de recuperação, mediante um processo de crítica e autocrítica, ou, no caso de ocuparem postos de representação política, da revogação do mandato. Tudo isso, sustentado pelo Exército Popular de Libertação e dirigido pelo pensamento de Mao Tsé-tung.[14]

Dadas as diretrizes, faltavam apenas férias escolares para que a massa de estudantes ganhasse as ruas de todo o país; problema logo resolvido pelo "camarada Mao", que cancelou o período letivo. Com isso, milhões de jovens, a convite do Comitê Central do Partido, tomaram o rumo de Pequim entoando o hino da Revolução Cultural, iniciado sintomaticamente com o verso: "Do timoneiro depende o navegar".

Fases da Revolução Cultural

Foram três os grandes momentos na Revolução Cultural[15], distintos entre si por representarem modalidades diversas de conflito. Numa primeira fase, entre 1966 e 1967, a tônica foi dada pelos atos de violência praticados "contra os intelectuais e os quadros políticos". Como vimos, nessa época a força puramente destrutiva dos Guardas Vermelhos fundamentou-se num forte sentimento antiburocrático e anti-intelectual, contando com a total proteção do exército.

Na segunda fase, entre 1967 e 1968, as "confrontações faccionais entre Guardas Vermelhos" assumem o posto central da estratégia do movimento. Nesse período, uma "guerra civil larvar" instala-se, tendo a luta entre as diversas organizações de rebeldes assumido "um caráter de pragmática ocupação do poder". Vencida a batalha dentro do partido, o grupo maoista começa a perceber os riscos de ser instaurada uma situação caótica, na qual o controle da rebelião escaparia por completo. A fim de impedir que se chegue a uma situação anárquica, são tomadas duas decisões:

- a criação de uma nova estrutura de poder responsável pela organização da rebelião – os Comitês Revolucionários de constituição tripartite, em que se fariam representar os Guardas Vermelhos, o PCC e o EPL;

- a pressão para que os Guardas Vermelhos retornassem às salas de aula, se preciso, mediante o uso da força pelo exército.

Na terceira etapa, em 1968, ocorreu "a brutal retomada do controle da situação operada pelos militares". No ano anterior, mais precisamente em janeiro de 1967, o movimento havia atingido o auge com a proclamação da Comuna de Xangai, inspirada diretamente na experiência da Comuna de Paris, de 1871. Na ocasião, *rebeldes* de feição mais operária paralisam a cidade, voltando-se contra as próprias autoridades municipais do partido. Desde então o grupo maoista vinha trabalhando com a perigosa hipótese da perda de domínio do processo, com o turbilhão revolucionário se voltando contra o próprio partido e não apenas contra os "elementos desviantes". Precavido, o governo preparou uma intervenção cirúrgica do exército. Assim, na segunda metade de 1968, as forças armadas entraram em cena para dissolver os Guardas Vermelhos, retomando a liderança do movimento em favor do partido e do aparelho estatal. Para se eliminar a crueldade fanática dos Guardas Vermelhos foi aplicado um antídoto mais feroz ainda: uma combinação entre execuções e ruralizações em massa.

A alternativa imposta àqueles que não foram fuzilados sumariamente foi a migração forçada para regiões distantes de onde moravam, sofrendo um severo processo de "reeducação" que combinava longas jornadas de trabalho no campo com a audição de discursos que repetiam a necessidade de se aderir ao sistema que os aprisionava. Outra prática comum foi o uso de uma estranha "pedagogia do terror" durante a execução dos acusados de ser contrarrevolucionários. A ocasião do fuzilamento de um "inimigo do povo" tornou-se propícia para a encenação do teatro da "agitação-propaganda" maoista: ajoelhados ou de pé em cima de uma cadeira, sempre com a cabeça abaixada, milhares de chineses sofreram a derradeira humilhação antes de receberem uma bala na nuca.

O "canto do cisne" da Revolução Cultural teve lugar no IX Congresso do Partido Comunista Chinês, em 1969. Depois de treze longos anos sem a convocação de um congresso partidário, os comunistas chineses se reuniram com

Jovens trabalhadores do campo tinham em sua jornada de trabalho um horário reservado ao estudo do sistema comunista chinês, com base nos conceitos de Mao.

a intenção de institucionalizar as supostas conquistas do triênio revolucionário. Entretanto, tal institucionalização foi marcada por uma contradição central: enquanto, de um lado, eram proclamados: "desburocratização da vida pública, estímulo à participação das bases, controle da direção pelas massas, convicção de que a luta de classes se desdobra no período – bastante longo – de construção do socialismo", de outro, era reafirmada "a preponderância do PCC entre os órgãos do poder público".[16]

Talvez essa contradição não se limite às resoluções de um congresso partidário, mas se encontre no próprio cerne do pensamento de Mao Tsé-tung, tendo sido responsável, inclusive, pelas agruras da Revolução Cultural. As grandes inovações contidas no maoismo, que tanto fascinaram uma geração inteira de rebeldes ocidentais, estavam "fundadas, na realidade, sobre um controle completo dos aparelhos de segurança", reveladas no "primado ao culto da força e do anti-intelectualismo bem pouco teórico de Mao". Algumas das grandes temáticas do maoismo – "como o igualitarismo, a abolição da divisão do trabalho, a luta contra as tendências ao 'comando' e à burocracia, a autossuficiência do desenvolvimento, o direito de rebelar-se sob o socialismo" – conviviam sob uma "tensão harmônica" com a defesa do Partido Comunista como instrumento de vanguarda na construção da ditadura do proletariado, fiel herança das concepções leninistas.[17]

Assim, o que poderia ser visto como o elemento positivo construído pela Revolução Cultural – uma concepção radicalmente igualitária e antielitista da atividade cultural e do processo produtivo – representou de fato o instrumento de realização de um projeto vanguardista marcadamente antidemocrático. É provável que essa "tensão harmônica" não tenha sido mais que a configuração teórica que abriu espaço para a morte de "cerca de quatrocentos mil a um milhão"[18] de pessoas, no decorrer dos três anos de Revolução Cultural.

Para além do elevado número de mortes, a Revolução Cultural trouxe como consequência um significativo retrocesso no campo científico e artístico-cultural, fruto da conjunção de um forte sentimento antiocidental e uma asfixiante limitação à liberdade de expressão. Um exemplo perfeito desse retrocesso pode ser encontrado na exigência de que a Ópera de Pequim assumisse o caráter de um "teatro revolucionário", abandonando todo e qualquer ranço de "teatro de entretenimento". A tradução dessa mudança de caráter não poderia ser mais vulgar: em vez de imperadores e princesas, as encenações deveriam apresentar a luta de classes entre camponeses e proprietários de terras, as peripécias revolucionárias do exército e a ascensão da classe trabalhadora no decorrer do processo revolucionário chinês iniciado nos anos 1920, com a fundação do Partido Comunista.

As trajetórias diferenciadas de Chiang Ching, esposa de Mao Tsé-tung, e de Wang Kuang-mei, esposa de Liu Shao-qi, no decorrer da Revolução Cultural, nos auxilia na compreensão desse quadro de retrocesso cultural, além de demonstrar claramente o clima de perseguição a pessoas e instituições vistas como representantes da velha sociedade que se pretendia destruir completamente.

Chiang Ching foi a grande responsável pela verdadeira caça implementada contra toda forma de teatro que fizesse alusão às sociedades tradicionais e às chamadas crendices. O teatro deveria ser purgado de todas as tramas que permitissem o retorno de um passado de exploração já superado. Os enredos que trouxessem ao palco as antigas classes imperiais e suas religiões deveriam ser substituídos por outros que demonstrassem a nova consciência revolucionária dos trabalhadores.[19]

Wang Kuang-mei, por sua vez, sofreu mais humilhações que o próprio marido. Diante de um tribunal de exceção instalado no *campus* da universidade de Pequim, foi obrigada a escutar cerca de trezentas mil pessoas entoarem o *slogan* "abaixo os demônios-vaca e os deuses-serpente". Especialmente para a ocasião, obrigaram-na a usar um "vestido de baile justo, saltos altos de agulha, chapéu de palha inglês de feitio aristocrático e colar de bolas de pingue-pongue enfeitados de caveira".[20]

Juventude e fanatismo

A história da Revolução Cultural nos permite indagar as motivações que levaram uma parcela significativa da juventude chinesa a se envolver numa experiência de tamanho fanatismo. Como avaliar a adesão desse segmento, altamente identificado com o pensamento contestatório, a uma prática de extrema intolerância? O primeiro passo importante a ser dado seria evitar o uso da palavra "manipulação". Frequentemente, as análises que se iniciam recorrendo à ideia de que determinados indivíduos ou grupos sociais inteiros se deixam manipular por interesses declarados ou não, acabam por trilhar o caminho fácil das tramas conspiratórias, ocultando na maioria das vezes a identificação de vontades existente entre os assim denominados "manipulador" e "manipulado".

Os jovens Guardas Vermelhos não foram simples marionetes guiadas pelo hábil Mao Tsé-tung. O que houve, na verdade, foi o encontro entre a vontade dos jovens de questionar de alguma forma os poderes constituídos – característica recorrente nessa fase da vida – e a vontade do segundo de arregimentar um segmento social forte o suficiente para reforçar o próprio projeto político na disputa dentro do Partido Comunista Chinês.

Tal encontro, no entanto, resultou no estabelecimento de uma dinâmica própria, fugindo ao controle de ambas as partes. O fanatismo revelado foi, em grande medida, expressão de um radicalismo maniqueísta completamente avesso ao diálogo, acobertado e incentivado por uma parcela das mesmas estruturas de poder que eram aparentemente combatidas.

Notas

1 "Lei Fêng". *In* Jean Chesneaux et alii. *Los comics de Mao*. Barcelona: Gustavo Gili, 1976, p.258.

2 Michel Foucault. "Sobre a justiça popular" *In Microfísica do poder*. Rio de Janeiro: Graal, 1979.

3 *Ibid.*, p.40.

4 Eric Hobsbawm. "O marxismo hoje: um balanço aberto" *In História do marxismo* (v. 11). O marxismo hoje. Rio de Janeiro: Paz e Terra, 1983, pp.20-2; Marcelo Ridenti. "1968: rebeliões e utopias" *In* Daniel Aarão Reis Filho (org.). *O século XX* (v. 3). O tempo das dúvidas. Do declínio das utopias às globalizações. Rio de Janeiro: Civilização Brasileira, 2000, pp.135 e 146.

5 A partir de então o marechal Peng De-huai foi marginalizado, expulso do partido e condenado à prisão perpétua em 1967, morrendo encarcerado em 1974.

6 Martin Bernal. "Mao e a Revolução Chinesa" *in* Eric Hobsbawm (org.). *História do marxismo* (v.8). O marxismo na época da Terceira Internacional: o novo capitalismo, o imperialismo, o Terceiro mundo. Rio de Janeiro: Paz e Terra, 1987, pp.375-417.

[7] Mao Tsé-tung. *O livro vermelho*. São Paulo: Global, s/d, pp.12-3.

[8] Giuseppe Bofia. *Depois de Kruschev*. As origens do conflito sino-soviético. Rio de Janeiro: Civilização Brasileira, 1967

[9] Jean-Louis Margolin. "Comunismos da Ásia: entre 'reeducação' e massacre – A China, o Vietnã, o Laos e o Camboja" *in* Stéphane Courtois *et alii*. *O livro negro do comunismo*. Crimes, terror e repressão. Rio de Janeiro: Bertrand Brasil/Biblioteca do Exército, 2000, p.616.

[10] Jonathan Spence. *Mao*. Rio de Janeiro: Objetiva, 1999, pp.198-9.

[11] *Ibid.*, pp.200-2.

[12] Roxane Witke. *Madame Mao*. Rio de Janeiro: Nova Fronteira, 1977, pp. 247-323.

[13] "Lei Fêng" *in* Jean Chesneaux *et alii*. *Los comics de Mao*. p.226.

[14] Franz Márek. "Teorias da revolução e fases de transição" *in* Eric Hobsbawm (org.). *História do marxismo* (v.11). Rio de Janeiro: Paz e Terra, 1983, pp.88-9; Daniel Aarão Reis Filho. *A construção do socialismo na China*. São Paulo: Brasiliense, 1981, pp.53-4.

[15] Jean-Louis Margolin. "Comunismos da Ásia: entre 'reeducação' e massacre – A China, o Vietnã, o Laos e o Camboja" *in* Stéphane Courtois *et alii*. *O livro negro do comunismo*. pp.616-39.

[16] Daniel Aarão Reis Filho. *A construção do socialismo na China*. pp.71-82.

[17] François Godement. "A China depois de Mao" *in* Eric Hobsbawm (org.). *História do marxismo* (v.11). pp.290-3.

[18] Jean-Louis Margolin. "Comunismos da Ásia: entre 'reeducação' e massacre – A China, o Vietnã, o Laos e o Camboja" *in* Stéphane Courtois et alii. *O livro negro do comunismo*. p.608.

[19] Roxane Witke. *Madame Mao*. p.260.

[20] *Ibid.*, 286.

Bibliografia

BETTELLHEIM, Charles. *Revolução cultural e organização industrial na China*. Rio de Janeiro: Graal, 1979.

BOFFA, Giuseppe. *Depois de Kruschev*. As origens do conflito sino-soviético. Rio de Janeiro: Civilização Brasileira, 1967.

CHESNEAUX, Jean *et alii*. *Los comics de Mao*. Barcelona: Gustavo Gili, 1976.

COURTOIS, Stéphane *et alii*. *O livro negro do comunismo*. Crimes, terror e repressão. Rio de Janeiro: Bertrand Brasil/Biblioteca do Exército, 2000.

DAUBIER, Jean. *História da revolução cultural chinesa* (2 vs.). Lisboa: Presença, 1974.

FOUCAULT, Michel. *Microfísica do poder*. Rio de Janeiro: Graal, 1979.

HOBSBAWM, Eric (org.). *História do marxismo* (v.8). O marxismo na época da Terceira Internacional: o novo capitalismo, o imperialismo, o terceiro mundo. Rio de Janeiro: Paz e Terra, 1987.

__________. *História do marxismo* (v.11). O marxismo hoje. Rio de Janeiro: Paz e Terra, 1983.

MAO TSÉ-TUNG. *O livro vermelho*. São Paulo: Global, s/d.

REIS FILHO, Daniel Aarão. *A construção do socialismo na China*. São Paulo: Brasiliense, 1981.

__________. (org.). *O século XX*. (v.3). O tempo das dúvidas. Do declínio das utopias às globalizações. Rio de Janeiro: Civilização Brasileira, 2000.

SPENCE, Jonathan. *Mao*. Rio de Janeiro: Objetiva, 1999.

WITKE, Roxane. *Madame Mao*. Rio de Janeiro: Nova Fronteira, 1977.

__________. *História do marxismo* (v.11). O marxismo hoje. Rio de Janeiro: Paz e Terra, 1983.

Terrorismo político

A globalização do medo

Marco Mondaini

Na passagem dos anos 60 para os anos 70 do século XX, a palavra globalização começou a ser utilizada de forma progressiva nos meios intelectuais. Desde então, procurou-se demonstrar que os princípios organizadores da vida social e da ordem mundial não eram os mesmos de antes. Parece inquestionável a existência de determinados elementos que diferenciam, de maneira radical, o cotidiano vivido desde o último quarto do século XX do dia a dia anterior a esse período.

Felizmente ou não, vivemos num mundo em que os cinco sentidos nos fazem entrar em contato com uma realidade cada vez mais comum a todos os indivíduos do nosso planeta. É evidente que a sociedade capitalista continua a produzir e concentrar riqueza como nenhuma outra o fez em toda a história da humanidade. Entretanto, junto à extrema desigualdade que assola a contemporaneidade, apartando abastados e miseráveis, nos deparamos com estranhas modalidades de democratização, que, cada vez mais, tornam a todos idênticos entre si.

Nos diversos Estados nacionais, muito mais que nas desniveladas classes sociais, passamos a comer nas mesmas cadeias de lanchonete (paladar), a escutar as mesmas canções (audição), a sentir os mesmos perfumes (olfato), a assistir aos mesmos filmes (visão) e a vestir as mesmas marcas de calças jeans (tato). Assim, essa globalização dos sentidos demonstra de forma cristalina o quanto de liberalização mercantil encontra-se presente nesse processo.

Entretanto, no exato momento em que a globalização econômica se apresentava, fazendo-se sentir cada vez mais no cotidiano das pessoas, um outro fenômeno subia à tona de maneira identicamente globalizada. No refluxo da movimentação estudantil que abalou os quatro cantos do planeta em 1968, deu-se início à maior onda de terrorismo já observada na história. Em poucas palavras, beneficiada pela revolução no campo dos transportes de massa e na comunicação eletrônica, a globalização dos mercados passou a ser acompanhada por uma autêntica "globalização do medo".

No decorrer dos anos 70, praticamente todos os países ocidentais tiveram de enfrentar episódios traumáticos vinculados a atos terroristas, ocorrências que invariavelmente causaram forte comoção na opinião pública mundial. Desde então, as sociedades ocidentais tiveram de conviver com o medo constante, causado pela perspectiva sempre presente de um ataque terrorista.

Dessa primeira década do medo, advieram imagens chocantes que alertaram os governantes ocidentais para a estratégia de tensão que começava a ser colocada em prática por inúmeras organizações clandestinas de todas as partes do planeta. Dentre essas imagens, estão: o terrorista mascarado da organização palestina Setembro Negro, flagrado na sacada da vila olímpica de Munique quando do atentado contra onze atletas da delegação israelense, em 1972; o ex-primeiro ministro italiano Aldo Moro, encontrado morto no bagageiro de um carro após dois meses de sequestro pelas Brigadas Vermelhas

Na Olimpíada de Munique, em 1972, membros do grupo terrorista Setembro Negro invadiram os alojamentos da equipe israelense numa ação quo, ao seu término, resultou na morte de onze atletas.

italianas, em 1978; os corpos completamente mutilados, de pessoas comuns que cometeram o único erro de estar no local errado na hora errada, isto é, no momento em que uma bomba explodia numa estação ferroviária ou dentro de um restaurante. Dos atletas olímpicos israelenses ao líder político democrata-cristão, passando por uma multidão de anônimos, todos haviam se tornado alvo de uma das mais infames modalidades de fanatismo que já se conheceu: o terrorismo.

As várias espécies de terrorismo

As origens mais remotas das expressões terror e terrorismo encontram-se na Revolução Francesa, mais precisamente nos anos de 1793 e 1794, durante a ditadura revolucionária jacobina, quando o Comitê de Salvação Pública assumiu o controle da nação francesa. Liderado por Maximilien Robespierre e Louis Saint-Just, o governo revolucionário francês mergulhou o país numa Era do Terror.

No decorrer do século XIX, a palavra terrorismo ganha uma conotação francamente positiva nas obras dos teóricos do movimento anarquista. Guardadas as particularidades do pensamento de cada um, o francês Pierre Joseph Proudhon e os russos Mikhail Bakunin e Piotr Kropotkin observavam no terror um fato construtivo, uma forma eficiente de destruir o poder estatal.

Na Rússia czarista, os populistas *narodniks* assumiram as ações terroristas como instrumento fundamental na luta para desestabilizar o regime; e, em 1881, mataram o czar Alexandre II num dos atentados contra autoridades do Estado russo.[1]

No século XX, pós-Segunda Guerra Mundial, as ações terroristas se fizeram presente no bojo das lutas empreendidas pelos movimentos de libertação nacional, nos continentes africano e asiático. Naquela ocasião, o terrorismo tornou-se uma moeda corrente para ambas as partes em conflito, como ficou demonstrado nos episódios da Guerra da Argélia, na passagem dos anos 50 aos anos 60, quando atentados terroristas foram praticados tanto pelos militantes da Frente de Libertação Nacional argelina quanto pelos militares franceses de extrema-direita, reunidos na Organização do Exército Secreto. Esta última considerava o general Charles de Gaulle, então presidente da França, "traidor da causa francesa", por ter negociado a independência da Argélia e demais países do norte da África. Em retaliação, planejou mais de vinte atentados contra o líder francês; além disso, detonou centenas de bombas, tanto na França quanto na Argélia.[2]

Porém, na forma epidêmica contemporânea – isto é, a partir dos múltiplos aspectos assumidos nos anos 70 –, o terrorismo talvez seja em grande medida uma invenção do pós-1968, uma das respostas históricas ao refluxo dos movimentos contestatórios que assinalaram aquele ano. Na impossibilidade de mudar o *status quo* através da mobilização de massas pacíficas, muitos militantes formaram agrupamentos minúsculos. Estes passaram, de forma extremamente traumática, da "arma da crítica" à "crítica das armas"; e o fizeram de maneira bastante diversa da praticada por organizações socialistas e nacionalistas de massa nos séculos XIX e XX. Por esse motivo, somadas às motivações imediatas de luta, cada organização terrorista traz em sua história, direta ou indiretamente, os ecos das vitórias e das derrotas de 1968.

Apesar da constante mutação – que torna relativamente difícil a uma definição conceitual –, o terrorismo sempre se apresenta como um "ato executado como parte de um método de luta política, que comporta o uso da violência extrema contra pessoas inocentes"[3]. Praticado "contra o Estado ou a favor dele", sendo "conservador ou revolucionário", "interno ou internacional", de forma "tática ou estratégica, instrumental ou finalística"[4], o terrorismo deve ser definido mais pelo conteúdo das ações que pelas motivações políticas.[5] Assim, de maneira particularizada, as ações terroristas assumiram as seguintes características gerais, nos anos 70:

- escolha indiscriminada dos alvos;
- arbitrariedade e imprevisibilidade na realização dos atos;
- uso de métodos de ação extremos e cruéis;
- indiferença em relação aos códigos morais vigentes;
- caráter sistemático e continuado.[6]

Baseados em referências políticas modernas, podemos classificar, em função das motivações últimas, duas grandes modalidades de ação terrorista. De um lado estão organizações que empregaram métodos terroristas para destruir o Estado capitalista, e instituições políticas liberal-democráticas, em nome da edificação de uma sociedade comunista, como por exemplo as Brigadas Vermelhas (Itália), o Baader Meinhoff (Alemanha) etc. De outro lado, encontram-se os agrupamentos que empreenderam, e continuam a empreender, ações terroristas visando a separação nacional, e a consequente autonomia da nação oprimida, através da fundação de um novo Estado. Dentre esses, encontram-se: o Exército Republicano Irlandês (IRA), o Pátria Basca e Liberdade (ETA), os grupos terroristas palestinos abrigados no interior da Organização para a Libertação da Palestina (OLP).[7] Entretanto, não se deve separar de forma estanque as motivações desses dois tipos de movimentos terroristas. Isso porque, ao assumirem um discurso anti-imperialista, os movimentos de caráter nacionalista aderem muito frequentemente às posições anticapitalistas, sem perderem com isso as origens histórico-geográficas.[8]

No caso específico das três organizações nacionalistas apontadas, a influência das concepções anticapitalistas, em especial as de orientação marxista-leninista, representou um elemento decisivo para a formação, e posterior desenvolvimento, de dissidências do grupo primário, como o IRA provisório e o ETA militar. Tais concepções influenciaram, ainda, a estruturação ideológica de alguns agrupamentos reunidos na frente política da OLP (por exemplo, a Frente Popular para a Libertação da Palestina – FPLP), dando forma a organizações ainda mais radicalizadas, em grande parte responsáveis pelas ações terroristas mais bárbaras dos anos 70.

Ações de extrema-esquerda

No que diz respeito ao terrorismo unicamente movido por concepções político-ideológicas de extrema-esquerda, Itália e Alemanha foram os dois países europeus que mais sofreram com tais ações, no decorrer da década de 1970.

Na Itália, as Brigadas Vermelhas justificavam as próprias ações terroristas pela necessidade da luta revolucionária contra o sistema capitalista. Em 1969 nasciam as Brigadas Vermelhas, no bojo das gigantescas movimentações sociais de estudantes e operários, iniciadas em setembro (o Outono Quente); e do atentado terrorista, em dezembro, que inaugura os Anos de Chumbo em solo italiano (a bomba de Piazza Fontana, em Milão). Apresentavam-se como uma alternativa de esquerda ao Partido Comunista Italiano (PCI), num período em que este esteve próximo de chegar ao poder político na Itália, através da liderança do secretário-geral Enrico Berlinguer; e a ação mais espetacular das Brigadas deve ser compreendida nesse contexto.

O sequestro e posterior assassinato de Aldo Moro, em 1978, representou uma mensagem clara de que a estratégia do "compromisso histórico" entre comunistas e democratas-cristãos, proposta por Berlinguer e aceita por Moro, deveria ser barrada a qualquer preço. Não por acaso, o corpo do líder democrata-cristão foi estrategicamente deixado numa rua localizada entre a sede oficial dos dois partidos. A organização, famosa por metralhar as pernas das vítimas, não poderia aceitar a um governo democrático liderado por um partido comunista de massas, avesso aos fanatismos.

Na Alemanha, o Baader-Meinhoff praticava ações terroristas também em nome do combate à sociedade burguesa capitalista, enfatizando a necessidade de se eliminar o comportamento consumista. Oficialmente denominado Fração do Exército Vermelho, Baader-Meinhoff são os sobrenomes dos principais líderes dessa organização terrorista, Andreas Baader e Ulrike Meinhof, que elegeu como alvos personalidades do sistema capitalista. Seguindo esse objetivo, em 5 de setembro de 1977 membros do grupo sequestraram e mataram o líder industrial alemão Hans-Martin Schleyer; esse e outros tantos assassinatos de políticos, militares e empresários foram feitos em nome da luta pela emancipação da classe trabalhadora.

Ações estatais e ações de extrema-direita

Como fenômeno epidêmico, o terrorismo assumiu duas outras formas no período em questão: o *terrorismo estatal*, em que o próprio Estado faz uso sistemático da violência a fim de reprimir determinados grupos sociais e organizações políticas; e o *terrorismo negro*, em que organizações clandestinas de extrema-direita empregam métodos terroristas para barrar o avanço democrático de forças socialistas. Exemplos claros são a ditaduras militares instauradas no continente latino-americano por sucessivos golpes de Estado, nos anos 60 e 70, e os grupos neofascistas italianos que, junto aos brigadistas vermelhos, ajudaram a construir a "estratégia da tensão", nos anos 70, na Itália, são, respectivamente, exemplos claros desses tipos de terrorismo.

O uso sistemático da tortura e a fabricação constante de "desaparecidos" políticos nos porões de regimes tirânicos, por um lado, e as inúmeras explosões de estações ferroviárias apinhadas de gente comum, por outro lado, demonstram que o terrorismo não foi privilégio de esquerdistas e nacionalistas extremados.

Porém, de todas as modalidades de terrorismo nascidas nos anos 70, a que mais resistiu ao tempo foi aquela vinculada à luta pela autonomia de determinadas "nações oprimidas". Apesar dos eventuais acordos de paz e deposições de armas, o terrorismo de caráter nacionalista continua a ser empreendido até os dias de hoje, ainda que apenas residualmente.

A luta terrorista pela autonomia nacional

O nacionalismo representa um dos mais fortes e sólidos "sentimentos de identidade coletiva" construídos pela modernidade ocidental. Junto às ideias socialistas e comunistas que ganharam mentes e corações no decorrer do século XIX, e depois entraram em crise no final do século XX, a causa nacionalista faz parte das duas principais referências políticas modernas. Sem a identidade coletiva nacional, seria impossível compreender a longa história da formação dos Estados modernos. Da experiência inicial ibérica, que permitiu que Portugal fosse o primeiro país do mundo a se lançar na expansão marítima e comercial, no século XV, até os processos de unificação nacional tardios, na Alemanha e Itália, no século XIX, passando pelos casos clássicos da Independência dos Estados Unidos da América e da Revolução Francesa, no século XVIII, a ideia de nação foi sendo lentamente elaborada.[9]

Apesar de comumente se apresentar como algo natural, inerente ao ser humano, a ideia de nação é, na verdade, uma construção cultural, um verdadeiro projeto imaginário-simbólico, que, como tal, precisou ser interiorizado pelos indivíduos a fim de se tornar um elemento de coesão política. O fato de ser uma edificação cultural e, por isso mesmo, artificial, não implica, porém, que o sentimento de nacionalidade seja uma farsa. A raça humana demonstra enorme disposição para lutar por causas imaginárias, que se tornaram tão essenciais quanto o alimento necessário à própria existência. Veremos, a seguir, exemplos trágicos de como, em nome de uma causa nacional, seres humanos assumiram um comportamento destruidor, fanaticamente destruidor.

O terrorismo basco

Situado no norte da Espanha e sudoeste da França, o País Basco cedeu alguns dos mais destacados combatentes do exército legalista republicano durante a Guerra Civil Espanhola, entre 1936 e 1939. Não por simples coincidência, quando a aviação nazista, que apoiava as forças golpistas do general Francisco Franco, pensou em um alvo para descarregar suas bombas de maneira exemplar, a escolha recaiu sobre a cidade de Guernica, na província basca de Vizcaya, massacre eternizado na tela de Pablo Picasso.

Durante os 36 anos de ditadura vividos pela Espanha, os bascos foram particularmente atingidos pela tirania castelhana de Franco, resistindo bravamente por mais de três décadas contra a barbárie franquista. Contra o despotismo de Madri, um grupo de estudantes bascos criou, em 1959, o ETA – Euzkadi Ta Askatasuna (Liberdade para a Terra Natal dos Bascos). Durante os anos de ditadura franquista, em que foram poucas as mortes atribuídas à essa organização, a ação mais espetacular cometida pelos *etarras* (militantes do ETA) foi o assassinato do almirante Luís Carrero Blanco, primeiro-ministro e herdeiro político de Franco, em um atentado perpetrado em fins de 1973. Na ocasião, cem quilos de explosivos detonaram um quarteirão inteiro no exato momento em que o automóvel do almirante cruzava uma rua de Madri. O impacto da explosão arremessou o carro sobre o telhado de um prédio de cinco andares.

Porém, se a luta do ETA pode ser considerada legítima em relação ao direito à resistência a um regime ditatorial, essa legitimidade é bastante questionável quando, com a morte de Franco, em 1975, a ditadura é definitivamente sepultada. De maneira inexplicável, a morte do ditador teve um efeito completamente contrário ao esperado, isto é, as ações terroristas do ETA cresceram de maneira vertiginosa nos novos tempos de democracia política.

Após um duplo anúncio, em março de 1976 – "A organização revolucionária socialista basca de libertação nacional, ETA, prossegue sua campanha" e "Não à colaboração com o Estado espanhol! Todos os colaboradores serão executados" –, os números de assassinatos praticados pelo grupo terrorista cresceram: 1976 (19 mortos), 1977 (30), 1978 (66), chegando à impressionante média de dois ou três mortos por semana no ano de 1979 (130).

Exatamente nesses anos, o ETA realizou uma travessia que seria comum a outras organizações nacionalistas: à medida que se aproximava dos ideais marxistas-leninistas, o grupo abandonou cada vez mais o nacionalismo romântico que o inspirava inicialmente, anexando ao programa nacionalista clássico a ideia de luta armada pelo socialismo. Como fruto dessa passagem, do interior do ETA político-militar adviria a dissidência mais radical ainda do ETA-militar, que optou por uma guerrilha urbana incondicional.[10]

O terrorismo irlandês

O movimento nacionalista irlandês tem suas origens modernas na fundação da sociedade secreta dos fenianos, em 1858. Desde então, a luta contra o domínio inglês avançou por entre acordos diplomáticos e balas de fuzis. Dos primeiros fenianos, em meados do século XIX, até o final dos anos 70, muito foi conquistado em prol da causa irlandesa. Em 1921, o país havia conseguido a sua independência, tornando-se uma república completamente autônoma, em 1949.

Para acirrar os ânimos, porém, estava a questão dos seis condados setentrionais de maioria protestante, que permaneceram sob o domínio britânico. Uma tal situação era intolerável para a minoria católica desejosa de se unir aos "irmãos do Eire" (a República da Irlanda).

Fundado em 1919, com o objetivo de conquistar a independência da Irlanda frente à Inglaterra, o Exército Republicano Irlandês (IRA) sempre fez uso de ações armadas a fim de alcançar os seus propósitos. Na virada dos anos 60 para os anos 70, no entanto, os termos do confronto haviam se modificado substancialmente. Desde 1962, o IRA oficial vinha abandonando a luta armada em nome de uma solução pacífica para os impasses existentes. Descontentes com os rumos diplomáticos assumidos pelos "oficiais", um grupo dissidente sai em defesa da continuidade das ações armadas: surgia o IRA provisório. Era 1969 e a região do Ulster (o norte da Irlanda) estava prestes a entrar numa das fases mais sangrentas de sua história.

A primeira explosão ocorre, em agosto de 1969, quando o gueto católico de Bogside, em Londonderry, é cercado e hostilizado pelos protestantes. O conflito

A agência central dos correios, em Dublin, foi um dos alvos do terrorismo na Irlanda.

entre católicos e protestantes ganha dimensões abertamente militares e uma guerra civil é instalada na Irlanda do Norte. A situação é propícia para radicalismos de ambas as partes, e plenamente favorável para o início das ações terroristas dos provos (*provisional* IRA, militantes do IRA provisório).

Como se isso tudo não bastasse, em janeiro de 1972, uma marcha pacífica em nome dos direitos civis dos católicos é brutalmente reprimida pelos paraquedistas britânicos, resultando na morte de treze pessoas, dentre elas seis adolescentes, além de ferimentos em mais de uma centena. Era o Bloody Sunday (Domingo

Sangrento). Cinco meses depois, em junho, os provos dariam o troco de maneira igualmente bárbara. No espaço de uma hora, vinte e duas bombas explodem no centro de Belfast ensopando as ruas de sangue: foram dez os mortos e cento e trinta, os feridos. Foi a Sexta-Feira Sangrenta.

Até o final dos anos 70, o terrorismo reinou no Ulster. Nesse período, as ações do IRA provisório eram facilmente identificáveis: tiros na nuca de soldados britânicos, explosivos de plástico arremessados em bares apinhados de gente comum, carros-bomba detonados em ruas movimentadas, bombas nas estações de metrô e em *shopping centers*, em Belfast ou em Londres. Tudo isso fez do IRA um dos grupos terroristas mais temidos do mundo.

Quando, em 1979, um plano de paz foi apresentado propondo uma Irlanda federada, os provos mostraram de forma límpida sua indisposição visceral para com soluções negociadas, explodindo um herói da Segunda Guerra Mundial, de 79 anos de idade: lorde Mountbatten, último vice-rei da Índia.[11]

O terrorismo palestino

A causa palestina desenvolve-se vinculada ao movimento sionista, no final do século XIX. Por meio do sionismo, os judeus tornaram sistemática a luta em torno da criação de uma nova pátria, a defesa de um Estado nacional judeu localizado no berço da sua civilização – a Palestina. A realização do "sonho de Sion" dos judeus, como definiu o jornalista austro-húngaro Theodor Herzl, fundador do movimento sionista, deu-se com a criação do Estado de Israel, em maio de 1948, em decorrência do massacre nazista que vitimou a maior parte dos judeus da Europa. Fato irônico é que, a partir de então, de certa forma, a diáspora dos judeus seria substituída pela diáspora dos palestinos. Em outras palavras, a resolução do problema dos refugiados judeus na Segunda Guerra Mundial trouxe consigo o advento do novo problema dos refugiados palestinos.

Derrotados militarmente pelo exército israelense, em 1948, após tentar varrer os judeus da Palestina, os países árabes começaram a perceber as enormes dificuldades existentes para cumprir a promessa de extrair do Oriente Médio aquele que denominavam de enclave ocidental, o Estado de Israel. Após algumas tentativas de derrotar militarmente os israelenses, egípcios, sírios, libaneses e jordanianos estabeleceram uma convivência relativamente pacífica com eles, abandonando os palestinos à própria sorte, pelo menos no campo militar. Diante da considerável superioridade militar do Estado judeu, os palestinos deram início à busca de novos caminhos organizacionais que pudessem levar à derrota do inimigo num futuro próximo, ainda que imediato.

Então, em maio de 1964, um congresso nacional palestino decide criar a Organização para a Libertação da Palestina (OLP), que deveria reunir as várias tendências do movimento em defesa da "causa palestina", que, de início, implicava a substituição de Israel por um Estado palestino laico. Rapidamente, são abertos campos de treinamento militar e o Exército de Libertação da Palestina é criado, além da formação de um fundo nacional palestino, este sim com o apoio financeiro de nações árabes, tanto as diretamente envolvidas no conflito como outras, dentre elas o Iraque e a Arábia Saudita.

No entanto, é após a impressionante derrota imposta pelas tropas de Israel às forças árabes, em 1967, na Guerra dos Seis Dias, que uma nova estratégia começa a ser colocada em prática pelos palestinos – a improbabilidade de derrotar Israel numa guerra convencional faz surgir a ideia de matar os judeus longe dos campos de batalha, onde quer que eles estivessem. Enquanto a Al Fatah (grupo criado por Yasser Arafat, em 1959, que se tornaria majoritário dentro da OLP) decide prosseguir a luta contra Israel por outros meios, um médico chamado Georges Habashe funda a Frente Popular para a Libertação da Palestina (FPLP), agrupamento de orientação marxista-leninista de grande radicalismo político.

Entre 1967 e 1973 (quando Egito e Síria causam a primeira fissura na couraça militar israelense, na Guerra do Yom Kippur – Dia do Perdão, data sagrada para os judeus) os palestinos passam a lutar pela causa nacional recorrendo a violentas ações terroristas: sequestros de aviões, em particular com judeus a bordo, e atentados a bomba em aeroportos proliferam mundo afora. Para se ter uma noção da força da ofensiva desencadeada pelos terroristas palestinos, em menos de uma semana, em setembro de 1970, cinco aeronaves comerciais foram sequestradas, sendo três explodidas após a retirada dos reféns, numa ação coordenada pela FPLP de Habasche.

No mesmo instante em que ocorriam os sequestros, oito mil *feddayin* (guerrilheiros) da OLP acampados na Jordânia, refugiados das guerras de 1948 e 1967, eram massacrados por ordem do rei Hussein, temeroso de que um golpe patrocinado pelos palestinos estivesse a caminho. Era o Setembro Negro.

Passados dois anos, em setembro de 1972, uma organização terrorista palestina autodenominada Setembro Negro (uma espécie de braço armado da Al Fatah, não reconhecido publicamente por esta, e que buscava vingar os mártires palestinos da Jordânia) praticaria um dos atentados mais impressionantes do período. Um grupo formado por oito terroristas invadiu a vila olímpica de Munique, numa ação que, ao seu término, resultou na morte de onze atletas israelenses. A OLP – que tomaria o rumo das negociações diplomáticas no ano seguinte – nunca assumiu a responsabilidade pelo ignominioso atentado. Independentemente de quem tenha praticado o massacre dos atletas judeus, o espírito olímpico nunca mais seria o mesmo.[12]

Corpos de mulheres e crianças israelenses após explosão de um ônibus por terroristas palestinos. Transportes coletivos são alvos comuns de atentados que massacram civis inocentes.

Novas faces do terrorismo

Da mesma maneira que o terrorismo epidêmico contemporâneo – nas suas várias facetas nacionalista e de extrema-esquerda, estatal e de extrema-direita – remonta à passagem dos anos 60 aos anos 70, duas novas modalidades de terrorismo subiram à superfície na passagem dos anos 80 aos anos 90: o terrorismo doméstico tipicamente norte-americano e o terrorismo internacional dos grupos fundamentalistas islâmicos.

Com o primeiro desses novos tipos de terrorismo, a opinião pública mundial deu início à descoberta de uma face até então oculta da "esplendorosa sociedade norte-americana". Das vísceras de uma nação que sempre se orgulhara da natureza democrática e empreendedora dos próprios filhos, começam a emergir sinais claros da existência de uma outra história americana, uma história atravessada por fortes traços patológicos.

Enquanto o mundo descobria um terrorismo singularmente estadunidense, os Estados Unidos da América constatavam a existência de um inimigo interno, saído das próprias entranhas. Do Unabomber (apelido do terrorista que, durante vinte anos, enviou pacotes-bomba para as suas vítimas, e que, ao ser preso em 1996, não revelou nenhuma motivação política concreta) a Timothy McVeigh (jovem ultranacionalista de 27 anos que, em 1995, detonou uma bomba num prédio do governo federal norte-americano, na cidade de Oklahoma, matando 168 pessoas, entre as quais 25 crianças com idade até seis anos) foi-se percebendo progressivamente o tanto de fundamentalismo bélico existente por detrás do *american way of life*.

Num estranho movimento dialético, o culto norte-americano ao rifle – um dos elementos centrais do modo de viver estadunidense – acabou voltando-se contra seus próprios criadores. O massacre de catorze estudantes e um professor no refeitório do colégio Columbine, no Colorado, em 1999, por dois adolescentes que, antes de pegarem as armas dos pais, jogaram uma partida de boliche, suicidando-se em seguida à fuzilaria, parece mostrar por si só os níveis a que chegou o fanatismo bélico norte-americano.

Com o segundo novo tipo de terrorismo, a mesma opinião pública mundial que descobrira uma nova face da sociedade norte-americana vê surgir

Timothy McVeigh (o quarto da esquerda para a direita) confessou ser o responsável pelo atentado contra um edifício federal em Oklahoma City em 1995. Justificou o crime como um ato de guerra pessoal contra o governo.

diante dos olhos uma onda de espetaculares ações terroristas, implementadas contra o que a sociedade norte-americana representa, de forma particular, e contra o que o Ocidente representa, de maneira genérica. Buscando referências no tradicionalismo religioso mais obtuso, determinados grupos terroristas passaram a ver nos EUA, e nos aliados ocidentais destes, a representação do Grande Satã a ser eliminado da Terra.

No exato momento em que se imaginava o refluxo das ações terroristas na Europa, estas recrudescem de maneira ainda mais infame, levando a um extremo impensável as características centrais da empresa terrorista e seus horizontes territoriais. O terrorismo tornou-se cada vez mais internacional à medida em que o mundo se globalizou em termos econômicos. Dessa forma, o medo também generalizou-se ainda mais, ao lado da universalização da intolerância.[13]

Como que numa mistura pós-moderna entre real (as centenas de corpos inocentes destroçados) e virtual (as imagens típicas de Hollywood), terroristas fundamentalistas islâmicos ofereceram ao mundo três das mais impressionantes cenas das duas últimas décadas: a explosão do Boeing 747 da empresa americana Pan Am, em Lockerbie, nos céus da Escócia, em dezembro de 1988; a destruição das Torres Gêmeas do World Trade Center, em Nova York, em setembro de 2001, depois do "ensaio-geral" do atentado de fevereiro de 1993; e a explosão dos trens de Madri, em março de 2004. De maneira nunca antes vista, as mortes de inocentes passam a ser contadas às centenas, aos milhares.

A própria imagem do terrorista sofreu uma transformação significativa na passagem da primeira década do medo, nos anos 70, para o medo plenamente globalizado da virada do século. A intolerância que torna impossível o diálogo é a mesma, mas sua personificação é sintomaticamente diversa. O jovem branco europeu de classe média que urrava contra a opressão, ora em nome dos operários e camponeses, ora em nome dos compatriotas, portando à mão uma bomba ou uma metralhadora, tornou-se uma figura do passado. De forma aparentemente contraditória, o terrorismo deste início de século nos apresenta uma visão turva, na qual se misturam o rosto do jovem branco norte-americano ultrapatriota, de cabelos espetados e testa

Várias bombas explodiram simultaneamente nas estações de trem de Madri, em 11 de março de 2004. Pelo menos 180 pessoas morreram e mais de mil ficaram feridas nesse ataque perpetrado por extremistas muçulmanos.

Em 11 de setembro de 2001, terroristas da Al Qaeda atacaram as Torres Gêmeas do Wolrd Trade Center, em Nova York.

franzida; e a face morena do muçulmano fundamentalista, que se cobre com um turbante e uma longa barba grisalha. Assim, Timothy McVeigh e Osama bin Laden são duas imagens tão diferentes e, ao mesmo tempo, tão iguais. Como tantos terroristas europeus nos anos 70, os dois olham o mundo como uma eterna luta entre o Bem e o Mal, sem espaço para qualquer espécie de mediação.

Matando uma ou milhares de pessoas inocentes, o terrorismo representa um projeto a ser combatido; seja qual for a motivação inicial, nada justifica tais ações insanas. Falamos aqui de terrorismo político, mas o terrorismo é, na verdade, a própria negação da política, pois representa uma contradição à existência desta. Desde sua origem, na *polis* (cidade-Estado) grega, o termo política traz em si as noções de "diálogo, persuasão, negociação, em suma, a razão". Ora, com seu caráter "fanático-militar", o terrorismo "se volta contra a própria racionalidade, logo, contra a política". O terrorista é o extremista que "nada quer saber do diálogo, da argumentação", já que "o seu único alvo é a imposição, pela violência, de suas próprias convicções". Dessa forma, o terrorismo assinala a continuidade daquilo que existe de mais fanático na humanidade, ou, mais apropriadamente, o que há de mais fanático na anti-humanidade.[14]

Notas

1 Heleno Fragoso. *Terrorismo e criminalidade política.* Rio de Janeiro: Forense, 1981, pp.14-27.

2 Elio Gaspari. *As ilusões armadas. A ditadura escancarada.* São Paulo: Companhia das Letras, 2002, pp.18-36.

3 Giuliano Pontara. "Violenza e terrorismo" *in* AAVV. Dimenzioni Del terrorismo político. Franco Angeli Milano: 1979, p.58. Citado em: José Manoel de Aguiar Barros. *Terrorismo: uma palavra em movimento.* São Paulo: PUC/SP, 1989, p.82.

4 Ibid., pp.10-9.

5 Walter Laqueur. *Storia del terrorismo.* Milano: Rizzoli, 1977.

6 Paul Wilkinson. *Terrorismo político.* Rio de Janeiro: Artenova, 1976, pp.17-22.

7 François Furet. "Terorisme e démocratie" *in,* Antoine François Liniers Furet e Philippe Raynaud. *Terrorisme e démocratie.* Paris: Fayard, 1985, pp.7-33.

[8] Jean-François Revel. *Le terrorisme contre la démocratie*. Paris: Hachette, 1987, p.XVII.

[9] Marco Antonio Pamplona. "A questão nacional no mundo contemporâneo" *in* Daniel Aarão Reis Filho. (org.). *O século* XX (v.3). O tempo das dúvidas. Do declínio das utopias às globalizações. Rio de Janeiro: Civilização Brasileira, 2000, pp.185-204.

[10] Claire Sterling. *A rede do terror*. Rio de Janeiro: Nórdica, 1982, pp.189-211.

[11] Ibid., pp.167-88. A. J. Barker. *Irlanda sangrenta*. Rio de Janeiro: Renes, 1979.

[12] *Ibid.*, pp.129-46; Helena Salem. *O que é questão palestina*. São Paulo: Brasiliense, 1982.

[13] Marco Mondaini. "Globalização do medo, universalização da intolerância" *in Inverta*, ns.308 e 309, Rio de Janeiro: 29/11/2003 e 11/12/2003, p.7.

[14] Denis Rosenfield. "Terror e barbárie" *in* Denis Rosenfield e Jean-François Matté i (orgs.). *O terror*. Rio de Janeiro: Jorge Zahar, 2002, p.32

BIBLIOGRAFIA

BARKER, A. J. *Irlanda sangrenta*. Rio de Janeiro: Renes, 1979.

BARROS, José Manoel de Aguiar. *Terrorismo: uma palavra em movimento*. São Paulo: PUC/SP, 1989.

FRAGOSO, Heleno. *Terrorismo e criminalidade política*. Rio de Janeiro: Forense, 1981.

FURET, François, LINIERS, Antoine e RAYNAUD, Philippe. *Terrorisme e démocratie*. Paris: Fayard, 1985.

GASPARI, Elio. *As ilusões armadas. A ditadura envergonhada*. São Paulo: Companhia das Letras, 2002.

HELD, David e McGREW, Anthony. *Prós e contras da globalização*. Rio de Janeiro: Jorge Zahar, 2001.

LAQUEUR, Walter. *Storia del terrorismo*. Milano: Rizzoli, 1977.

REIS FILHO, Daniel Aarão (org.). *O século* XX (vol.3). O tempo das dúvidas. Do declínio das utopias às globalizações. Rio de Janeiro: Civilização Brasileira, 2000.

REVEL, Jean-François. *Le terrorisme contre la démocratie*. Paris: Hachette, 1987.

ROSENFIELD, Denis e MATTÉI, Jean-François. *O terror*. Rio de Janeiro: Jorge Zahar, 2002.

SALEM, Helena. *O que é questão palestina*. São Paulo: Brasiliense, 1982.

STERLING, Claire. *A rede do terror*. Rio de Janeiro: Nórdica, 1982.

WILKINSON, Paul. *Terrorismo político*. Rio de Janeiro: Artenova, 1976.

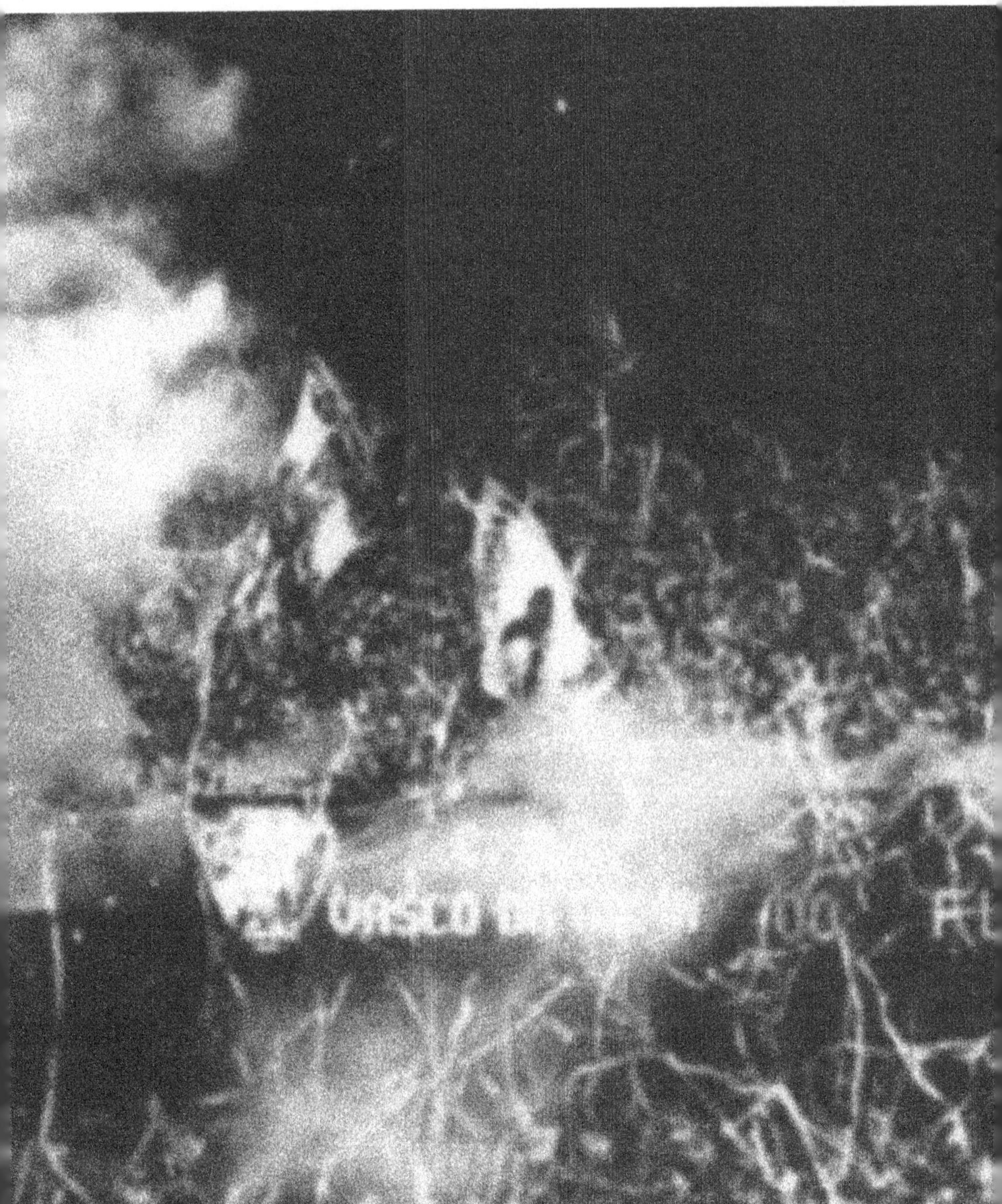

Futebol

Em tese, todo torcedor é fanático. Dificilmente encontra-se quem reconheça a superioridade do time adversário: toda derrota é atribuída a erros do juiz, sorte e falhas eventuais de um ou outro jogador – ou do "burro" do técnico. Quem já não devorou quilos de pipoca e litros de cerveja diante da televisão, não teve a frequência cardíaca aumentada e a pressão alterada em jogos decisivos? Quem já não soltou sonoros ou contidos palavrões ao ver o time tomar um gol (sempre "injusto"), ao presenciar a expulsão de um jogador da sua equipe (por causa de uma "entradinha inócua"), ao assistir as "furadas" do zagueiro ("vendido", com certeza)?

Nos dois textos que se seguem, contudo, não falaremos desse tipo de torcedor, mas sim daquele que, sob o pretexto do futebol, se torna um fanático perigoso. Gente que se fecha em grupos de solidariedade, escudados pela camisa de um clube, para hostilizar aos adversários – que são tratados como inimigos – e utilizar as arquibancadas dos estádios, suas cercanias e mesmo a cidade onde se realiza o jogo como campo de batalha. *Hooligans* e algumas torcidas organizadas são um fenômeno que não pode ser explicado apenas no campo esportivo. Precisamos recorrer à Psicologia Social e à Sociologia.

Aqui não falamos mais de pacíficos devoradores de pipoca, mas de autênticos fanáticos, para os quais a vida do outro não tem valor. E, a rigor, nem a dele próprio.

J. P. e C. B. P.

HOOLIGANS

BARBÁRIE E FUTEBOL

Carlos Alberto Máximo Pimenta

O mundo do esporte não poderá mais esquecer o dia 29 de maio de 1985. *Juventus*, da Itália, e *Liverpool*, da Inglaterra, ainda não haviam entrado no gramado do Estádio de Heysel, na Bélgica, para a final da Copa da Europa, quando *hooligans* ingleses transformaram a paixão pelo *Liverpool* em agressividade contra os italianos. As cenas de extrema violência produzidas por esses torcedores duraram uma hora aproximadamente, resultando em 38 mortos e 450 feridos.

Jogadores, torcedores presentes no estádio e milhares de telespectadores ficaram perplexos. A decisão da Copa da Europa, vencida pelo *Juventus* por

1x0, ficou sem brilho e perdeu o espírito, repelindo qualquer ânimo para comemorações. A festa dera lugar à morte; em vez de futebol, a partida foi marcada por um espetáculo de barbárie e horror. O grito de gol sucumbira diante dos gritos de socorro e de dor. O que deveria ter sido um espetáculo de futebol traduziu-se em um cenário de brigas, e as imagens marcantes do evento foram a derrubada de um muro, correrias, pânico, pisoteamentos, sangue e um amontoado de mortos e feridos nas arquibancadas e gramado.

O acontecimento ficou conhecido como Massacre de Bruxelas, uma das maiores tragédias da história do futebol, que definitivamente modificou o olhar das autoridades esportivas diante do comportamento de torcedores violentos e aumentou a preocupação no que diz respeito à segurança dos eventos. A repercussão desse episódio também chamou a atenção da opinião pública com relação ao hooliganismo, um movimento pautado por indisciplinas e violências praticadas por torcedores de futebol. Desde então, os enfrentamentos entre fanáticos admiradores de clubes e seleções distintas se intensificaram, tanto na Inglaterra quanto nos demais países da Europa.

Episódios lamentáveis

Em junho de 1993, em um cruzamento de linhas ferroviárias entre Milão e Gênova, torcedores genoveses que viajavam para Brescia para assistir *Brescia* x *Sampdoria* e torcedores milaneses que viajavam para Gênova para presenciar *Génova* x *Milan*, no momento da redução de velocidade dos trens, começaram a provocar-se uns aos outros. Por algum motivo, os trens pararam e os grupos rivais ficaram frente a frente em campo aberto, iniciando uma verdadeira batalha que resultou em sessenta feridos e cinquenta pessoas posteriormente detidas.

Para minimizar ou coibir na Europa atos dessa natureza, autoridades policiais e esportivas, por sua vez, procuraram forjar uma estrutura eficaz de segurança.

Em outubro de 1993, na partida entre as seleções da Holanda e da Inglaterra, na cidade de Rotterdam, a ameaça de violência dos hooligans parecia relativamente controlada pelas medidas de segurança, adotadas já no momento do embarque dos fãs do esporte na Inglaterra. Mesmo assim, na chegada dos torcedores ingleses, as autoridades holandesas prenderam oitenta hooligans, fretaram um avião e os enviaram de volta ao país de origem, sob escolta policial holandesa. Durante o voo, os escoltados travaram uma briga violenta com os policiais, e, simultaneamente, nos limites da cidade de Rotterdam, outros hooligans ingleses quebraram lojas e promoveram arruaças madrugada adentro. Como consequência, 643 ingleses acabaram presos.

As manifestações de violência desses grupos, em que pesem as estratégias de prevenção e repressão colocadas em prática por diferentes governos europeus, aumentam cada vez mais e não se tem indicativo de controle efetivo ou de minimizações, pelo menos num futuro próximo. Para melhor entendermos esse fenômeno tão presente, é importante perguntarmos: quando e onde surgiu esse movimento? Que ideologia sustenta esses agrupamentos de torcedores que sistematicamente praticam atos de violência? O que é e como funciona o hooliganismo?

Origens e identificações

A literatura sobre violência no futebol indica que confrontos entre torcedores ocorrem desde o século XIX. Porém, os primeiros registros de hooliganismo se dão em meados dos anos 1960. Segundo a História Social, esse é um fenômeno europeu, inglês na origem, que modifica drasticamente o comportamento do espectador de futebol em relação a um conjunto de atitudes, visões de mundo e valores pessoais.

Dentre as tentativas de explicar o hooliganismo destacam-se duas versões:

- a primeira versão, derivada de estudos sobre hooligans na Inglaterra, aponta que a violência no futebol está relacionada à estrutura de classes, e que se origina entre os jovens, filhos de operários. Pesquisadores que defendem essa linha de pensamento argumentam que o fenômeno é consequência de reações e ajustamentos políticos, econômicos e socioculturais promovidos desde os anos 1960 na Grã-Bretanha, vinculando a violência ao desemprego, à permissividade ou às condições adversas vivenciadas nas classes baixas, como uma forma de reação. Torcedores violentos, então, seriam oriundos dessas classes, vivendo em condições de mal estar social, de marginalidade, e reproduziriam relações estabelecidas no bairro em que habitam. Assim, adotam uma postura de masculinidade violenta, atribuída à cultura proletária e ao modo de vida do estrato social a que pertencem. Neste, o convívio, sobretudo nas ruas, apoia-se em bases hierárquicas rígidas, que elegem os líderes segundo a força física que demonstram e o respeito que adquirem perante os demais.

• uma segunda versão, que parece ser mais aberta e adequada, é a de que os grupos de hooligans são formados, a partir dos anos 60, por adolescentes e jovens adultos de vários grupos existentes na Inglaterra (os *teddy-boys*, os *rockers* e, posteriormente, os *skinheads*) que aos poucos passam a frequentar em bandos, entre outros espaços sociais, os estádios de futebol. Nesse modo de encarar a questão, o comportamento agressivo dos hooligans não estaria restrito à cultura de uma classe social específica, mas indicaria o nascimento e a manifestação de uma cultura juvenil centrada na valorização da força física, no confronto e na busca da excitação advinda da prática da violência gratuita contra supostos adversários. Para essa corrente de pensamento, a mídia e a cultura de massa são instâncias fundamentais e indispensáveis na divulgação das ações desses jovens, importantes tanto para a consolidação do movimento como para a reprodução de grupos, por toda a Europa, com as mesmas características.

Hoje, não é possível restringir o movimento dos hooligans apenas à membros de origem operária. Importantes estudos demonstram a diversidade social na composição desses grupos, cujos membros advêm das classes baixas e médias, proporcionalmente (ou seja, a maioria pertence às classes populares e há uma participação, ainda que tímida, de jovens das classes médias). Os hooligans são, em sua grande maioria, jovens urbanos, acostumados à "cultura da violência" presente no cotidiano dos grandes centros.

Sabe-se que a década de 1960 foi marcada pela proliferação de diversas "culturas de juventude", com práticas de resistência ou de questionamento da ordem social, traduzidas em músicas, roupas, expressões corporais, cortes de cabelo e uma série de comportamentos pontuados por condutas sem laços com a coletividade. Além disso, cultivavam sentimentos de revolta contra regras sociais e desprezo pelas autoridades constituídas, acompanhados de atitudes de extrema agressividade. Na Inglaterra, especificamente nessa época, alguns jovens da classe operária organizaram-se em gangues. Como características em comum, gostavam de *rock-and-roll* e eram considerados briguentos. Em um curto espaço de tempo, tais grupos ficaram famosos no país, graças ao poder de difusão da mídia, particularmente da televisão, e chamaram a atenção da sociedade.

Apesar de a violência praticada por torcedores, como já foi dito, remontar ao final do século XIX, o prenúncio da versão atual está associado a movimentos juvenis dos anos 60, como os teddy-boys e seus "rivais", os rockers (que usavam blusões de couro) e os *mods* (de classe média, andavam bem vestidos e transitavam de lambretas). Eventualmente, esses grupos se enfrentavam nas ruas. Com o tempo, a rivalidade entre eles passou a manifestar-se também nas arquibancadas dos jogos de futebol. Nesse ponto, a polícia e as autoridades passaram a se preocupar e buscar soluções para o problema desses tumultos.

Entretanto, em sentido oposto aos desejos e esforços das autoridades, à medida que essa modalidade de violência ligada ao futebol adquiriu visibilidade social, esses grupos foram identificados como hooligans, e têm aumentado o poder de atração entre os jovens que buscam as mesmas "emoções". Assim, podemos dizer que a identidade de um hooligan incorpora a "cultura" produzida nos movimentos de jovens da década de 1960, mas a supera e constitui uma identidade própria, agora especificamente associada ao futebol.

Na Inglaterra, após a Copa do Mundo de 1966, os skinheads deram ainda maior visibilidade ao hooliganismo, promovendo distúrbios nos estádios, entornos e em outros tantos espaços da cidade. Normalmente, é possível identificar um skinhead pela vestimenta, pela cabeça raspada, pela conduta ostensiva e pelo uso da suástica, tatuada no corpo ou estampada em camisetas e bandeiras.

A distinção básica entre um hooligan e um skinhead-hooligan é que o último internalizou o projeto político neonazista e a aversão aos estrangeiros. É um grande erro reduzir o hooliganismo aos movimentos skinheads ou ao movimento político nazista, tendo em vista a complexidade sociocultural e política constitutiva dos distintos agrupamentos hooligans, que têm em comum, como característica básica, sua ligação com o futebol – interpretam suas motivações e ações como relacionadas à sua paixão por esse esporte. É importante salientar, portanto, que nem todo skinhead é hooligan, e nem todo hooligan é skinhead.

Ícone hooligan difundido pela internet.

"VÂNDALOS", AGRESSIVOS E VIOLENTOS

O termo hooligan aparece na literatura inglesa por volta de 1898 e existe mais de uma versão sobre sua origem. Aqui, destacamos duas delas. A primeira utilização do termo teria sido em *Hooligan Nights*, de Clarence Rook, publicado em 1899. O livro narra o comportamento de Patrick Hooligan, jovem desordeiro e briguento que mata um policial e, condenado, morre na prisão. A outra versão vincula-se ao nome de uma família irlandesa que viveu em Londres, no fim do século XIX, os Houlihan, descrita por Earnest Weekley, em 1912, e considerada violenta e pouco sociável. Na segunda metade do século XX, o termo passou a se referir aos jovens organizados em gangues ou bandos violentos, que praticam atos de vandalismo e agressões, provocando brigas entre torcedores de clubes diferentes.

Um grupo de hooligans compõe a "firma": agrupamento de torcedores em torno de um chefe ou de um comandante, que é a pessoa mais respeitada dentro do grupo. Tal respeito deve-se à capacidade individual de aglutinar, em torno de si, pessoas afins. Aos poucos, essas pessoas estabelecem valores e estilos próprios, como cantos, "gritos de guerra", comportamentos, modo de vestir, determinados cortes de cabelo etc. No início, encontram-se ligadas por fortes laços formados na vizinhança em que habitam, nos locais de trabalho, de estudo ou de jogos. Por exemplo, os Blades (holligans torcedores do *Sheffield United*) são constituídos por amigos de longa data; e os Head-hunters (holligans do *Chelsea*) são formados por moradores de certa área nos arredores de Londres. No grupo, a confiança é adquirida à medida que o novo membro demonstra identificação com os valores dos companheiros e corresponde às expectativas destes. Por serem grupos fechados, estes só incorporam pessoas indicadas por membros do próprio grupo.

Nas últimas décadas, estádios do mundo inteiro têm registrado incidentes causados por torcedores agressivos. Tanto nos países europeus (Itália, França, Espanha, Holanda, Alemanha etc.) quanto nos dos outros continentes (Brasil, Argentina, Uruguai, Colômbia, países africanos etc.), há organizações de torcedores que costumam praticar atos de violência, porém atuam diferentemente, conforme as características de cada sociedade. Na Europa, esses grupos são chamados de hooligans; no Brasil, de "torcidas organizadas"; e no restante da América Latina, de "barras brava".

Em todos esses lugares, independente do nome que os rotulam, esses grupos se equiparam na violência e agressividade com que atuam, centrados num mesmo ideal de masculinidade, na autoafirmação mediante o uso abusivo da força, e no vínculo afetivo com determinado clube de futebol. Entretanto, o que diferencia o hooliganismo dos demais movimentos de "torcedores organizados", é a afinidade político-ideológica de extrema direita e a quase ausência de burocracia na organização. Por exemplo, não possuem uma estrutura com quadro associativo e registro formal em cartório, como as torcidas organizadas brasileiras. Além disso, não aceitam candidatos com posturas e estilo de comportamento diferente dos adotados pelo grupo.

Ao contrário do que imaginam muitos analistas, ou mesmo a polícia, um grupo de hooligans que acompanha os times nas disputas não ultrapassa 150 pessoas. No entanto, por serem barulhentos e se dispersarem em diversos tipos de ações, dão a impressão de tratarem-se de muitos mais. Quanto às práticas utilizadas, estas podem ser resumidas em emboscadas feitas para prejudicar os grupos adversários, confrontos marcados em lugares com rota de fuga facilitada e táticas de burlar a vigilância policial, tanto em estádios como nas ruas.

Diversos países europeus têm registrado incidentes causados por torcedores agressivos. A empolgação inicial nas arquibancadas transforma-se em atitudes de extrema violência.

Nos anos 90, esses grupos começaram a utilizar fanzines (revistas impressas artesanalmente) e sistemas de comunicação, como a internet, para divulgar assuntos de interesse interno e incentivar atividades do movimento. Dentre os informativos especializados, podemos citar: *Inter City Firm* (do *West Ham*), *Service Crew* (do *Leeds*), *Gooners* (do *Arsenal*), o *Headhunters* (do *Chelsea*).

Existem hoje inúmeros *sites* de hooligans e, em qualquer portal de busca, é fácil encontrar informações veiculadas por eles. Essas reforçam a coesão do grupo, divulgam festas, encontros, práticas de sociabilidade e comunicam estratégias de confrontos ou formas de evitá-los, quando indesejáveis. No conjunto, as informações revelam como um hooligan deve se posicionar, comportar-se e ver o mundo.

Nem todo hooligan, à primeira vista, pode ser facilmente identificado como tal. No cotidiano, na maioria dos casos, agem como pessoas comuns, que têm família e trabalham, mas, "aos sábados", quando tradicionalmente são disputados os jogos dos campeonatos na Inglaterra, por exemplo, transformam-se em "incendiários" e "arruaceiros".

Diferentemente do que ocorre no Brasil com as torcidas organizadas claramente distintas entre si e identificadas pelo nome, a não identificação visível com um grupo organizado e o relativo anonimato das ações e são características marcantes dos hooligans. Estes são confundidos com os demais torcedores, pois não utilizam símbolos específicos, relacionados com a "firma" a que estão vinculados.

Um aspecto importante da organização de tais grupos é o contexto autoritário em que têm lugar as relações sociais, com base na "lei do mais forte" e em ideologias extremadas. No cotidiano, observam-se padrões inflexíveis e pouco democráticos de alianças e sociabilidade, com discursos defendendo diferenças sociais, raciais etc. intimamente associados à xenofobia, tão em pauta na Europa. Assim, seu fanatismo excede o âmbito futebolístico, e defende a intolerância em relação às comunidades de negros, judeus e imigrantes árabes, asiáticos, americanos e latinos, em países em que estes são minoria.

Norteados pelo nacionalismo extremado e pela aversão a determinados grupos minoritários, não é raro um hooligan, ou uma "firma" inteira, envolver-se com partidos políticos de extrema direita, em particular com os que tentam resgatar o nazifascismo. Ao adotarem posturas racistas e fascistas, transformam os episódios violentos que protagonizam em interferências políticas na sociedade europeia, em forma de revoltas e protestos.

Por exemplo, o National Front – partido clandestino inglês, de extrema direita, que busca reeditar o nazismo – patrocina inúmeras festas na tentativa de cooptar hooligans para a militância. Na visão de alguns líderes do National Front, o estádio de futebol é ideal para encontrar uma massa de jovens revoltados, cuja energia representa uma poderosa arma para uma ação revolucionária. Durante tais festas é inevitável a ocorrência de agressões e constrangimentos: dada a natureza do movimento, um pouco de violência é aceitável, mas apenas no final do encontro. As músicas executadas são de bandas de *rock* ligadas aos skinheads, como os White Power, cujas letras têm conteúdos nacionalistas e racistas. Por exemplo:

> Nossos velhos não podem caminhar pelas ruas sozinhos. Lutaram por esta pátria e é essa a sua paga. Arriscaram suas vidas pela Inglaterra, e hoje a Inglaterra está nas mãos de estrangeiros, já é hora dos ingleses retomarem-na. Esta é a voz da Inglaterra. É bom você acreditar. Esta é a voz da Inglaterra. Vamos lá, levantar a bandeira já [...]
>
> [...] duas canecas de cerveja e um pacote de salgadinho. Fora negrada! Poder Branco! Fora negrada! Poder Branco!

O National Front também procura cooptar hooligans por meio do jornal que patrocina, o *Bulldog*, editado pela Young National Front e dirigido aos torcedores de futebol. O objetivo é recrutar jovens transgressores e rebeldes para formar um exército capaz de colocar em prática posições nacionalistas e xenófobas. O complicador dessa tarefa é reunir no mesmo local hooligans de "firmas" diferentes, pois, apesar de terem a mesma identidade política – nacionalismo e racismo –, representam torcidas diferentes, e, portanto, rivais.

Nos últimos anos, independentemente do papel da liderança que o National Front busca exercer, entender a violência em torno do esporte europeu, em especial a dos hooligans, requer uma compreensão da complexidade do próprio processo de desenvolvimento socioeconômico e político mundial em um contexto mais amplo, no qual esses movimentos estão inseridos.

Especialmente na Inglaterra, o esforço dos partidos de extrema direita em reeditar o nazismo – como instrumento político para negar a globalização, que, segundo eles, promove aumento da taxa de desemprego – tem provocado a adesão de muitos jovens hooligans. Estes, identificados com o discurso preconceituoso, transferem aos estrangeiros a "culpa" por essa mudança estrutural, e a intolerância explica a fúria dos ingleses na Itália (Heysel, 1995), na Holanda (Rotterdam, 1995), bem como a reprodução de atos de violência por toda a Europa, entre torcedores com essas características.

Violência hooligan e repressão policial

As expressões e comportamentos dos hooligans são incompreensíveis para qualquer pessoa civilizada. Também conhecidos como hinchas ou ultras, os hooligans agem como transgressores desvairados, além de frequentemente xenófobos e racistas. Cultivam um ideal de virilidade, combatividade e força, e desprezam o "diferente", que pode ser representado por agrupamentos de torcedores de outros times, policiais ou outros tantos grupos sociais identificados como inimigos. Para os hooligans, principalmente os nazifacistas, essa negação do outro, assinalada pela violência sem limites sociais, democráticos ou humanitários, produz um alto grau de excitabilidade, na medida em que se transforma numa batalha "de machos", para quem o simples confronto é fonte inesgotável de prazer.

A partir dos anos 80 a violência em torno do futebol recrudesceu, chegando ao extremo de causar mortes. Na Espanha, em 13 de janeiro de 1991, o francês Frédéric Rouquier, de 21 anos, membro das Brigadas Blanquiazules, composta por torcedores do time *Espanhol,* foi esfaqueado e morto por um grupo de skinheads, do *Barcelona.* Uma semana depois, os Blanquiazules mataram Sergi Segara, de 21 anos, hooligan do *Barcelona.* Casos como esse se acirram e se desdobram por toda a Europa, ainda no século XXI.

Apreciadores da violência, os membros do grupo prestigiam aquele dentre os seus que demonstra maior agressividade. Nos enfrentamentos e momentos de perigo, o hooligan deve causar temor ao inimigo, seja ele um hooligan adversário, policial, imigrante, estrangeiro, negro etc., e passar a impressão de superioridade e/ou de força física. Outro estímulo significativo, mas não determinante para as ações dos hooligans, é o consumo excessivo de bebidas e de drogas. Em dias de jogo, os companheiros se reúnem antes do evento em *pubs*, praças públicas, estações de metrô, de ônibus ou de trens, locais em que bebem e conversam, para, então, seguirem rumo ao estádio.

Um exemplo peculiar ocorreu no final da Copa dos Campeões da Europa, no estádio de Nou Camp, Barcelona, em 26 de maio de 1999, quando disputavam os clubes *Manchester United* e *Bayer* de Munique. Naquela manhã ensolarada de quarta-feira, ingleses "vermelhos", do *Manchester,* e alemães do *Bayer* chegaram, aos poucos, ao centro de Barcelona, ocupando a praça, hotéis e cafés das proximidades. Não ostentavam nada que os identificasse com grupos de hooligans, o que não impediu a suspeita e desconfiança das pessoas; policiais, que passaram a vigiá-los. Do instante em que chegaram até o momento do jogo, consumiram cerveja, cantaram e provocaram turistas e comerciantes locais. Ao abandonarem a praça, dei-

Hooligans apreciadores da violência transformam ruas em campos de guerra quando entram em conflito com a polícia.

xaram para trás calçadas e ruas repletas de garrafas e de copos descartáveis, dando a impressão de que um furacão havia passado por ali. Apesar disso, após a vitória do *Manchester* por 2x1, não foi noticiado nenhum incidente grave envolvendo torcedores.

Gravadas na história do futebol, as lamentáveis cenas do dia 29 de maio de 1985, no Estádio de Heysel, mudaram drasticamente o conceito dos policiais e das autoridades sobre a segurança nesse tipo de evento esportivo. Após o Massacre de Bruxelas, autoridades europeias, em particular as inglesas, editaram leis coibindo excessos cometidos pelos hooligans, buscando reprimir, ou mesmo proibir, a entrada de torcedores violentos nos estádios. Implementaram também um grande aparato de controle: atualmente os estádios têm câmeras de vídeo espalhadas em pontos estratégicos. Conforme os registros captados, certas pessoas são, em ocasiões posteriores, impedidas de entrar nos locais de jogos. Os próprios clubes podem sofrer sanções severas se não coibirem seus torcedores mais furiosos.

Na medida em que complexas estratégias de controle foram colocadas em prática, os hooligans, por sua vez, aprimoraram formas de burlar tais regras, subornando funcionários, falsificando documentos ou mesmo fazendo uso de disfarces. Como agravante, a ação direta da polícia, que usa a força física para controlar os agressores, termina por incitar ainda mais a truculência desses torcedores, que buscam o confronto, aumentando o ciclo de violência.

Assim, os eventos esportivos que comportem rivalidades entre grupos de hooligans correm o sério risco de serem tumultuados, sobretudo quando há a presença de torcedores ingleses. Prevendo tais problemas, as autoridades de Portugal, sede da Copa da Europa de Futebol em 2004, investiu milhões de euros no reforço das barreiras contra atos de hooliganismo. Além disso, o Ministério da Justiça português determinou o funcionamento de tribunais de justiça (para atuar em regime de 24 horas por dia nas cidades dos jogos) autorizados a aplicar penas, proibir a presença de determinadas pessoas em estádios, ou mesmo a extraditar estrangeiros.

Apesar de todas as medidas tomadas, a violência dos hooligans está longe de ser controlada ou mesmo minimizada. Incapazes de frear de uma vez por todas os confrontos, as agressões e as mortes, tais medidas também não chegaram a promover uma reflexão aprofundada a respeito das experiências socias do jovem europeu que contribuem para o surgimento de tamanho fanatismo.

Bibliografia

BUFORD, Bill. *Entre os vândalos: a multidão e a sedução da violência.* (Tradução de Júlio Fischer). São Paulo: Companhia das Letras, 1992.

DURÁN GONZÁLEZ, Javier. "El Vandalismo en el Fútbol en España: un análisis sociológico cualitativo". *In: Valores Sociales y Deporte: fair play versus violencia.* Madrid: Ministerio de Educación y Cultura/ Consejo Superior de Deportes, n. 9, 1996: p.9-35

ELIAS, Norbert; DUNNING, Eric. *Deporte y ocio en el processo de la civilizacion.* Madrid: Fondo de Cultura Económica, 1992.

HAYNES, Richard. *The Football Imaginations: the rise of football fanzine cultura.* (Popular Cultural Studies). Hants: Arena, 1995.

MURPHY, Patrick; WILLIAMS, John; DUNNING, Eric. *O Futebol no banco dos réus: violência dos espectadores num deporto em mudança.* (Tradução de Raul Sousa Machado). Oieras: Celta, 1994.

PIMENTA, Carlos Alberto Máximo. *Torcidas Organizadas de Futebol: violência e autoafirmação, aspectos da construção das novas relações sociais.* Taubaté: Vogal, 1997.

ROVERSI, Antonio. "El Sociólogo y el Ultra. Los estudios sobre el Gamberrismo en el Fútbol". *In: Valores sociales y Deporte: fair play versus violencia.* Madrid: Ministerio de Educación y Cultura / Consejo Superior de Deportes, n.9, 1996: p. 69-93

Torcidas organizadas

Brutalidade uniformizada no Brasil

Carlos Alberto Máximo Pimenta

Estádio do Pacaembu, São Paulo, manhã de domingo de 20 de agosto de 1995; jogavam na final da Super Copa de São Paulo de Futebol Juniors as equipes de base do *São Paulo FC* e da *SE Palmeiras*. No campo, a partida era disputadíssima, e no "gol de ouro"[1] os palmeirenses levaram a melhor. Entre o gol e a comemoração do título, as torcidas organizadas Mancha Verde e TUP, da *SE Palmeiras*, e Independente e Dragões, do *São Paulo FC*, começaram a fazer provocações mútuas. Em poucos minutos, o estádio do Pacaembu transformou-se no palco de uma batalha em que centenas de jovens empunhando paus e pedras agrediam-se, protagonizando uma cena dantesca.

Transmitidas ao vivo pela mídia, as imagens logo tomaram a proporção de espetáculo, reprisadas exaustivamente pelos canais de televisão. No placar final do tumulto, foram contabilizados 105 feridos e uma vítima fatal, o torcedor "independente" Márcio Gasparin da Silva. O episódio foi batizado pelos jornalistas de Batalha Campal do Pacaembu.

Alguns dias depois, numa delegacia de polícia de São Paulo, um repórter da Rede Bandeirantes de Televisão entrevistou o "mancha verde" Adalberto Benedito dos Santos, acusado da morte do torcedor. O diálogo que se seguiu evidencia uma das características do movimento "torcida organizada" no Brasil: a rivalidade entre torcidas de times diferentes dilui a possibilidade de reconhecimento do outro – o "rival" – como ser humano, conferindo a esse "outro" o *status* de animal ou de coisa – o que inviabiliza qualquer forma de comprometimento humano –, passível de sofrer todo e qualquer tipo de violência. A seguir, transcrevemos um trecho da entrevista:

> R – O que você acha dessa violência?
> T – [...] a gente tem um cachorro que vai e te morde e você vai ficar parado?
> R – Você chegou a bater em alguém?
> T – Não sei ...
> R – Você se defendeu, pelo menos?
> T – Defendi...
> R – O que você acha disso, você gosta?
> T – Gosto! É só para chegar em casa e ter o prazer de tirar um barato com os meus amigos.
> R – Não importa que alguém morra nisso?
> T – Não sendo amigo meu tudo bem.

Acontecimentos com essas características começam a ocorrer no Brasil a partir dos anos 80 e são atribuídos, em sua maioria, às chamadas torcidas organizadas. O episódio do Pacaembu talvez tenha sido o mais importante dentre as outras tantas ocorrências dessa natureza, pois despertou nas entidades esportivas e nas autoridades públicas uma vontade maior de refletir sobre o fenômeno[2] e tentar reprimir as "organizadas".[3]

Compreender a agressividade do movimento das torcidas organizadas, bem como o seu significado, é uma tarefa difícil para a maioria das pessoas que frequentam o mundo do futebol, e muito mais para aquelas que não participam desse ambiente. As perguntas mais comuns são: quem são esses vândalos? Por que eles são fanáticos? De onde vem tanta ignorância e violência? Por que esse bando de gente peregrina de estádio em estádio atrás de um time de futebol? Como as autoridades deixaram surgir essas organizações de desordeiros?

Organizados para tumultuar

Podemos definir torcida organizada como um agrupamento de pessoas simpatizantes de um clube de futebol, sem fins lucrativos, estruturado de forma relativamente burocrática, com o objetivo de incentivar o time durante os jogos e defender a integridade do grupo nos momentos de confrontos físicos ou verbais com os adversários. Essas pessoas, na maioria jovens rapazes, são denominadas sócios da organização, e promovem eleições periódicas para eleger o quadro administrativo, composto por: presidente, conselheiros e diretores. Interações e reuniões sociais costumam acontecer na sede das agremiações. A estrutura administrativa das torcidas organizadas assume aspectos militaristas, contemplando estratégias de confronto aliadas a táticas de ataque e de defesa.

Antes de avançarmos, cabe registrar o surgimento dos agrupamentos com características um pouco semelhantes. É certo que não há uma datação exata sobre a origem dos grupos organizados de torcedores de futebol. No entanto, estudos pioneiros sobre torcidas de futebol no Brasil apontam a década de 1940 como marco inicial desses movimentos. No Rio de Janeiro, a Charanga do *Flamengo* – reunião de torcedores em torno de um grupo musical que tocava marchinhas carnavalescas, promovendo verdadeiras festas nos estádios – foi fundada em 1942 por iniciativa do flamenguista Jaime Rodrigues de Carvalho.

No mesmo período, os são-paulinos, inspirados por Manoel Porfírio da Paz e Laudo Natel (que mais tarde tornou-se governador do estado) fundaram a Torcida do *São Paulo F.C.*

Esse tipo de manifestação proliferou país afora, porém não pode ser considerado um movimento de torcida organizada, pois não tinha estrutura burocrático-militar e, naquele momento, o vínculo dos torcedores se dava com o clube de futebol e não com as torcidas propriamente ditas. A estrutura básica do agrupamento era centralizada no comando de uma pessoa, o chamado chefe de torcida, que reunia ao seu redor dezenas de simpatizantes de um mesmo clube. Portando bandeiras, faixas e vestindo as camisetas do clube, o grupo se divertia ao som de uma banda musical. Na maioria das vezes, tais simpatizantes eram pessoas envolvidas com a organização institucional dos clubes e das federações de futebol.

A transição do "modelo carnavalesco" para as agressivas torcidas organizadas deu-se nos anos 60 quando os agrupamentos de torcedores nos estádios foram transferidos dos lugares mais privilegiados, as "sociais", para os mais populares, as arquibancadas. Nesse momento inicia-se uma nova fase em que os torcedores passam a fazer parte do espetáculo do futebol televisionado, empunhando bandeiras gigantescas, faixas, adereços e exibindo coreografias ensaiadas, manifestações raramente vistas em tempos anteriores. Na transformação de um modelo de agrupamento para outro, a violência em forma de arruaças, tumultos, brutalidades e vandalismo começa a ser utilizada como marca registrada dos torcedores fanáticos em oposição aos métodos adotados até então, considerados por eles pacíficos demais. Os episódios protagonizados por essa nova modalidade de torcedor foram responsáveis pelo surgimento das torcidas organizadas, que, demonstrando comportamento agressivo, passaram a disputar nas arquibancadas o título de a mais vistosa, com amplo uso de bandeiras imensas, coreografias e "gritos de guerra" provocando o time adversário. Alguns exemplos:

> Morumbi ela arrebenta, no Pacaembu ela destrói,
> E no Rio ela arregaça qualquer um que ela encontra.
> Não tem medo de morrer. Eu dou porrada pra valer.
> Eu amo essa torcida e o nome dela eu vou dizer

Como é que é... como é que é: Ga-vi-ões, Fiel.
Timão ê, ô... Timão ê, ô

No Morumbi, no Pacaembu ou no Chiqueirão,
Independente dá porrada de montão.

Mancha Verde dá porrada em qualquer um
Se bobear a Mancha Verde mata um.

Fundada em primeiro de julho de 1969, com o objetivo de fiscalizar os dirigentes do *SC Corinthians Paulista* e apontar-lhes os possíveis erros, a Gaviões da Fiel é considerada a primeira torcida organizada do Brasil, pois configura-se como uma organização burocrática e admite o confronto aberto entre os associados e os torcedores de times adversários, ou mesmo com a polícia, caso esta tente coibi-los. Foi a pioneira a pautar-se por regras estatutárias, com eleições bienais e registro civil em cartório, apresentando-se como pessoa jurídica, com responsabilidades e deveres legais. Com o tempo, outros agrupamentos de torcedores passaram a adotar os procedimentos organizacionais e comportamentais da Gaviões da Fiel.

Considerada a primeira torcida organizada do Brasil, a Gaviões da Fiel foi pioneira em confrontos com os torcedores rivais e com a polícia.

Em geral, os grupos começam a partir de cinco ou seis torcedores, que comparecem às arquibancadas com batuques, bandeiras, faixas e "gritos de guerra". De acordo com o grau de truculência demonstrado pelo grupo e o poder que este emana, mais e mais adeptos são atraídos. É importante ressaltar que a violência, seja ela direta ou como defesa a ataques de outros grupos, é elemento constitutivo das vinculações dos torcedores ao grupo. Rapidamente o fenômeno das torcidas organizadas é imitado e espalha-se pelos grandes centros urbanos do país.

Hoje, as torcidas organizadas mais destacadas são as que, devido ao uso ostensivo da força e da violência, conseguiram que os feitos fossem respeitados em seu meio e/ou alcançassem boa repercussão na mídia. A título de exemplo, citamos algumas torcidas famosas: Gaviões da Fiel e Camisa 12, do *SC Corinthians Paulista*; Mancha Verde, da *SE Palmeiras*; Independente e Dragões, do *São Paulo FC*; Torcida Jovem, do *Santos FC*; Dragões da Fabulosa, da *Portuguesa de Desportos*; Raça Rubro-negra, do *CR Flamengo* e Young Flu, do *CR Fluminense*. Disseminado, o fenômeno das torcidas organizadas não é mais exclusividade de grande capitais como Rio de Janeiro e São Paulo; verifica-se o mesmo movimento em outros centros urbanos de porte como Campinas, Curitiba, Porto Alegre, Belo Horizonte, Salvador c Recife.

Exemplo esclarecedor foi o surgimento da Mancha Verde, em 11 de fevereiro de 1983, decorrente da fusão das torcidas Império, Inferno, Grêmio Alviverde e Pal-Chopp. Segundo Paulo Serdan, presidente da instituição:

> Na época, a torcida do Palmeiras era uma torcida amedrontada que não tinha personalidade [...], nós resolvemos juntar essas torcidas e fazer uma que viesse com peso e com respeito [...]. Escolhemos o nome Mancha Verde com base no personagem Mancha Negra, do Walt Disney, que é uma figura meio bandida, meio tenebrosa. A gente precisava de uma figura ideal e de pessoas que estivessem a fim de mudar a história. Na época, a gente tinha uns treze ou catorze anos e já havíamos sofrido muito com as outras torcidas, então, a gente começou com muita vontade, muita garra e na base da violência. A gente deve ter exagerado um pouco, porém, foi um mal necessário. A gente conseguiu o nosso espaço e adquirimos o respeito das demais torcidas.[4]

A Mancha Verde, uma das torcidas organizadas de maior destaque, surgiu em 1983 e hoje conta com milhares de associados.

O crescimento das organizadas

À medida que ocorre o aumento dos atos de violência e das mortes em decorrência da ação das organizadas, cresce o número de jovens filiados a essas torcidas, atraídos pelo prazer proporcionado pela convivência com os membros e pela sensação de pertencer a um grupo aparentemente forte e coeso.

Atribui-se ao assassinato do "mancha" Cleofas Sóstenes Dantas da Silva, morto com um tiro em 17 de outubro de 1988, o aumento dos confrontos diretos, das rivalidades e agressões entre as torcidas. Amplamente divulgada pela imprensa, a morte de "Cléo" preocupou toda a comunidade esportiva além de chamar a atenção da sociedade para o que ocorre nos bastidores das torcidas.

São justamente esses desfechos trágicos que fomentam o crescimento das organizadas, por mais contraditório que possa parecer. Antes de serem consideradas ilegais, as torcidas organizadas de maior porte do estado de São Paulo – Mancha Verde, Independente e Gaviões da Fiel – contavam nos quadros de associados com, respectivamente, quatro mil, sete mil e doze mil membros. De 1991 em diante, quando uma decisão judicial baniu esses agrupamentos, o número de associados saltou para dezoito mil, na Mancha Verde; 28 mil, na Independente; e 46 mil, na Gaviões da Fiel.[5]

De certa forma, os próprios representantes das organizadas não aguardavam esse crescimento, e estavam despreparados para enfrentar a situação que se impôs. Isso ficou evidente devido à ausência de programação dos líderes com relação ao aumento do número de filiados, e podemos pressupor, dentre várias alternativas, que tiveram dificuldades em administrar o movimento e manter dentro de determinados limites violências e transgressões desencadeadas a partir de então.

Dos anos 90 em diante, a violência caracterizou-se como elemento constitutivo desses grupos, o que atraiu a filiação de uma massa de jovens disposta a tudo. A violência sem os limites estabelecidos pela ordem social tornou-se a nova marca registrada das organizadas, pelo menos no período da década de 1990, em que seus atos tiveram maior visibilidade na mídia em decorrência dos crimes cometidos.

Um "mancha", um "independente", um "gaviões" ou o membro de qualquer outra organizada conquista prestígio, respeito e confiança pelo uso da força, pela assiduidade e pela agressividade, à medida em que demonstra capacidade tanto de resistir aos confrontos quanto de ocupar território nas ruas e nas arquibancadas. São atividades tipicamente masculinas e raramente se vê mulheres envolvidas nas brigas noticiadas. No período entre 1981 e

As torcidas organizadas não só enfeitam os estádios. A partir de 1991 tiveram crescimento recorde e a violência tornou-se marca registrada dos torcedores fanáticos.

1995, os confrontos entre organizadas resultaram em várias mortes[6], mas não houve registro de vítimas do sexo feminino. Isso não significa a total ausência de envolvimento das mulheres, que costumam participar de forma indireta e esporádica, restringindo-se ao apoio logístico.

Como exemplo, citamos um caso ocorrido em Santo André, no ABC Paulista, em 1994, na sub-sede da Mancha Verde. Dois rapazes dirigiram-se até o local com a intenção de comprar ingressos para o jogo entre *São Paulo F.C.* e *S.E. Palmeiras*. Uma das voluntárias da organizada, de 17 anos, notou que um deles vestia, por debaixo da blusa, a camisa do *São Paulo F.C.*, e o denunciou. Por consequência, os jovens foram agredidos fisicamente por alguns "manchas", que, além disso, jogaram urina sobre eles e os obrigaram a praticar sexo entre si.

Os confrontos

Confrontos violentos entre torcidas organizadas não ocorrem ao acaso, por mera coincidência. São manifestações programadas, baseadas em estratégias militares, envolvendo táticas como: ação de batedores, linha de frente, retaguarda, caças e emboscadas[7]; além de armamentos como: coquetel *molotov*, bombas de fabricação caseira, armas de fogo, estiletes, canivetes e demais objetos capazes de gerar lesões graves seguidas de morte. Essas táticas e armamentos fazem parte do cotidiano das torcidas organizadas e são utilizadas contra o oponente sempre que os agressores julgarem necessário.

Como exemplo, citamos o caso ocorrido em 29 de setembro de 1992, durante a Supercopa, no dia da disputa entre *Santos FC* e *São Paulo FC*, realizada no Parque Antártica. Antes do jogo, próximo à sede da Mancha Verde, um grupo de torcedores da Independente, do *São Paulo FC*, cruzou com alguns "manchas" e, no confronto, Sérgio Vivaldini, de 17 anos, membro da Mancha Verde, morreu vítima de uma facada na altura do coração. No boletim de ocorrência n 6651/92, registrado no 23 Distrito Policial de Perdizes, em São Paulo, consta que o encontro foi ocasional. No entanto sabe-se, extraoficialmente, que os "independentes" haviam feito ligações telefônicas ameaçando invadir a sede da Mancha Verde. O enfrentamento se deu quando os "manchas" tentaram evitar a invasão. O incidente acirrou ainda mais a rivalidade entre Mancha Verde e Independente, expressa no "clássico" seguinte, entre *São Paulo FC* e *SE Palmeiras*. Nos "gritos de guerra", os "independentes" cantavam: "Pluft... plaft... zum... se vacilar vai morrer mais um". Do outro lado, os "manchas" respondiam: "Independente, agora é sério, mexeu com a Mancha vai parar no cemitério".

Como parte do processo de rivalidade vivenciado pelo movimento das torcidas organizadas, as manifestações são sustentadas por dramatizações e paixões que reproduzem, em certo sentido, determinadas relações sociais contemporâneas. O fenômeno parece ter início nas arquibancadas, com os "gritos de guerra", as "demonstrações de coragem" e a suposta superioridade de um grupo sobre o outro. Entretanto, a arquibancada é apenas o espaço institucionalizado no qual os jovens sentem poder expressar sensações de pertencimento e de acolhida em um agrupamento estruturado nas mesmas bases estabelecidas em determinadas relações existentes no interior da própria sociedade: hierarquia, controle, disciplina e regras de conduta. Assim, nesse espaço, as ações individuais dos jovens têm ressonância e angariam o respeito do grupo, mesmo que transgridam a ordem social estabelecida.

Os confrontos entre torcidas rivais começam nas arquibancadas com "gritos de guerra" e demonstrações de força.

Para favorecer esse argumento é necessário enfatizar que no mundo atual a violência faz parte das experiências de determinados grupos de jovens, como um elemento intrínseco e indispensável. Porém, embora assimilem esse aspecto, as torcidas organizadas são formadas aparentemente por pessoas comuns que assumem diversos outros papéis na sociedade. Também não é possível reduzir o fenômeno das torcidas organizadas como decorrente apenas das classes menos privilegiadas, pois membros de todas as classes sociais frequentam o ambiente das torcidas. Foi observado, inclusive, que a maioria das vítimas e dos agressores identificados advém da classe média.[8]

Assim, quanto à formação de uma organizada, podemos dizer que há heterogeneidade entre os membros, uma vez que os indivíduos são de diferentes origens sociais. O corpo diretivo é formado por uma elite caracterizada pela estrutura hierárquica, cuja mobilidade se dá através do respeito que o filiado adquire no interior do grupo. Esse respeito abrange habilidades físicas, como força, destreza etc., e políticas: capacidade de articulação no interior do grupo e com grupos externos entre outras.

Para as pessoas não envolvidas com as organizadas, os "bandos de fanáticos" que as compõem são verdadeiros "bandidos", "arruaceiros", "vândalos", "baderneiros" e "brutos violentos". Os filiados, entretanto, se veem de outra forma. A torcida organizada mantém identidade social própria, estabelecida por valores como companheirismo, lealdade, amizade, aversão às organizadas rivais e, dessa forma, demarca outros padrões de relacionamento entre os membros, caracterizados por um estilo diferente de ser, estar e viver. Nesse aspecto, vestimenta própria, cânticos de guerra, masculinidade, transgressões às regras sociais, virilidade, linguagem militar, pertencimento a um grupo coeso e forte, respeito aos mais experientes e apego à violência fazem parte dos diferentes aspectos que marcam as relações entre os associados. Tudo isso é resultado do novo comportamento dos torcedores nas arquibancadas dos estádios de futebol.

Torcer no futebol

O futebol, desde Charles Miller, transformou-se rapidamente numa atividade popular e de massa. Embora a institucionalização desse esporte não tenha sido tranquila em nossa sociedade, arrastou multidões atraídas pelos códigos e símbolos emitidos no e pelo jogo e tal fervor transformou-se em "paixão nacional".

Essa paixão, ao tomar o lugar das regatas na preferência das pessoas, passou a ser um acontecimento concorrido, e os lugares privilegiados dos estádios ficaram repletos de moças "de boa família" e de cavalheiros "da sociedade", enquanto na "geral" – setor menos privilegiado dos estádios – a população menos favorecida disputava "no braço" um lugar melhor para acompanhar a partida.[9]

Aos poucos, os simpatizantes se multiplicaram dando origem aos chamados torcedores. Há uma distinção importante a ser feita entre torcedor e torcida, o que pressupõe constituições e formas diferenciadas. A gênese da figura do torcedor, pessoa que declara ato de fidelidade eterna para um determinado time de futebol, está diretamente associada às disputas, aos campeonatos e às competições, caracterizada pela relação de identificação torcedor-time: "uma vez flamengo, flamengo até morrer"; "eternamente dentro de nossos corações"[10]. Já a torcida é o agrupamento de torcedores que se associam a um determinado grupo, descaracterizado pela identificação torcedor-time, mas vinculado à relação institucional torcedor-torcida-time, gerando comportamentos performáticos e espetacularizados nas arquibancadas dos estádios.

Feita a distinção entre torcedor e torcida, podemos dizer que os prenúncios do surgimento desses grupos no Brasil se confundem com o processo de profissionalização do futebol. O "fanatismo esportivo" e consequentemente os atos de violência a ele relacionados não são coisas recentes, e nem fenômenos exclusivos do Brasil, pois acontecem no mundo desde que o esporte aglomerou ao seu redor uma gama de apaixonados descontrolados.

Na medida em que o futebol se institucionalizou, agregou número considerável de torcedores. Estes começaram a utilizar objetos de identificação, nos anos 20, importando da Europa fitas nas cores dos clubes. Tal identificação dava a sensação de pertencimento e apenas as "pessoas de posse" tinham condições econômicas de comprar tais objetos.

Em torno dessa sensação de pertencimento, ocorreu também os primeiros sururus, ou distúrbios, entre torcedores desse ou aquele time, indicando que, no comportamento dos torcedores, a violência verbal e física esteve presente desde o início da popularização do futebol. A expressão "ganha, mas não leva" é outro indicativo de agressividades entre torcedores, em especial nos jogos entre os clubes da cidade, e do subúrbio da cidade, do Rio de Janeiro. Nos idos de 1920, em dada oportunidade, o time de Bangu perdia e os torcedores revoltados começaram a atirar pedras nos jogadores adversários quebrando vidros e cabeças. Numa confusão dessas era natural que ninguém se lembrasse da taça oferecida ao vencedor e o clube adversário poderia até ganhar o jogo, mas a taça ficaria em Bangu[11].

Esses dois movimentos – identificação com um time e o ato de torcer por meio de agressão física ou verbal – podem ser considerados como um prenúncio do surgimento dos grupos de torcedores organizados? A resposta é não. Se levarmos em consideração o sentimento de pertencer a um grupo distinto de pessoas, identificadas por códigos que as fazem sentir-se "gente de dentro", talvez possamos chegar a essa conclusão. Entretanto, o que caracteriza a existência de uma torcida organizada, tomando por base a história do futebol brasileiro, não é apenas a identificação com o clube, mas a estrutura organizativa que cerca esse grupo de pessoas.

Assim, o fenômeno das torcidas organizadas é tipicamente brasileiro, embora o mundo tenha assistido atos de violência em torno do futebol, tanto nos países desenvolvidos – como Inglaterra, Itália, França, Espanha e Alemanha – quanto nos países em desenvolvimento, como Brasil, Argentina e Uruguai. Sabemos sobre a existência de organizações de torcedores em outros países, porém as constituições são distintas das que temos no Brasil. Não menos ou mais violentas, apenas distintas.

Um fenômeno brasileiro

A distinção básica consiste em que os "barras bravas" da América Latina não têm uma organização burocrática semelhante à das torcidas organizadas. Entretanto, assim como estas, não são simpatizantes de partidos políticos de extrema direita nazifascistas como os *hooligans*. Os hooligans assumem projetos

Ao contrário dos hooligans, as torcidas organizadas brasileiras contam com uma estrutura burocrática. Não buscam o anonimato, têm camisas, bonés, bermudas e bandeiras com o símbolo da torcida à venda.

político-ideológicos nacionalistas e xenofóbicos, se vinculam afetivamente com um clube e não têm uma estrutura burocrática. Embora os barras bravas e os hooligans sejam grupos de visibilidade social significativa, as torcidas organizadas, com sua estrutura burocrática estabelecida, não buscam o anonimato nas ações, como fazem os barras bravas e os hooligans, e constituem um conjunto de símbolos – nome da torcida registrado em cartório, camisetas, filiação com pagamento de mensalidade, bonés etc. – que vinculam explicitamente o torcedor à torcida.

Apesar da imprensa, nos anos 90, ter levantado a hipótese de a Mancha Verde ser formada por *skinheads* e adeptos da "cultura White Power" (a favor da "supremacia branca"), nem ela, nem as demais torcidas organizadas no Brasil têm vinculações nazistas ou projetos ideológicos de extrema-direita. Em resposta às suposições, Paulo Serdan, presidente da Mancha, afirmou que a instituição possui filiados "italianos, brasileiros, brancos, negros, mulatos, pobres, ricos, nordestinos". No entanto, a lista não exclui a participação de racistas e homofóbicos.

No século xx, do romantismo dos anos 40 ao fanatismo do final dos 80 e início dos anos 90, as torcidas exigiram atuar como protagonistas, não aceitando a figura de meros coadjuvantes no espetáculo esportivo.

Para tanto desenvolveram certas condutas transgressivas, legitimadas por um conjunto de identificações sociais e de sociabilidades próprias – pertencimento, afinidade, masculinidade, oposição entre organizadas etc. Isso ocorre dentro do contexto dos grandes centros urbanos mundiais, em que é crescente o processo de banalização da violência e da transgressão, transformando a agressividade entre organizadas em um acontecimento performático – coreografias, bandeiras, gritos de guerra – e de massa – popularização dos objetos comercializados pelas organizadas, filiações de milhares de torcedores etc.

Dos anos 90 em diante, a polícia militar, a polícia judiciária e as autoridades públicas passaram a preocupar-se com a violência no esporte, procurando manter a ordem e aumentando o controle nos estádios e entornos. Dentre as medidas tomadas, incluem-se a revista dos torcedores na entrada dos estádios com o uso de detectores de metais, e câmaras de vídeo instaladas para gravar o comportamento do torcedor, para servir e estudos posteriores. Torcedores que praticaram violências passaram a ser procurados e indiciados criminalmente e, no caso da Mancha Verde e da Independente, a Justiça do estado de São Paulo chegou ao extremo de proibir-lhes a existência. Em conjunto, essas medidas serviram para coibir até certo ponto a ação desses torcedores, exercendo algum controle sobre as torcidas, mas não o suficiente para impedir a presença destas nos estádios.

Em detrimento das inúmeras tentativas para se estabelecer uma comunicação eficiente entre a cúpula da polícia militar e os dirigentes das torcidas organizadas, o resultado não foi satisfatório. Junto com o aumento da rivalidade e agressões entre as torcidas, a polícia militar, encarregada de reprimir a violência nas arquibancadas, passou a figurar na lista dos "inimigos" em comum. Em consequência, enfrentamentos verbais, ou mesmo físicos, ficaram evidentes. De um lado, as torcidas destinam à polícia o mesmo tratamento dado aos rivais. De outro lado, a polícia acredita que "um torcedor que agride uma pessoa que ele não conhece, apenas porque o outro torce para outro time, não tem qualificação, deve ter o mesmo tratamento como retorno" [12].

Enquanto a polícia desqualifica a ação dos torcedores, os dirigentes das torcidas justificam a violência nos estádios como consequência de múltiplos fatores: falta de infraestrutura nos campos de futebol, má arbitragem, provocações dos rivais e excesso de repressão policial. É interessante observar que o universo dos líderes dessas torcidas não ultrapassa a questão do esporte; para eles, além dessa não existe qualquer outro tipo de explicação ideológica que justifique as ações violentas dos grupos. Entretanto, reconhecem que os confrontos entre torcidas organizadas têm se agravado não só devido à constância, mas também pelo uso de instrumentos letais durante as brigas.

Nos anos 90 houve aumento significativo da gravidade dos confrontos, resultando em dezoito mortes registradas na década. No entanto, o controle nos estádios e entornos comprovam diminuição expressiva dos enfrentamentos entre as torcidas organizadas, o que nos leva a crer que a violência migrou dos estádios e se espalhou pelos outros espaços da cidade frequentados pelos grupos de torcedores, como metrô, pontos de ônibus, rodovias, estações de trem entre outros locais.

Torcidas-escola de samba

Em São Paulo, particularmente, diante da repressão dos órgãos competentes, as torcidas organizadas se reorganizaram como "torcida-escola de samba", a exemplo dos blocos carnavalesco Camisa 12, Torcida Jovem e Independente, e da escola de samba Gaviões da Fiel.

A Gaviões da Fiel é hoje uma "torcida-escola de samba" com milhares de associados. A escola é destaque do "grupo especial", e sempre disputa as primeiras colocações.

O envolvimento entre futebol e samba é antigo: o primeiro bloco com essas características surgiu no início dos anos 80, representado pelo Camisa 12, do *SC Corinthians Paulista*. No entanto, é na virada do milênio que se fortalece a ideia das organizadas caracterizarem-se também como blocos carnavalescos e escolas de samba no cenário do carnaval paulistano. A Escola de Samba Mancha Verde, por exemplo, obteve em 2004 o acesso para disputar, em 2005, o campeonato no "grupo de elite" do Carnaval de São Paulo.

Atualmente, num esforço para sobreviverem à extinção por meio de ações judiciais e com o intuito de melhorar a imagem perante a opinião pública, as torcidas organizadas têm procurado se inserir no carnaval institucionalizado. Na verdade, as organizadas utilizam-se desse artifício para a manutenção do próprio grupo e, em termos ideológicos, as características não mudam ao se travestirem de escolas de samba, em busca da autopreservação. No formato torcida organizada-escola de samba essa relação não dilui a violência, as transgressões e o fanatismo presentes no grupo.

Fanáticos

O fanatismo manifesta-se quando um membro passa a dar importância maior ao movimento em detrimento de outras práticas de inserção social e, nessa relação, extrapola os limites do respeito à existência do outro. O excesso praticado não implica a ausência de participação em outros grupos sociais – trabalho, família, escola etc. –, mas significa que o filiado está comprometido apenas com um certo conjunto de valores internos difundidos pela instituição, ou seja: ser destemido, valente, companheiro, devoto, assíduo, participativo, respeitar a autoridade do líder, reconhecer as relações de poder no grupo e considerar legítimo combater os rivais. A repercussão disso se traduz em mobilizar esforços diversos para experimentar o "prazer" das arquibancas, das viagens com o grupo, das festas e do cotidiano de uma organizada. O fanatismo ganha sentido, inclusive, quando o grupo elabora um conjunto de estratégias de atuação que se manifesta em expressões transgressoras, tanto físicas como verbais, do ponto de vista da ordem social estabelecida. Na

O torcedor, quando está com seu grupo, perde o medo de enfrentar torcidas rivais e a polícia. As torcidas organizadas apoiam e incentivam atitudes violentas que muitas vezes terminam em mortes.

exaltação dessa prática, o indivíduo rompe com a ideia de que o outro – o rival, o alvo, a vítima – é um sujeito, uma pessoa, um ser humano. Nesse processo, muitas vezes a máxima: "Quem não é do meu grupo é meu inimigo", é levada ao extremo.

Compreender a ação das torcidas organizadas é reconhecer, como uma das possibilidades, que seus filiados são atraídos pela banalização da violência e da transgressão às regras estabelecidas na sociedade; e que, embora sejam cumpridores de diversos papéis sociais – são filhos, pais, estudantes e trabalhadores –, uma vez em grupo, abandonam os papéis de cidadãos discretos e se transformam em agressores e arruaceiros.

Nas ações produzidas pelas organizadas, a juventude se constitui como ator principal, tanto na posição de agressor como na de vítima. Como foi dito, a adesão de uma grande massa de jovens a essa ou aquela organizada passa pela avaliação de qual torcida é a mais violenta, a "mais fudida". A presença de um grande número de jovens filiados explica-se também pelo fato de as torcidas proporcionarem aos membros uma certa sensação de segurança relacionada à adesão a ideais rígidos de masculinidade, pela sensação de coesão e de companheirismo, pela possibilidade de autoafirmação por meio do uso da força. Inversamente, a sociedade de consumo, o mercado de trabalho, a família, os partidos políticos, entre outras instituições sociais, não conseguem dar respostas às necessidades e aos desejos de determinados jovens, pelo menos nesse contexto.

Notas

1 "Gol de ouro" é uma expressão utilizada no futebol para indicar a vitória de uma das equipes em disputa, em face de um gol marcado no transcurso do tempo de jogo extra, denominado prorrogação.

2 Cf. Júlio Lerner (editor). *Violência no Esporte*. São Paulo: Imesp, 1996. Trata-se de uma coletânea de textos de autoridades públicas, comunidade esportiva e acadêmicos, elaborados após o incidente ocorrido no Pacaembu.

3 O estado de São Paulo, na figura do promotor público Fernando Capez, promoveu inúmeras Ações de Dissolução de Sociedade Civil contra as torcidas organizadas Mancha Verde, Independente, Gaviões da Fiel, entre outras, porém a atitude foi meramente repressiva.

4 Cf. Carlos Alberto Máximo Pimenta. *Torcidas Organizadas de Futebol: violência e autoafirmação, aspectos da construção das novas relações sociais*. Taubaté, SP: Vogal, 1997, p. 68-69.

5 *Idem*, p. 77.

6 *Idem*, p. 121-122. A maioria dos acontecimentos violentos entre torcedores teve a participação das torcidas. Das 25 mortes ocorridas entre 1981 e 1995, 15 vítimas pertenciam às organizadas.

7 Com o recrudescimento das rivalidades, em dias de jogos, especialmente durante os "clássicos", as organizadas deixam as respectivas sedes em comboios de ônibus em direção aos estádios. Para garantir a segurança, enviam carro ou moto à frente do grupo, levando batedores. No primeiro ônibus embarca a "linha de frente", pessoal preparado para possíveis confrontos. Esses, em caso de enfrentamento, contam ainda com os da retaguarda. Em alguns casos, chegam a armar emboscadas aos rivais. Existem ainda os "caças", cuja atividade peculiar é o resgate de pessoas e objetos mantidos na sede dos adversários e em poder destes. Essas denominações e funções, emprestadas do vocabulário tático militar, foram adotadas pelas próprias torcidas organizadas.

8 *Idem*, p. 124-125.

9 Cf. Mário Rodrigues Filho. *O Negro no futebol brasileiro*. Rio de Janeiro: Civilização Brasileira, 1964.

10 Trechos dos hinos do *CR Flamengo* e do *SC Corinthians Paulista*, respectivamente, considerados os dois clubes com maior número de torcedores.

11 Cf. Mário Rodrigues Filho. *Op. cit.*, p. 20-21.

12 Argumento do policial B.N.C. do 2º BPCQ de São Paulo sobre as torcidas organizadas, coletado em abril de 1995.

Bibliografia

LERNER, Júlio (editor). *Violência no esporte*. São Paulo: Imesp, 1996.

PIMENTA, Carlos Alberto Máximo. *Torcidas organizadas de futebol: violência e autoafirmação, aspectos da construção das novas relações sociais*. Taubaté, SP: Vogal, 1997.

RODRIGUES FILHO, Mário. *O negro no futebol brasileiro*. Rio de Janeiro: Civilização brasileira, 1964.

SANTOS, Tarcyanie Cajueiro. *Dos espetáculos de massa às torcidas organizadas: paixão, rito e magia do futebol*. São Paulo: USP/ECA. Dissertação de Mestrado, 1998.

SILVA, Elisabeth Murilo da. *As Torcidas Organizadas de Futebol: violência e espetáculo nos estádios*. São Paulo, Dissertação de Mestrado – PUC/SP, 1996.

TOLEDO, Luiz Henrique de. *Torcidas organizadas de futebol* (Coleção Educação Física e Esportes). Campinas, Autores Associados/ANPOCS, 1996.

Os autores

JAIME PINSKY (ORGANIZADOR)
Historiador. Doutor e livre docente pela Universidade de São Paulo – USP, professor titular aposentado da Unicamp. Diretor editorial da Contexto, coordenador das atividades para professores e universitários da Bienal do Livro de São Paulo. Autor ou organizador de vinte livros, entre os quais *História da cidadania, 12 faces do preconceito, Escravidão no Brasil, Cidadania e educação* e *As primeiras civilizações* todos esses da Editora Contexto. Colunista do *Correio Braziliense* e colaborador de vários jornais.

CARLA BASSANEZI PINSKY (ORGANIZADORA)
Historiadora. Mestre em História Social pela Universidade de São Paulo – USP e doutora em Ciências Sociais pela Universidade Estadual de Campinas – Unicamp. Autora de *Pássaros da liberdade*; organizadora e coautora de *História da cidadania*; coautora de *História das mulheres no Brasil*; *História na sala de aula*; *O Brasil que os europeus encontraram* (todos esses da Editora Contexto) entre outros.

PETER DEMANT

Historiador, especialista em Oriente Médio. Professor-doutor no Departamento de História da Universidade de São Paulo – USP. Doutor pela Universidade de Amsterdã. Morou em Jerusalém entre 1990 e 1998, onde foi pesquisador sênior do The Harry S. Truman Research Institute for the Advancement of Peace, na Universidade Hebraica. Autor de *O mundo muçulmano*, da Editora Contexto.

JOSÉ RIVAIR MACEDO

Professor do Departamento de História e do Programa de Pós-graduação em História da Universidade Federal do Rio Grande do Sul – UFRGS. Pesquisador do CNPQ e membro da Associação Brasileira de Estudos Medievais. Autor de *A mulher na Idade Média* e coautor de *História na sala de aula*, ambos da Editora Contexto.

JOSÉ ALVES DE FREITAS NETO

Professor do Departamento de História da Unicamp. Doutor em História Social pela Universidade de São Paulo – USP. Coautor de *História na sala de aula*, da Editora Contexto, entre outros.

CLÁUDIO CAMARGO

Jornalista. Sociólogo, com pós-graduação em Filosofia pela PUC/SP. Editor de Internacional da *Istoé* desde 1995. Foi subdiretor de Internacional da *Folha de S. Paulo*, entre 1988 e 1993. Coautor de *Guerra e paz no Oriente Médio*, participou da coletânea *12 faces do preconceito*, ambos da Editora Contexto.

MARIA LUIZA TUCCI CARNEIRO

Historiadora. Professora livre-docente do Departamento de História da Universidade de São Paulo – USP. Coordenadora do Projeto Integrado Arquivo do Estado – PROIN/USP; membro da diretoria científica do Laboratório de estudos sobre a Intolerância – LEI/USP.

MARCO MONDAINI
Historiador. Professor-adjunto do Departamento de Serviço Social da Universidade Federal de Pernambuco – UFPE. Mestre em História Econômica pela Universidade de São Paulo – USP, doutor em Serviço Social pela Universidade Federal do Rio de Janeiro – UFRJ. É um dos autores do livro *História da cidadania*, da Editora Contexto.

CARLOS ALBERTO MÁXIMO PIMENTA
Professor de Sociologia na Universidade de Taubaté – Unitau. Doutor em Ciências Sociais pela Pontifícia Universidade Católica – PUC/SP; pesquisador do Núcleo Interdisciplinar de Pesquisas e de Práxis Contemporâneas e do Programa de Mestrado em Educação, ambos da Unitau.